이상아동발달론

최 기 창 저

청목출판사

머리말

저자는 갑자기 부쩍 커 버린 아들을 보고 깜짝 놀랄 때가 있다. 저자에게 저렇게 큰 아들놈이 있다는 것을 이전에는 실감하지 못했기 때문이다. 조금 더 과장하면 징그럽기까지 하다. 어리석게도 가끔은 그런 생각을 한다는 것이다.

생각이 여기까지 미칠 때면 여지없이 저자는 대견스럽다는 표정으로 아들을 향해 "야! 너 누구 아들이냐?, 내 아들 맞아?"라고 묻는다. 아들도 싫어하는 눈치는 아니다.

사실 저자는 목욕탕에서 아들과 둘이 나란히 거울을 비춰본 적이 있다. 우리 둘은 여지없는 부자지간이었다. '돌하르방'처럼 툭 튀어나온 배하며 구부러진 어깨를 볼 때, 이는 치수별로 만들어낸 같은 공장의 인형과도 같이 보였다.

매스컴을 통해 보면 부모님들은 아이들에게 기대하는 것이 너무나 많은 모양이다. 아이에게 '남만큼'을 요구하기보다는 '남보다'를 요구하는 듯싶다. 도산 안창호 선생이 남만큼 하면 남만큼 밖에 안 된다고 하셨으니 우리 자식은 모든 영역에서 남보다 잘 해야 한다고 생각하는 모양이다.

그러나 현대는 다르다. 물론 남보다는 있어야 할 것이다. 어느 특정부분에서만은 자랑할 만한 능력이 있어야 한다는 것이다. 그러나 이 '남보다'가 '같이 남보다'로 된다면 어떨까? 스포츠에서 승부를 낼 때 공동우승은 단독우승보다 못한 것으로 표현된다. 우리나라가 가끔 국제 시합에서 공동우승을 했을 때, 스포츠 해설자는 '아깝게 공동우승 했다'고 서운해 한다. 물론 스포츠에서는 공동우승이 아쉬울지 모른다. 그러나 어린이의 세계나 일반사회에서 공동우승은 어쩌면 가장 이상적인 승부일지도 모른다. 점수로 환산한다면 공동패배는 0점, 한쪽 승리, 한쪽 패배는 50점, 공동 승리는 100점을 주어야 옳다고 생각한다. 같은 동료 모두가 같은 기준을 통과하고 낙오 없이 공동우승을 한다면 이 얼마나 흐뭇한 일이겠는가? 나는 우리아들이 공동 우승하는 편에 있기를 바란다.

이 책에서는 한 사람이 태어나서 18세까지 자라는 과정을 설명하면서 그 기간에 아동에게 발생할 수 있는 모든 심리문제에 초점을 두고 있다. 우리는 이 기간을 미성년기라고 하는데 이 기간은 신체발달, 인지발달, 사회발달 등에서 변화가 가장 심하게 나타나는 기간이다.

이 책에서는 먼저 정상아동을 중심으로 발달심리와 아동심리에 관련하여 요약하고, 아동발달은 하나의 사회적 과정으로서 그 발달의 중심이 가정에 있으므로 가정의 라이프사이클을 중심으로 정서적인 발달 문제를 살펴보고자 한다.

부디 독자가 이 책으로부터 아동발달과 양육상의 문제를 많이 익히기를 기대한다.

2010년 1월

저자 씀

차 례

제 1 장

사람과 인생

제 1 절 아동관

이 절에서는 역사적으로 아동을 보는 시각의 변화에 대하여 언급하고자 한다. 이를 아동관이라고 하는데, 아동 발달론에서 이와 같은 아동관에 대하여 먼저 살펴보는 이유는 아동을 어떻게 보는가에 따라 아동에 대한 양육태도나 사회적인 관점이 달라지기 때문이다. 여기서는 이와 같은 아동관을 중심으로 요약하여 기술하고자 한다.

표 1.1 아동관

아동관	요 약 설 명
전생주의	아동은 돌아가셨던 사람이 다시 아기로 태어난 것이다.
미래가치설	아동은 미래에 이 사회를 담당할 역군이다.
원죄주의	인간은 태어날 때 원래 죄를 지니고 태어났다.
자연주의	사람은 본디 선하지만 사람의 손을 거치면서 타락한다.
백지설	인간의 마음은 태어날 때 백지와 같다.
반복설	인간이란 종족은 그 특유의 본능을 지니고 있고 이 특유의 본능은 계속하여 후대에도 이어진다.

1. 전생주의(Miniature Adults)

전생주의는 아동은 돌아가셨던 사람이 다시 아기로 태어난 것으로 본다. 즉, 아동은 전생에 이미 사람으로 태어난 적이 있었다는 생각이다. '전설의 고향'이란 텔레비전프로그램을 보면, 누군가가 죽자 그 영혼이 하늘에 가서 다시 다른 사람의 아기 몸으로 태어난다는 시나리오가 있고, '세상에 이런 일'이 같은 프로그램에 의하면 얼마 전 부모님 상을 치렀는데 그 이후 나비 등과 같은 동물이 들어와 가족들이 모두 그 나비 등을 부모님 모시듯 한다는 시나리오가 있다. 이와 같은 것들이 모두 전생주의에 기인한 것으로 볼 수 있다.

전생주의에서는 아동을 볼 때 어른과 다름이 없고, 다만 크기에서 어른과 다를

뿐인 것으로 보고 있다. 즉, 아동은 성인이 지니는 신체적, 정신적, 지적, 사회적, 도덕적 특성을 이미 가지고 태어나는 것으로 본다.

아동은 이미 이 세상에 태어나 살았던 적이 있고 다시 아기로 태어난 것일 뿐이므로, 아동이란 어른과 비하여 그 크기만 다른 작은 존재에 불과하다는 아동관이다. 이와 같은 아동관에 따르면, 아동의 신체가 어른의 신체가 크기에서 다르기 때문에 아동의 정신세계가 성인과 다를 것이라는 생각을 하지 않는다.

이와 같은 아동관으로 볼 때에는 아동의 성장과정을 부모가 지원하여야 한다는 요즈음의 생각 즉, 다양한 사회적 상호작용과 교육을 하여야 한다는 생각을 인정하지 않고 있어서 아동복지적 측면에서 볼 때에는 양육 상 한계가 존재한다고 할 수 있다.

2. 미래가치설(Future Citizen)

미래가치설은 아동을 미래에 이 사회를 담당할 역군이라고 생각한다. 이와 같은 미래가치설의 시작은 그리스의 플라톤(Platon)의 시민 3계급 주장으로부터 출발하는데 플라톤은 시민을 생산계급(사유재산을 가지고 안정된 생활을 할 수 있는 다수의 사람들), 전사계급(공익을 위한 계급), 정예집단계급(지식을 가까이 할 수 있는 지혜로운 사람들)등 3계급으로 구분하고 사람은 각각의 능력에 따라 자신의 계급에 맞는 생활을 하여야 한다고 보았다.

이 때, 사람 각각의 능력은 이미 신이 부여해 주는 것이므로 아동은 신의 뜻에 따라 자신의 직분에 충실하면 미래에 정해진 계급이 되어 나라를 유지하게 되는 것이다.

이와 같은 미래가치설을 현대적으로 해석하면, 아동은 미래의 주인공으로서 장애 사회를 책임질 사람으로 간주한다. 따라서 이 아동들에게 미래 사회에 알맞은 교육을 실시하고자 할 것이다.

3. 원죄주의

원죄주의는 순자[荀子; 성악설(性惡說)]와 어거스틴(Augustine; 원죄론)의 기독교 사상으로부터 출발한다. 순자(荀子)는 인간의 본성은 본래 악하기 때문에 본능에 그대로 따르도록 맡기면 악에 빠지게 되므로 교육을 통하여 악한 성품을 바로잡고 제재를 가하여야 한다고 말한다.

또 어거스틴은 이와 유사한 개념으로 인간은 태어날 때부터 원죄(原罪)를 지고 나온다고 하였는데, 당시 기독교 사상에서는 인간을 영혼과 육체로 구분하여[영육이원론(靈肉二元論)], 육체는 악한 존재로 보고 영혼은 선한 존재로 보았다.

따라서 원죄주의에 의한 아동양육은 악한 존재인 육체를 온전히 선한 존재로 만들기 위하여 엄한 규율, 엄격한 도덕적 훈련, 절대적인 존경과 복종을 강요하였다.

4. 자연주의

자연주의는 맹자의 성선설(性善說)과 루소(Rousseau)의 자연주의 사상으로부터 출발한다. 루소는 그의 저서 '*Emile*'에서 인간은 창조자의 손에서 나올 때는 본디 선하지만, 인간의 손을 거치면서 모든 것이 타락한다고 주장하였다. 즉, 맑고 깨끗한 옹달샘을 오염시키는 것은 옹달샘이 아니라 다른 환경이라는 것이다. 맹자나 루소에 의하면 인간은 원래부터 선하므로 이 선함을 보존하면서 자유와 권리를 인정하여 줄 경우 사회가 발전하고 국가가 발전한다는 것이다.

따라서 교육 측면에서 자연주의를 볼 경우 사람은 본래 옳고 그름에 대한 선천적 능력을 가지고 태어났기 때문에 아동이 지닌 능력수준에 따라 자연스럽게 경험하도록 하면 교육효과를 볼 수 있다고 보는 것이다.

5. 백지설(Tabura tasa)

존 로크(John Locke)는 '인간오성론(人間悟性論)'에서 출생 때 인간의 마음은 백지와 같다고 하였다. 이는 아동이 선천적으로 악하다거나(성악설) 선천적으로 선하다(성선설)라는 생각과 달리 아동은 선과 악을 가지지 못하고 이후 살아가면서 배움을 통하여 선과 악을 구분하게 된다고 보는 것이다.

따라서 백지설에 의할 경우 교육의 중요성이 매우 강조된다 하겠다. 이와 같은 배경에서 볼 때 백지설에 의하면 스파르타식 교육방식이 효과적인 교육방식으로 추천될 만하다.

한편 백지설과 유사한 동양학자로서는 중국 고자(告子)의 성무선악설(性無善惡說)이 있다. 즉, 고자는 인간은 본디 선과 악이 없다고 주장하였는데 결국 교육을 통한 선과 악을 가르치는 것이 중요함을 강조하는 것이다.

6. 반복설(Recapitulation Theory)

홀(Hall)은 다윈(Darwin)의 진화론을 근거로 하여 반복설을 주장하였는데 결국 모든 종족은 그 종족이 지니는 유전적 특성 예를 들어 본능과 같은 것이 존재한다고 보는 것이다.

홀의 주장에 의하면 인간이란 종족은 그 특유의 본능을 지니고 있고 이 특유의 본능은 계속하여 후대에도 이어진다는 것이다.

따라서 반복설에 의하면, 인간이란 종족은 그 종족의 특성을 유지하면서, 세대를 달리하면서 조금씩 진화하여 발전하는 것이므로, 부모님으로부터 이어받은 특성과 환경에 의한 변화로 진화되어 간다는 것이다.

제2절 아동의 권리

역사상 현대보다 아동이 소중하였던 시기는 없었다. 이는 출산인구 감소로 인한 인류의 위기와 과거 부모의 주요기능이었던 양육기능이 부모자신의 행복과 물질만능에 입각한 자녀소홀로 인하여 아동이 탄생할 기회마저도 박탈당하고, 태어나서도 정상적인 애착관계를 배우지 못하는 자연의 섭리를 역행하는 기이한 현상이 벌어지고 있기 때문이다.

이와 같은 배경에서 볼 때 현대적 의미에서 아동은 생존권, 발달권, 의료권, 교육권, 생활권, 환경권, 노동권 등의 보장이 절실하다 하겠다. 근래 들어 아동복지에 대한 관심이 증가하고 출산을 장려하며, 아동의 양육, 교육에 대한 국가적 관심이 증가함에 따라 아동의 권리가 증가하는 추세라고 할 수 있다.

엘렌 케이(Ellen Key)에 의하면 현재 아동에게는 건강하게 출생할 권리, 건전하게 육성받을 권리, 정상적인 가정생활의 혜택을 받을 권리, 교육을 받을 권리,

정신적·도덕적 훈련을 받을 권리, 오락을 즐길 권리가 있다.

제 3 절 인생

인생이란 무엇인가? 이 질문에 쉽게 대답하기란 매우 곤란하다. 저자는 이 문제를 풀어가기 위하여 조금 이상한 이야기 같기도 하고 아동발달론에 적절한 이야기는 아닐 것 같은 것이긴 하지만, 먼저 사람이란 용어에 대하여 언급해 보고자 한다. 누가 사람인지 알아야 인생을 논할 수 있기 때문이다.

우리나라 민법에서는 사람(人)을 자연인(自然人)과 법인(法人)으로 구분한다. 자연인은 사람들이 흔히 말하는 사람을 의미하는 것으로서 아이가 어머니로부터 출생하면 자연인이 시작되고 늙어 사망을 하면 자연인이 마감된다.

물론 민법에서는 자연인이 출생하고 출생신고를 하여야 자연인으로서의 권리를 인정받고, 자연인이 사망한 경우 사망신고를 하여야 자연인의 권리가 소멸되는 것으로 정하고 있으나 법률을 떠나 자연인은 출생으로 통하여 자연인의 생(生)이 시작되고 사망을 통하여 생(生)이 마감되는 것이다.

반면에 법인은 자연인과 달리 법적으로 사람의 권리를 인정하여 주는 것으로서 재단법인(財團法人)과 사단법인(社團法人)이 있다. 재단법인은 재산(財產)을 중심으로 이루어진 법인격(法人格)을 부여받은 사람이며, 사단법인은 자연인들을 중심으로 법인격을 부여받은 사람이라 할 수 있다. 그리고 이들 법인의 출생은 법원에 등기하는 것이 되고, 법인의 사망은 청산등기에 의한 것이 된다.

여기에서 언급하고자 하는 것은 법인이 아니라 자연인이다. 따라서 자연인의 인생은 출생부터 사망까지가 해당할 것이다. 저자는 자연인의 출생부터 사망까지 기간을 저자임의에 의하여 각각을 구분하여 설명하고자 한다. 이는 완전 의존기, 부분 의존기, 부분 독립기, 완전 독립기, 희생기로 구분한다.

표 1.2 인생 사이클

단 계	설 명
완전 의존기	양육자에게 절대적으로 의존하는 4세 이전기.
부분 의존기	부분적으로는 부모에 의존하나 일부의 경우는 독립을 하고자 하는 노력을 보이는 시기, 즉, 독립을 준비하는 시기, 약 5세부터 학령기까지.
부분 독립기	기존의 완전 의존기와 부분 의존기를 지나서 완전 독립기로 가지 이전의 단계로서 취학연령을 거친 이후부터 원래가정으로부터 독립하기 이전까지.
완전 독립기	한 부부가 완전한 가정을 형성하여 의존기 또는 부분적 독립기를 지닌 자녀를 가지고 생활하는 기간.
희생기	자녀를 이제 양육권 밖으로 내보내는 기간.

1. 완전 의존기

앞서 언급한 바와 같이 사람의 인생은 출생부터 사망까지를 의미한다. 이와 같은 인생이 무엇인지를 알아내기는 어려우나 우리는 보통 사람에게서 나타나는 인생과정을 대강 그려낼 수는 있을 것이다.

예를 들어 엄마에게서 막 태어난 아기는 엄마 젖이나 우유만을 먹을 뿐 서지도 걷지도 말하지도 거의 듣지도 못한다. 그리고 이 기간은 일정기간 계속된다. 이와 같은 기간을 완전의존기(絶對的依存期)라고 하여 보자. 이 시기가 언제를 의미할지는 모르겠으나 좀더 크게 보아 약 4세 이전에 해당하는 기간을 이 시기로 정할 수 있을 것이다.

이 시기에 아이는 어머니(양육자)에 완전으로 의존하게 된다. 이 시기 아동에게 어머니(양육자)가 없으면 생존할 수가 없다. 이는 마치 산소호흡기에 의존하고 있는 환자로부터 산소호흡기를 떼는 이치와 같다.

표 1.3 완전 의존기 특징

특 징	설 명
영양	완전 의존기를 거치는 생물들은 하나같이 자기가 스스로 영양분을 만들어 내지 못한다.
파괴력과 지능	완전의존기간이 길면 길수록 그 생물의 파괴력과 지능지수는 높다.

이와 같은 완전 의존기는 비단 사람에게만 있는 것은 아니다. 자연현상에서 아주 흔히 발견되는 것이다. 예를 들어 참새가 둥지를 틀고 알을 낳아 부화하고 나면 아기 참새는 일정기간동안(물론 사람보다는 훨씬 그 기간이 짧지만) 어미참새에게 완전으로 의존하여 살게 된다. 어쩌다가 어미참새가 사고를 당하여 아기 참새를 돌봐주지 못하면 아기 참새는 결국 죽고 만다.

흥미로운 것은 동물 중 역할이 분명한 동물이 많다고 한다. 예를 들어 알을 낳고 기르는 일을 암컷이 하고 먹이를 물어다 주는 일을 수컷이 하는 것으로 역할이 분명히 구분되어 있는 경우 수컷이 죽으면 새끼와 암컷이 쉽게 죽는다고 한다. 이는 사람도 마찬가지 아닐까? 그래서 근래 부부의 역할이 분명하기보다는 서로 역할을 공유하기도 한다. 이는 생존 측면에서 볼 때 바람직한 방향이라고 생각한다.

1) 영양섭취

재미있는 것은 우리 지구에서 완전 의존기를 거치는 동물에게는 공통점이 있다. 사람, 소, 돼지, 새, 물고기, 호랑이, 사자 등과 같이 완전 의존기를 거치는 생물들은 하나같이 자기가 스스로 영양분을 만들어 내지 못한다는 것이다. 즉, 다른 생물(식물이나 다른 동물)이 가지고 있는 영양분을 잡아먹음으로써 생존하는 것이다. 예를 들어 감나무라는 식물은 그 스스로 땅으로부터 영양소를 흡수하여 스스로 영양분을 만들지만, 사람은 스스로 영양분을 만들지 못하고 이미 영양분이 만들어져 있는 동식물을 잡아먹음으로써 필요한 영양분을 흡수하는 것이다.

2) 파괴력과 지능

또 완전 의존기를 가진 동물의 재미있는 특징으로서 완전 의존기간과 파괴력 및 지능간의 상관관계이다. 즉, 완전 의존기간이 길면 길수록 파괴력이 높다 할 것이다.

예를 들어 독수리는 다른 새와 비교하여 완전 의존기간이 더 긴데 파괴력은 매우 높다. 또 호랑이도 처음에는 매우 약하여 완전 의존기간이 긴데 이후 자라게 되면 어느 동물도 범접하기 어려울 정도로 파괴력이 강하다.

한편 지능지수와 완전 의존기간의 상관관계도 매우 높다. 예를 들어 영장류는 대부분 완전 의존기간이 다른 동물보다 긴데 비하여 지능지수는 더 높다. 이와 같이 지구상 생물의 경우 완전의존기간이 길면 길수록 그 생물의 파괴력과 지능지수는 매우 높다 할 것이다.

우리 속담에 대기만성(大器晩成)이란 말이 있다. 이는 큰 그릇은 늦게 만들어진다는 말인데, 완전의존기간과 지능간의 상관관계 즉, 완전의존기간이 길면 길수록 지능지수가 높은 특성으로 볼 때 이는 매우 합당한 말이다.

이와 같은 측면에서 아동 중 일부가 발달이 늦은 것을 부모가 노심초사(勞心焦思)하는 것은 바람직하지 않다 할 것이다.

근래 자폐성 장애아동 중 일부가 특별한 능력을 보인다고 하여 이를 서번트(savant; 석학이라는 의미를 가지고 있음)라고 부르고 이들의 능력에 대한 연구가 활발한데, 이들 서번트의 공통적인 특징 중 하나는 완전 의존기간이 다른 아동에 비하여 현저하게 길다는 것이다.

2. 부분 의존기

부분 의존기는 일부 완전 의존을 벗어나 부분적으로는 부모에 의존하나 일부의 경우는 독립을 하고자 하는 노력을 보인다. 따라서 이 시기는 독립을 준비하는 시기라고 할 수 있을 것이다.

이 시기를 저자는 약 5세부터 학령기까지로 본다. 물론 아동은 약 2세가 되면 뇌세포가 제대로 형성되어 학습이 가능해진다. 그리고 왕성한 두뇌활동을 통하여 사회기술을 배우게 되고 이후 전개될 인생을 위하여 필요한 여러 가지 기술을 읽히게 된다.

그 대표적인 것이 아마도 모방일 것이다. 사람은 대부분 모방을 통하여 학습이 이루어진다. 이와 같은 모방능력은 인간이 하늘로부터 부여받은 가장 소중한 선물일 것이다. 모방능력을 통하여 사람은 다른 사람의 행동을 배우고 좋은 것은 받아들이고 나쁜 것은 나름대로 비판하여 도태시키게 된다. 비록 원숭이가 모방능력을 가지고 있다고는 하나 매우 제한적이다.

아동이 학령기 막바지에 이르게 되면 이제 자기정체성을 확립하고자 하게 된다. 자기정체성이란 자신에 대한 인식으로서 자신에 대한 정확한 인식이야말로 향후 독립적인 생활을 원활하게 할 수 있게 되는 중요한 요건이다.

소크라테스는 '너 자신을 알라'고 하였는데 이 역시 자기 정체성을 확립하라는 의미로 이해하면 될 것이다.

이와 같은 배경에서 부분의존기의 주된 내용은 모방 즉, 학습과 자기정체성을 들 수 있을 것이다. 이를 설명하면 아래와 같다.

표 1.4 부분 의존기 특징

특 징	설 명
학습(모방)	이 시기부터는 학습이 가능해지고 이를 기억하여 새로운 정보를 창출하는 과정을 거칠 수 있게 된다.
자기정체성	자기지식, 자기평가, 자기규제 등을 가진다.

1) 학습(모방)

성인은 대부분 2세 이전의 기억을 가지고 있지 못하다. 그 이유에 대해서는 여러 가지 설이 있으나 이는 아마도 두뇌기능이 완전히 성숙하지 못하였기 때문일 것이다. 그러나 사람은 약 2세가 되면 뇌세포의 네트워크가 성인의 그것과 유사할 정도로 성장하여 정상적인 학습과 모방이 가능하고 이를 축적할 수 있는 기억장치가 제대로 가동하게 된다.

따라서 이 시기부터는 학습이 가능해지고 이를 기억하여 새로운 정보를 창출하는 과정을 거칠 수 있게 된다. 앞서 언급한 바와 같이 학습을 할 수 있는 것은 모방이 매우 중요하다 하겠다.

그리고 이 모방이 가능하여지고 활발하게 학습이 가능해지는 5세 이후부터는 향후 학습을 전개하는데 매우 중요한 시기가 된다. 따라서 이시기 교육이 매우 중요한데, 이와 같은 배경에서 볼 때 조기 교육은 매우 의미가 있으며 현재 진행되고 있는 조기교육보다 더욱 강력한 조기교육체계가 필요할 것으로 본다. 즉, 영유아 보육활동의 중요성이 매우 중요한 것이다. 따라서 우리나라의 경우 조기교육은 거의 가정에 맡겨진 상태인데 이를 공교육으로 이끌어내는 일도 매우 중요할 것이다. 즉, 초등학교 취학 연령을 만 4세나 5세로 하향시켜 미리부터 교육하는 시스템이 필요할 것이다.

간단히 모방에 대하여 언급하면 모방(模倣)은 창조의 어머니다. 적어도 이는 아동에게 맞는 말이다. 4세 이후 아동이 제대로 모방을 하지 못하면 이는 문제가 있는 아동이다. 모방(modeling)은 아동이 학습하고 사회에 적응하는데 가장 중요한 요소이기 때문이다. 자녀가 모방에 문제가 있다면 정신지체나 기타 정서장애를 의심하여야 한다.

모방에는 여러 가지 능력이 필요하다. 동작모방이라면, 육체적인 능력이 있어야 하고, 눈으로 동작을 보아야 하기 때문에 주의집중력이 있어야 한다. 그리고 그 동작을 이해하는 정신적 능력 또한 필요한 것이다. 이 모든 것이 아동이 갖추어야 할 필수 능력에 속하는 것이다. 이는 모든 모방에서도 마찬가지이다.

아동이 모방(modeling)을 하지 못하는 이유는 앞서 언급한 바와 같이 중대한 이유가 있기 때문으로 볼 수 있다. 따라서 전문가의 협조를 받아야 하나 부모가 할 수 있는 것은 매우 다양하다.

모방훈련의 기본은 눈 맞춤이다. 아동이 시선을 집중할 수 있는 능력이 있어야 모방이든 무엇이든 할 수 있지 않겠는가? 모방훈련의 원리를 간단히 설명하면, 모방은 먼저 간단한 것부터 복잡한 것으로 한다. 이는 당연한 이야기인데 모방이 잘 안 되는 아동을 쉽게 훈련시키기란 매우 어렵다. 그리고 모방훈련의 예로서는 부모가 동작시범을 보이는 것이다.

옛날 할머니가 하였던 젬젬, 곤지곤지, 짝짜꿍은 매우 좋은 모방훈련감이다. 주의할 것은 초기에는 시각적으로 보이는 것을 모방시키고 후에 보이지 않는 것을 모방하도록 하는 것이다. '엄마 코!'라고 하는 것은 아동의 입장에서는 보이는 것이지만, 자기 코를 지적하도록 하는 모방훈련은 한 단계 높은 모방훈련인 것이다. 이와 같은 훈련은 지속적으로 매일 조금씩 하는 것이 좋다. 그런데 아동이 제대로 따라하면 좋겠지만 실제로는 그렇지가 못하다.

이때에는 부모가 손을 잡아 모방하도록 도와주어야 할 것이다. 그리고 모방을 잘 할 때마다 강화제(칭찬, 과자 등)를 제공하는 것을 잊지 말아야 한다.

모방을 제대로 하지 못하는 아동은 주의가 산만한 경우가 많다. 그래서 주의가 산만한 아동의 경우는 환경을 구조적으로 하여 주어야 한다. 즉, 산만할 수 있는 요인을 가급적이면 줄인다는 것이다. 이는 아동과 부모가 같이 책상에 마주 앉아서 서로 눈을 보면서 하는 것이 가장 좋은 방법이다.

앞서 언급한 바와 같이 쉬운 것부터 어려운 것으로 이동하는데 가장 쉬운 것이 동작모방이다. 그 중에서 시각적으로 자신이 보이는 것이 더 쉬운 동작이다. 예를 들면 '앞으로 나란히'와 같은 동작은 자신도 볼 수 있는 동작이다.

다음 단계는 시각적으로는 보는 것이 조금은 어려운 경우다. '뒤로 돌아'는 아동이 돌아서면 자신이 부모를 볼 수 없으므로 조금 더 어려운 과제다. 엄마 귀를 지적하는 동작 모방은 아동이 볼 수 있으나 아동이 자신의 귀를 지적하는 것은 조금 더 어려운 동작모방이다. 동작모방에서 장난감을 가지고 하는 놀이는 아동이 매우 흥미 있어 한다.

장난감 중 여러 가지 모양의 퍼즐을 꽂아 통속에 넣은 것도 인지발달(認知發達)과 동작모방(動作模倣)에 효과적이다. 물론 이과정의 전 단계는 말뚝을 꽂는 장난감을 통하여 흉내를 낼 수 있도록 하는 동작훈련을 먼저 한 후 이를 하는 것이 좋다.

2) 자기정체성

어떤 사람이 '자기정체성(identity)을 갖는다'라고 말하는 것은 자기지식(self-knowledge), 자기평가(self-evaluation), 자기규제(self-regulation) 등을 가진다는 의미이다(Harter, 1983).

자기지식은 세상에서 아동자신이 기능하는 방법에 대하여 스스로 알고 있는 것을 의미하고, 자기평가는 아동이 자기 발달수준에 맞게 스스로에 대하여 판단하고 또 다른 사람에 대하여도 판단하는 것을 의미한다.

그리고 자기규제는 여러 가지 경쟁상황 속에서 여러 가지 내적 외적 자극이 제공되어 산만하더라도 아동이 독립적으로 자기중심을 유지하고, 목표에 따라 꾸준히 노력하는 행동을 하는 능력을 의미한다. 이를 좀더 구체적으로 설명하면 아래와 같다.

표 1.5 자기정체성

정체성	설 명
자기지식	자기인식에서 나오며 2세부터 나온다.
자기평가	자존감과 밀접한 관련이 있다.
자기규제	자기정서를 규제하고, 특정문제를 효과적인 방법으로 해결하고자 하는 것. 대처전략과 방어기제와 관련.

(1) 자기지식(self-knowledge)

자기지식은 자기인식(self-recognition)에서부터 출발하는데 자기지식은 아동이 거울을 통하여 자기 모습을 알게 되는 2세경부터 나온다. 그리고 자기지식은 안정적인 애착과 관련이 있다. 즉, 학대받은 아동은 자기지식 결핍을 보인다

(Cicchetti, 1991). 그리고 자기지식을 잘 하는 아동은 난처한 입장에 있는 다른 아동을 잘 돕는 경향을 보인다.

(2) 자기평가(self-evaluation)

자기평가와 자존감(self-esteem)은 매우 밀접한 관련이 있는데 자기평가가 좋은 아동은 자존감이 높고 좋은 정서를 보인다. 이와 같은 자기 평가는 취학 전에 그리고 사춘기 이전에 높아지는 경향이 있다.

그리고 자기평가는 약 12세경에, 자존감이 한번 떨어졌다가 사춘기를 거치면서 점차 향상된다(Harter, 1983). 이와 같이 자존감이 떨어지는 이유는 아동이 사춘기에 들어서면서 나타나는 신체변화를 부정적으로 평가하기 때문이거나 또는 다른 사람이 자신을 어떻게 판단할 것인가에 대한 상상능력이 향상되었기 때문일 수 있을 것이다.

(3) 자기 규제(self-regulation)

아동이 자기정서를 규제하고, 특정문제를 효과적인 방법으로 해결하고자 하는 능력 즉, 자기규제능력은 아동이 처한 상황을 통제할 수 있다는 자기능력에 대한 자신감과 아동이 자기 의도대로 상황을 대처하고자 하는 대처전략, 그리고 상황에 대한 방어기제 능력에 따라 달라진다. 이들에 대한 언급은 이후 언급할 것이다.

3. 부분 독립기

부분 독립기는 기존의 완전 의존기와 부분 의존기를 지나서 완전 독립기로 가기 이전의 단계로서 취학연령을 거친 이후부터 원래가정으로부터 독립하기 이전까지가 이에 해당한다. 근래 '마마보이'란 신조어가 유행이기도 한데 이는 부모의 그늘아래 안주하여 완전 독립을 이룩하지 못하고 부분적인 독립기에 의존하여 사는 젊은 세대를 의미하는 것이다.

표 1.6 부분 독립기 특징

특 징	설 명
경제적 자립	직업선택, 직업교육, 경제활동, 노동.
세대구성	배우자 결정, 결혼.

부분 독립기의 주된 과제는 부모로부터의 완전한 독립을 준비하는 것으로서 직업을 선택하여 경제적으로 자립하고, 배우자를 선택하여 세대를 새로이 구성하는 것이다.

1) 경제적 자립

독립이라 함은 여러 가지 측면이 있겠으나 외형상으로 볼 때 경제적으로 독립한 경우가 부모로부터의 독립이 시작되는 경우이다. 장애인의 독립이 경제적 자립이듯이 자녀의 경제적 자립이 곧 독립을 의미한다 하겠다. 이를 위하여 자녀는 직업을 선택하고 직업교육을 받게 된다.

현대사회에서 직업이란 인생의 중요한 측면이 되는데 직업이란 사람이 경제적 소득을 얻거나 사회적 가치를 이루기 위해 참여하는 활동으로서 보다 넓은 개념으로는 보수나 시간에 관계없이 한 인간이 평생 동안 하는 일 전체[이를 캐리어(Career라고 한다)]를 의미하나 좁은 의미로는 현재 보수를 받고 하고 있는 일[(이를 오큐페이션(occupation) 또는 잡(job)이라고 한다]을 말한다.

사람은 누구나 정신적이든 신체적이든 노동이라는 것을 하게 되는데 이와 같은 활동을 통하여 사람은 생계를 유지하게 되고 사회적으로 부여된 역할을 수행하여 보람, 보다 거창하게 말하면 자아실현을 하게 된다.

이와 같은 배경에서 볼 때 경제적인 자립 즉, 직업의 선택은 독립을 위한 것이기도 하지만 인생의 중요한 의미를 가지게 된다.

2) 세대구성

세대구성이란 부모가정을 떠나 새로운 가정을 형성하는 것을 말하는데 세대구성을 위하여 가장 중요한 것은 무엇보다도 배우자를 결정하고 결혼을 결심하는 것이다. 그런데 과거 결혼은 가족 간의 결합이라고 하였으나 근래에는 그렇지 않은 모습을 보인다.

가문이나 전통을 중시하여 배우자를 찾았던 과거와 달리 경제적 자립도를 중시하는 모습으로 변화한 것이다. 즉, 과거에는 주로 가족이나 가족이 의뢰한 중매인 등에 의해 배우자 후보를 만날 기회를 마련하였으나 현재에는 스스로 배우자를 만들어가고자 노력하는 것이다. 그리고 과거에는 배우자의 선택이 과거에는 부모나 가족의 선택이었으나 현재에는 본인의 선택이 대부분을 차지한다.

이와 같은 변화는 지난 1940-50년대 배우자에 대하여 아무런 정보도 없이 그저 부모들이 지정해 주면 결혼하던 비교하면 엄청난 변화가 아닐 수 없다.

어찌 됐든 결혼한 부부는 자녀가 없이 행복한 가정을 꾸려가는 듯 하지만 결혼한 지 얼마가지 못하여 대부분 초기 환상이 깨어지고 이상에 치우쳐 사랑만을 생각하던 시기에서 점차 배우자의 강약점을 알게 되고 배우자의 독특한 성격도 파악하여 이를 인정하게 된다. 즉, 배우자의 성격을 인정하고 현실적인 가치아래에서 함께 살아갈 준비를 하여야 한다. 교제 초기에 일반적으로 나타나는 환상적인 생각만을 생각하다가 파경에 이르는 경우도 있을 수 있는데 이를 극복하지 못할 경우 가정이 매우 힘들어진다. 이때 부모가족의 협력과 배려가 필요해지고 올바른 독립을 준비하도록 도와주어야 할 것이다.

4. 완전 독립기

완전 독립기는 이제 한 부부가 완전한 가정을 형성하여 의존기 또는 부분 독립기를 지닌 자녀를 가지고 생활하는 단계를 의미한다. 따라서 한 가정에 자녀가 있고 부모가 이 자녀를 양육하여 가는 과정의 경우를 의미한다. 이 시기에는 의존자녀를 보호하고는 일과 희생기를 준비하는 단계로 구분하여 볼 수 있다.

표 1.7 완전 독립기 특징

특 징	설 명
의존자녀보호	유아동기자녀보호, 청소년기 자녀보호.
희생기 준비	부모는 성년이 된 자녀의 독립준비 즉, 직업욕구, 배우자 욕구에 대해서 만족하여야 한다. 또한 성년자녀의 재평가를 통하여 자녀의 자율성 확대 욕구충족문제 그리고 가정을 이룩하여 가는 과정에 협력하여야 한다.

1) 의존자녀보호

표 1.8 의존자녀보호

특 징	설 명
유아동기	자녀의 안전성 확보, 적절한 양육활동, 규칙을 유지하기 위한 통제, 수준에 맞는 지적 자극 등.
청소년기	자율권 허용, 자녀와의 의사소통기술, 성숙해진 자녀에 대한 만족.

(1) 유아동기

부부는 결혼 후 자녀 없는 시기를 지나 자녀를 얻게 된다. 이 자녀는 물론 완전 의존기 자녀가 될 것이다. 이 때 부부는 어린자녀를 위한 공간 마련하고 이 자녀를 위하여 부부의 역할을 조정하여야 한다. 이 때 부부는 자녀의 보호를 위하여 자녀의 욕구에 부응하기 위한 부모역할을 개발하여야 한다. 이때 자녀의 안전성 확보, 적절한 양육활동, 규칙 등을 유지하기 위한 통제, 수준에 맞는 지적 자극 등을 제공하여야 한다.

이와 같은 일들은 초보 부모의 경우 결코 쉬운 일이 아니다. 안전성확보의 경우 사고로부터 자녀를 보호하는 일인데 이를 게을리하게 되면 사고로 아이를 다치게 할 수도 있으며 자녀에게 체벌을 가할 수도 있다.

또한 자녀에게 음식, 안식처, 애착, 동감, 이해, 정서적지지 등을 제공하는 일도 매우 중요하다. 또한 명백한 규칙과 한계를 정하는 일, 자녀가 부모의 기대에 부응하도록 하는 규칙, 그리고 적절한 보상, 규칙에 맞으면 허용하고 규칙위반의 경우는 자녀에게 통제하는 것도 필요하다.

그리고 부부는 자녀의 정서적, 언어적, 지적 발달을 위하여 적절한 지적 자극을 제공하여야 하는데 예를 들면 부모-자녀놀이, 의사소통방법을 가르쳐 주어야 한다.

(2) 청소년기

자녀가 청소년기에 들어가면 기존 부모와 아동 간에 있었던 관계가 새로이 설정되어 더 많은 자율권을 허용하는 체제가 된다. 이때 부모가 부모-자녀간 의사소통과 문제해결 기술을 가지고 있다면 좋겠으나 이 기술이 부족할 경우에 많은 자녀나 부모가 힘들어진다. 무엇보다도 부모는 이 단계에 성숙해진 자녀에 대하여 만족하여야 한다.

2) 희생기준비

부모는 성년이 된 자녀의 독립준비 즉, 직업욕구, 배우자 욕구에 대해서 만족하여야 한다. 또한 성년자녀의 재평가를 통하여 자녀의 자율성 확대 욕구충족문제 그리고 가정을 이룩하여 가는 과정에 협력하여야 한다.

아마도 여기서 언급하는 희생이란 "아름다운 희생"을 의미할 것이다.

5. 희생기

희생기는 자녀를 이제 양육권 밖으로 내보내는 단계이다. 이 단계에 부모는 한 쌍이 다시 생활할 수 있도록 조정하고, 원래가정 구성원의 죽음과 장애에 대처하며, 자녀가 결혼을 하거나 출산을 할 경우 가족 확대를 조정하는 일을 하게 된다.

이 단계는 기존 구성된 가족이 이제 신체적 쇠약과 죽음이 임박하는 문제 등에 대처해야 하는 단계이기도 하고 집안의 어른으로서 이제까지의 지혜와 경험을 새로이 독립한 자녀에게 베풀 기회를 만들어 가는 단계이다.

제 4 절 인생과 행복

누구나 사람은 행복해지려고 살아간다. 심지어 나쁜 짓을 하는 강도도 행복해지려 강도짓을 한다. 그런데 가족의 행복에서 자식이 차지하는 비중이 얼마나 될까? 아마도 부모가 나이가 들면 들수록 지식이 가족의 행복에서 차지하는 비중은 점점 커질 것이다.

이와 같은 현상은 자연의 섭리이다. 우렁이가 자손을 얻기 위해 온몸을 바치거나 열매를 맺고 자신은 말라 버리는 식물들의 원리와 같이 사람들도 자녀를 올바로 키우고 자라는 모습을 행복하게 바라보며 죽는 것이 어쩌면 당연한 귀결일 것이다.

어린 시절 아무것도 모르고 그냥 자랄 때는 자신의 입에 맛있는 것이 들어가기만 하면 마냥 행복하다. 그 어린아이는 자신의 입속에 들어가 맛있게 먹고 있는 자신을 보며 행복해 하는 엄마의 마음을 헤아리지 못한다. 그러나 그 어린아이가 어른이 되어 자식을 낳고 그 자식이 맛있는 것을 아주 맛있게 냠냠 먹는 것을 보며 자신이 먹는 것보다도 더 행복해 한다. 아마도 이것이 행복이고 인생일 것이다.

자녀가 행복한 것이 바로 부모가 행복한 것이란 말에 동의하지 않는 사람도 있을 것이다. 그러나 한 사람의 행복 속에 자식의 행복이 차지하는 비중이 매우 높음은 명백한 사실인 듯하다.

또 따라서 원만한 결혼생활에 있어서는 자녀는 매우 중요한 요인을 차지한다. 자녀 없는 결혼생활을 행복하게 평가하지 않으며 부부자체들도 역시 불행으로 생각하기도 하나 애초부터 자녀가 없다면 새로운 것에서 행복을 찾을 것이다.

즉, 개인주의 사상이 강해질수록 부부들 가운데서는 여러 가지 이유로 자녀 없는 생활을 원하는 경우도 있다. 그러나 기본적으로 결혼생활은 자녀를 낳아 기르는 것을 전제로 하고 있음도 사실이다.

물론 개인의 성장과 성격형성에 여러 가지 다른 요인들이 영향을 미칠 수 있으나 가장 크게 영향을 미치는 요인은 분명 가정이라는 테두리일 것이다. 가정이라는 단위는 한 사람이 자라고 성장하는 중요한 원천인 것이다. 특히 가정 내에서의 자녀와 부모와의 관계는 그 무엇보다도 중한 것이다.

특히 자녀에게 있어 어머니의 존재는 마치 등반에서의 베이스캠프처럼 중요하고도 필수적인 것이다. 이 베이스캠프를 중심으로 자녀는 사회로 진출하고 새로운 가정을 만들 수 있는 것이기 때문이다.

그런데, 근래와 같은 사회에서 부모 자녀 간에 발생하는 문제는 부모자녀간의 갈등문제일 것이다. 이와 같은 갈등이 발생하는 이유는 현대사회가 지나치게 빠르게 발달하여 부모가 자신이 양육 받았던 부모로부터의 양육방식을 자녀에게 대입할 수 없는 문제 때문일 것이다.

이와 같은 원인은 지난날 전통적인 사회에서는 발견할 수 없었던 아주 특별한 이유인 것이다. 또한 전통적으로 부모가 자녀에 대하여 가지고 있는 기대와 자녀로서의 사고방식이 다른 것도 원인인 것이다.

이와 같은 두 가지 요인을 한마디로 요약하면 세대차이로 요약할 수 있다. 세대 차이는 당연히 부모의 권리와 자녀의 가치관으로 인하여 발생할 수 있는 것이나 이를 극복하기 위해서는 가정이란 집단속에서 구성원이 그 소속감을 가질 수 있는 어떤 동기요인을 가져야 한다. 한마디로 매력적인 요소가 있어야 하는 것이다.

가정 속에서 남편은 남편으로서 아내는 아내로서, 자식은 자식으로서의 지위와 역할이 원만하게 주어져서 상호자기의 욕구가 가정생활을 통해서 이룩될 때 가족 간의 갈등문제나 세대차이가 서로 이해되고 극복될 수 있는 것이다.

제5절 가족과 결혼

1. 가족

1) 가족구성원요건

가족이란 무엇일까? 가족은 생물학적으로 피를 나눈 관계, 법률적으로 인정받는 관계, 서로 생각하는 바가 유사한 관계, 한 집안에서 사는 사람 관계 등으로 생각할 수 있다.

어떤 사람이 한 가정의 구성원이 되려면 출생, 입양, 대리 양육, 결혼 등을 통해야 한다. 또 한 사람의 자연인이 가족시스템을 떠나려면 보통 사망해야 만이 가능하다. 따라서 누구도 사람이라면 가족을 떠난 관계란 있을 수 없다.

또한 가족구성원은 음식과 안식처 제공과 같은 구체적이고 정의된 역할을 맡게 된다. 이 때 가장 중요한 것은 가족 구성원간의 관계이다. 가족구성원의 관계가 원만하고 의사소통이 제대로 이루어져야 가족의 행복이 보장되기 때문이다. 이와 같은 가족은 앞서 언급한 한사람으로서의 인간을 생각하고 난 뒤 다음으로 생각할 수 있는 최초의 사회시스템인 것이다.

2) 가족 개념

가족의 정의는 전통적으로 볼 때 혈연관계를 중심으로 가족을 정의하는 경우가 많다. 그러나 근래 특히 가족상담 등과 같은 치료적인 측면에서는 이와 같은 전통적 가족 정의를 사용하지 않고 사회심리분야에 직접적으로 관여하는 사람들의 네트워크로 가족을 생각한다.

왜냐하면 상담이나 치료목적을 위해서는 실질적으로 가족구성간의 역할관계와 상호작용 측면에서 가족을 바라다 보아야 하기 때문이다. 이 경우 가족구성원에는 단순히 혈연관계에 있는 친족만을 의미하는 것이 아니라 그 집안의 자녀와 기타 사람들 즉, 전통적인 의미에서 혈연으로 관계된 그 집안 가족은 아니지만, 그 가족생활에 중요한 역할을 담당하는 사람들도 가족구성원에 포함될 수 있다. 구체적인 예를 들면 그 자녀가 정기적으로 접촉하는 다른 곳에 살고 있는 별거부모와 그 배우자, 정기적으로 정신적인 양육을 제공하는 대리부모, 비공식적으로 항상 양육을 제공하는 조부모 등도 가족이다. 또 한집에 같이 세를 살고 있으면서 정서적으로 가족처럼 공유하고 있는 경우도 가족의 일원으로 볼 수 있을 것이다. 이와 같은 가족 개념은 치료적인 측면에서 매우 중요한데 그 이유는 현실적으로 가족의 혈연관계보다는 가족 네트워크의 구성원이 그 가정욕구에 어느 정도 부응하고 있는가가 중요하기 때문이다. 흔히 말하는 '이웃사촌'이란 말은 이와 같은 가정 개념에 가장 합당한 말이다.

결론적으로 전통적인 가족모델에 의한 가족정의는 한계가 있다. 따라서 가족의 정의는 기본적으로 전통적인 가족 규준에 기초하는 것이 맞으나 그 기초 위에 다른 가족구성원까지 포함시키는 가족개념이 보다 효과적일 것이다.

2. 결혼

결혼은 가족을 이루는 가장 전형적인 형태로서 한사람의 개인이 결혼을 하고 가족을 이루게 되면 앞서 언급한 가족 구성원을 만들어내게 된다. 이와 같은 측면에서 결혼은 가장 고전적이고 가장 전통적이며 전형적인 가족구성 방법이라 할 수 있다.

사람이 태어나 일정한 연령이 되면 결혼을 하고 자녀를 낳아 기르며 다시 자녀를 결혼시키고 손자 손녀를 본다는 생각은 정말로 오랜 기간 우리 인류가 가지고 왔던 생각이다. 물론 오늘날에도 이와 같은 생각에 동의하는 사람이 더 많은 것은 사실이나, 사람이 '일정한 나이가 되면' 이라는 결혼 적령기에 대한 개념이 상당히 변화되었고, 결혼은 반드시 하여야 한다는 '결혼필수' 개념 역시 '결혼은 선택사항'이라는 생각이 점차 늘어나고 있는 추세이다. 즉, 결혼 연령이 점점 늦춰지고 있음과 결혼 적령기에 있는 젊은이들의 미혼비율이 증가하고 있는 점을 보면 결혼을 필수개념으로 보는 것이 아니라 선택의 개념으로 보고 있음을 알 수 있다.

또한 설사 결혼을 하였더라도 자녀에 대한 생각이 상당히 변화하였음을 알 수 있다. 결혼한 부부는 특별한 생물학적 이상이 없는 한 자녀를 가진다는 것이 당연한 생각이었으나 근래는 그렇지 못하다는 것이다.

이와 같이 결혼한 부부가 자녀를 낳지 않거나 낳는다 하더라도 1-2명에 그치는 데에는 이유가 존재한다.

첫째는 과학의 발달이다. 인류는 피임기술 발달로 출산을 통제할 수 있게 되었고 때마침 지구 인구과잉을 우려한 세계적인 산아제한 정책과 맞물려 출생자녀의 수가 현저하게 줄어들게 되었다.

둘째는 양육비용증가이다. 인류는 산업혁명을 거치면서 기계화, 자동화를 이룩하였고, 정보화 혁명을 통하여 보다 편리하고 윤택한 생활이 가능하게 되었다. 그 대표적인 것이 웰빙인데 이와 같은 웰빙시대에 부응하기 위해서 부부는 더 많은 돈을 필요로 하고 이 필요한 돈을 벌기 위하여여 부부는 맞벌이를 하여야 한다.

또 자녀를 낳은 경우 자녀를 위하여 투입하여야 할 경제적 부담은 실로 막대하게 되었다. 과거 '사람은 자기 먹을 것은 가지고 태어난다'라는 말은 옛말이 된지 오래이고, 부모가 자녀를 양육할 책임은 예나 지금이나 마찬가지이기 때문에 이에 대한 양육 부담을 감당하기 어려운 것이다.

셋째는 부부 인생관의 변화이다. 과거 부부는 결혼 후 즉시 자녀를 두어 한 가정을 온전히 꾸리는 것이 사회로부터 성인으로 인정받는 것이라고 생각하였다. 그리고 사회적으로도 그렇게 인정되었다. 그러나 현재 이와 같은 생각은 상당히 변화되었다. 즉, 부부는 자신들의 행복에 자녀가 도움이 된다면 낳으려 하겠지만 자신들의 행복에 걸림돌이 될 것이라고 판단하면 과감하게 자녀를 포기하는 것이다.

제 2 장

신경성장과 발달

출산 후 성장과 발달단계는 아동의 경우 비교적 유사한 단계를 보인다. 아동은 보통 같은 나이 단계에서는 대개 비슷한 단계를 거치면서 새로운 단계로 들어가는 것이다.

이들 발달단계를 살펴보면, 특정 아동이 발달상 어떤 문제가 있는지를 알 수 있을 것이다. 이 방법이 바로 일반아동에게는 있는데 해당아동에게는 없는 점을 발견하면서 문제를 확인하는 방법이다. 여기서는 학습, 운동, 행동, 능력 등의 측면에 한정하여 살펴보고자 한다.

제 1 절 성장과 발달의 정의

아동발달, 성장과 발달, 그리고 성숙(maturation), 이 세 가지 용어는 아동초기 학습단계에서 흔히 사용하는 용어로서 흔히 같은 의미로 사용된다. 그러나 학습과정을 이해하는 데는 이 용어에 약간의 차이가 있다.

첫째로, 성장(growth)은 문자 그대로의 의미를 갖는다. 아동 초기에는 해마다 신체적, 심리적 성장 또는 변화 등에 있어서 상당히 극적인 성장을 보인다. 그리고 8세까지 남녀아동은 크기나 성장이 유사하다.

또 10대 아동은 심리적 변화와 두뇌 변화가 일어난다. 다시 말하면 성숙해지고 있는 것이다. 이런 성숙기는 약 22세까지 계속 이루어진다.

둘째로, 발달 또는 아동발달은 보통 아동이 각 발달 단계를 거치는 것을 의미한다. 이는 이정표(milestone), 발달 이정표(developmental milestone) 또는 발달단계(stage of development)라고 부른다. 양육과 교육측면에서는 이를 측정하기 위한 여러 가지 발달표(developmental chart)나 발달척도(developmental scale) 등을 사용한다. 이들 차트에서는 일련의 발달단계를 제시하고 아동기에 각 과제를 수행해야 할 나이에 맞는 범위로 제시하고 있다.

셋째로, 성숙(maturation)은 아동이 발달을 거치면서 신체적으로나 정신적으로 자라는 것을 의미한다. 이는 앞서 언급한 바와 같이 아동기부터 약 22세까지 계속 이루어진다.

제 2 절 발달연속과정

아동 발달을 생각할 때 기본적으로 두 가지 개념을 동시에 고려하여야 한다. 이는 연속성 개념과 개별성 개념이다. 먼저 연속성 개념은 아동의 발달이 연속선상에 있는 것처럼 한 가지가 발달해야 다음단계로 발달이 이동된다는 점이고, 개별성 개념은 아동에 따라 발달하는 속도나 방식이 다르다는 것이다. 이를 설명하면 아래와 같다.

1. 연속성과 개별성

1) 연속성

"연속성(sequence)"은 아동은 예측 가능한 발달단계를 거친다는 것이다. 즉, 어느 한 단계를 거쳐야 다음 단계로 이동한다는 것이다.

아동은 앉아야 서며, 서야만 걷는다. 대 근육운동(gross motor)기술(예: 걷기, 달리기)은 소 근육기술(예: 쓰기) 발달이 이루어진 다음에 이루어지고, 말하기 이전에는 반드시 옹알이(babbling)를 하여야 한다.

아동이 각 기술에 도달하는 단계는 일반적으로 타당한 것으로 보이며, 서로 구분이 가능하다. 이 때, 아동은 몇 가지 기술을 동시에 개발시킬 수도 있다. 예를 들어 아동은 도움을 통하여 서는 법과 앉아 균형 잡는 법을 동시에 배울 수 있다.

2) 개별성

개별성은 "아동은 개개인마다 독특한 특성이 있다"는 것이다. 아동은 보통 나이에 맞는 발달 단계에 따라 발달을 한다. 그러나 아동에 따라 조기에 이정표(milestone)에 도달할 수 있고, 조금 늦게 도달할 수도 있다. 하지만 모두 정상범위에 해당한다.

한편 발달표(developmental chart)는 제작자에 따라 상당히 다르다. 어떤 사람이 서로 다른 발달도표를 세 가지나 본 경우, 4개월, 6개월, 심지어 6-8개월에 도움을 받아 앉을 수 있다는 각기 다른 세 가지 발달표를 볼 수 있다. 따라서 아동에 잘 맞는 발달범위를 담고 있는 발달도표를 선택하는 지혜가 필요하다.

또한 이정표나 발달도표는 하나의 가이드라인으로 사용하는 것이 좋다. 아동은 리듬을 타면서 발달하여, 아동이 준비되었을 때만이 한 단계에서 다음 단계로 발달한다. 어떤 아동은 8-9개월에 걷지만, 어떤 아동은 12개월이나 15개월이 되어서야 걷는다.

그런데 재미있는 것은 쌍생아는 발달에서 시소 게임하는 것같이 보인다. 한 쌍생아가 먼저 뒤집기를 배운 경우, 이 아동은 잠시 진보를 멈춘 듯이 보인다. 그리고 다른 쌍생아가 뒤집기를 배운 경우, 곧바로 다음 단계로 발달하여 늦었던 아이가 먼저 앉기를 배운다.

2. 팔 다리 교차 운동발달

표 2.1 아동의 운동발달

아동의 운동발달 단계
1. 동시에 같은 방향으로 사지를 움직인다(양팔, 양다리).
2. 팔을 같은 방향으로 움직인다.
3. 같은 방향으로 다리를 움직인다.
4. 한 팔과 다른 팔을 분리하여 움직인다.
5. 한 발과 다른 발을 분리하여 움직인다.
6. 같은 방향과 같은 기울기로 한 팔과 한 발을 움직인다.
7. 몸 중심에 있는 한 팔과 다른 쪽 발을 움직인다.

신생아는 많이 움직이고 많이 잔다. 먼저 아동은 전신운동을 하는데 이는 아동이 동시에 몸 전체를 움직이는 것이다. 또 아동은 환경과 교류하면서 운동발달을 보이는데, 배밀이(creeping), 기기(crawling), 걷기(walking) 등 각 단계를 거치면서 발달한다.

아동이 움직이기 시작하면, 사지운동패턴을 보이게 된다. 이 때 아동은 일반적으로 상동운동(homologous movement)에서 동측운동(homolateral movement)으로 진보한다. 그러고 나서 교차패턴으로 배밀이와 기기를 하면서 발달한다. 여기에서 말하는 교차패턴으로 발달하기 위해서는 상동운동부터 동측운동을 먼저 배워야 한다.

상동운동에는 상동배밀이(homologous creeping)와 상동기어가기(homologous crawling)가 있는데 이는 마치 토끼가 뛰어가는 것과 같은 모습이다. 양팔이 먼저 앞으로 움직이고, 양다리가 이어서 움직이는 패턴이다.

반면에 동측운동애는 동측배밀이(homolateral creeping)와 동측기어가기(homolateral crawling)가 있는데 이는 먼저 한쪽 팔과 다리를 앞으로 움직이고(예를 들어 오른 팔을 앞으로 하고 다시 오른쪽 오른 다리를 앞으로), 다음으로 반대편 사지를 앞으로 움직이는 패턴이다(예를 들어 왼쪽 팔을 앞으로 하고 다시 왼쪽 다리를 앞으로).

마지막 단계로서 교차운동이 이루어지는데 이는 아동이 걷고자 할 때가 되어서야 교차하는 법을 배우는데 먼저 기어가기에서 팔다리를 교차하여 기어가는 법을 배운다. 이 때, 아동의 오른팔과 왼쪽다리를 같이 앞으로 움직이며, 반대 방법으로 뒤로 움직인다.

학습 문제와 행동장애를 가진 아동의 경우는 운동패턴에서 발달 지체를 보이는데 이는 기어가기 초기 여러 단계와 관련이 있다. 일부 아동의 경우 교차하여 기어가는 단계로 발달하지 못하고 팔과 다리를 같이 움직이는 단계에 머물러 버리거나, 몸의 한쪽 부분을 먼저 사용하고, 다른 부분을 사용하는 단계에 머물러 있게 된다.

3. 사각운동과 양면운동

1) 사각운동

사지 모두를 같이 사용하는 운동을 사각운동(quadrilateral movement)이라 한다. 놀랍게도 6-9세 학습에 문제가 있는 아동은 사지 모두를 같이 사용하는 발달단계에 머물러 있는 경우가 많다.

이를 알아보는 방법은 공받기 놀이에서 알 수 있다. 일반적으로 사각운동을 하지 않는 아동의 경우는 공을 받을 때 발을 양편으로 벌린 자세에서 바닥에 댄 자세로, 양팔을 앞으로 내밀어 공을 잡는다.

그러나 사각운동을 하는 아동은 양발을 벌리고 땅에 대고 있다가도 공을 받아야 할 시점이 되면 한쪽 다리는 땅에 대고 마치 발로도 공을 잡으려는 듯이 다리를 앞으로 보내고 팔도 앞으로 내민다. 즉, 공을 잡기 위하여 한쪽 발, 양팔 모두를 사용하는 것이다. 이는 마치 아동이 공을 받는 자세가 아니라 공차기를 하는 듯한 모습이다. 이 때, 아동이 바닥에 거의 넘어지는 듯이 보이고, 실제로 넘어지기도 한다.

2) 양면운동

일반 아동들은 양 손발을 같이 움직이지 않는다. 즉, 오른손으로 글을 쓸 때 한쪽 손은 그냥 가만히 있게 된다. 공을 받을 때도 한쪽 손으로 가능한 경우 한쪽 팔은 가만히 있고 다른 한쪽 손을 받게 된다.

그런데 어떤 아동은 양팔 또는 양다리를 함께 움직이는 발달단계에 머물러 있는 경우가 있다. 이는 배밀이(creeping)와 기기(crawling) 중에 두 팔과 양다리를 동시에 사용하는 것과 같은 모습이다. 이와 같은 패턴을 아동이 지니고 있는 경우 반대편 손 움직임 없이 공을 받거나, 반대편 손 움직임 없이 글을 쓰는 것이 매우 힘들다. 이것을 양면운동(bilateral movement)이라고 한다.

양면운동의 경우 정확히 같은 동작일 필요는 없다. 양면운동(bilateral movement)을 하는 아동이 한쪽 손을 사용할 경우, 반대편 손이 쫓아서 비슷하게 운동하는 모습(trace movement)이 나타나는데 이것도 양면운동이다. 이와 같은 운동을 연상운동(associated movement)이라고 한다.

양면운동을 보이는 아동은 일부 중대한 문제를 보인다. 예를 들어 이런 아동은 오른편과 왼편 구분이 어렵고, 왼손잡이나 오른손잡이를 모르며, 팔다리 교차운동에 어려움을 보인다.

아동이 양면운동을 보이는지 여부를 알아보는 간편한 방법은 아동에게 종이나 칠판에 글을 쓰는 것을 보는 것이다. 이때 다른 손을 수반하는 움직임을 보이지 않아야 한다.

다른 양면운동 검사법으로서는 아동에게 한쪽 손으로 볼을 토스하게 하는 방법이다. 만일 아동이 두 손을 쓰려고 한편으로 움직이거나, 다른 쪽 손을 움직이게 되면, 양면운동문제(bilateral movement problem)가 있는 것이다.

4. 두미식 발달과 말초식 발달

아동의 성장과 발달에 관한 용어로서 두미식 발달(cephalocaudal development)과 말초식 발달(proximodistal development)이 있다. 두미식(cephalocaudal)이란 말의 의미는 성장이 머리에서 꼬리로 이루어짐을 의미한다. 그리고 말초식(proximodistal)이란 신체중심부근처(proximo-)부터 사지 밖으로(distal) 성장함을 의미한다.

두미식 발달의 경우, 태아는 자궁에 있는 동안, 머리와 얼굴 구조는 몸통(trunk)보다 더 빠르게 성장한다. 그리고 몸 아랫부분은 마지막에 발달한다. 그리고 출생 후에도 아동은 운동발달이 먼저 머리운동 통제를 배우고, 몸통이 발달하며 마지막으로 다리가 발달한다. 이것이 바로, 아동이 첫 번째 기술로 머리 들기를 배우는 이유이다.

다음으로 말초식성장의 경우, 끝에 있는 것들(손, 발, 손가락, 발가락)보다 몸중앙 근처 운동 통제법을 배운다는 의미이다. 신생아를 보면 신생아는 우리에게 다가올 수 없다. 아동은 실제로 자신의 손발이 움직이고 있다고 의식하지도 못한다. 그러나 약 4개월 반 정도가 되면, 아기는 사람이나 장난감등에 손을 내미는데, 이는 어깨에서 시작된 팔 전체운동을 사용하는 것이다. 10개월 정도면, 아기는 이제 손가락으로 사물을 잡고, 상당히 섬세하게 사물에 다가간다.

5. 전반적 운동과 특정운동

아동이 운동기술을 배우는 순서를 고려할 때 전반적인 운동과 특정 운동을 생각할 필요가 있다. 팔을 무작위로 움직이는 것 같은 전반적인 운동(general movement)은 뒹굴기, 장난감 잡기, 볼 치기와 같은 특정운동(specific movement)보다 먼저 배운다.

6. 대근육 운동과 소근육 운동

대 근육운동 활동은 던지기, 치기, 때리기, 걷기, 달리기, 뛰어오르기, 점프하기,

올라가기 등이 해당한다. 또한, 어깨, 팔, 다리를 사용하는 크게 원 그리기와 같은 것도 대 근육운동 활동이다.

소근육을 사용하는 소근육운동 활동에는 색칠하기, 쓰기, 구슬 꿰기, 레고와 같은 장난감 맞추기 등과 같은 손가락과 손목을 사용하는 활동이 있다.

전반적 운동(general movement)과 특정운동(specific movement)은 대근육운동(gross motor)과 소근육운동(fine motor)과 관련이 있는데 기술 발달 순서는 신경시스템 성장에 따라 이루어진다. 아동은 신경학적으로 소근육이나 특정기술(specific skill)을 배우기 전에 대근육운동을 먼저 배운다.

그래서 어린 아동과 운동에 문제가 있는 사람이 달리기, 점프하기, 깡충깡충 뛰기와 같은 대 근육운동을 색칠하기, 가위 사용하기와 같은 소 근육 운동보다 더 선호하는 이유이다.

아동은 초기에 종이에 줄을 긋기 위하여 어깨 대근육을 사용한다. 그래서 이 시기 선은 원과 같게 된다. 그러나 3살이 되면, 원을 그릴 수 있다. 정사각형, 직사각형, 삼각형, 마름모 등은 늦게 발달한다. 왜냐하면, 소근육 운동통제(fine motor control)가 더 필요하기 때문이다. 아동이 먼저 정사각형을 그리려면, 4~5세가 되어야 한다. 이 시기에 아동은 크레용을 들고 선을 각각 그려낸다. 또, 사각형은 가로와 세로가 맞게 그려진다.

제 3 절 태아기 발달

태아는 9개월 동안 상당히 많은 변화가 일어난다. 교사, 부모, 의학전문가 등은 아동의 임신기 발달이 미래 행동과 학습능력에 영향을 미친다는 사실을 최근에 알게 되었다.

1. 태아의 운동

임신 중 임신부는 태아의 신체적 성장을 느끼고, 운동 변화도 느낀다. 태아의 최초운동은 약 15주경에 나타난다. 이는 다리를 차는 것인데, 초기에는 감지하기 어렵다. 그러나 9개월경이면, 산모는 태아가 발길질을 하면 금방 느낀다.

2. 태아의 감각

태아기에 듣기, 보기, 냄새 맡기, 맛, 촉각 등과 같은 감각시스템 역시 발달하기 시작한다. 대략 4개월 반이면 임신 중인 태아는 소리에 반응한다. 신생아는 임신기 아버지와 어머니가 자주 들려주던 소리, 읽어준 소리, 틀어 준 음악을 쉽게 인식한다.

출생 후, 아동은 자궁에서 자신에게 편안하게 해 주었던 소리에 친근하게 반응한다. 부모들은 자신의 아이가 태어나기 전에 읽어주었던 이야기를 알고 있는 점을 발견할 때도 있다. 2개 국어 가족에 살고 있는 아동은 임신기 자신을 편안하게 해 주었던 언어에 더 편안하게 느낀다.

음향기록장치(sonogram)에 의하면 일부 아동은 태어나기 전부터 손가락을 빠는 것으로 나타났다. Brazelton(1988)박사는 자궁 속에서 아기가 바쁘게 손가락을 빨고 있는 것을 발견했다. 산모 배에 빛을 대자, 아기는 물고 있던 손가락을 빼고, 빛을 쳐다보았다. 그리고 수초 후 빛을 피하여 다시 손가락을 빨았다.

3. 태아와 환경

태아는 자궁에서 9개월을 보내면서 환경에 영향을 받는다. 이와 같은 환경이란 양수(amniotic fluids), 산모순환기 시스템으로 전달되는 혈액, 태반(placenta)을 통해 전달되는 영양분(nutrition) 등이 해당한다.

산모로부터 적절한 영양분을 제공받을 경우, 아동의 성장과 발달은 정상적일 것이다. 의사들은 양호하고, 지속적인 임신기 관리를 할 경우, 생후 아동의 학습, 행동, 발달문제를 줄일 수 있다고 말한다.

한편, 주산기 관리(prenatal care)를 제대로 하지 못할 경우, 유아사망률(infant mortality)이 증가하고, 아동발달에 부정적인 영향을 미칠 위험이 증가한다.

제 4 절 신경발달

여기서는 출생 전 아동의 두뇌발달은 어떻게 이루어지며, 이후 미래 두뇌 성장과 발달에 영향을 미치는지에 관하여 설명하고자 한다. Young(1978)은 "두뇌는 사람의 삶을 통제하는 프로그램으로 이루어져 있다고 말하였다.

두뇌는 뉴런(neuron)이라 불리는 세포로 이루어져 있다. 임신 직후에는 태아 두뇌에 뉴런이 거의 없다. 그러나 뉴런의 수가 두뇌에 급격히 증가하여 매분 25만개의 뉴런이 만들어진다.

그리고 동일한 목적을 가지고 있는 뉴런은 동시에 생성된다. 또한 뉴런은 미래에 사용되도록 그룹화된 영역으로 이동한다. 예를 들어, 시각에 사용될 뉴런끼리 같이 그룹화되고, 청각에 사용될 뉴런끼리 같이 그룹화되어 각기 다른 장소로 간다. 새로운 장소에 도착하면, 각 뉴런들은 빠르게 다른 뉴런들과 연결하여, 한 뉴런에서 다른 뉴런으로 더 많은 의사소통(sensations impulse)을 하게 된다.

태아가 약물, 흡연, 독극물(toxins), 스트레스 등에 노출되면, 그 노출당시 만들어진 뉴런이 그룹화되는 것을 방해하게 된다. 그래서 약물과 같은 부적 영향을 동일하게 받았더라도 태아에 따라 다른 증상을 보이는 것이다. 그리고 이와 같은 문제는 영구적인 건강문제나 지적 발달이나 신체발달에 영향을 미칠 수 있다.

이와 같은 개념을 쉽게 이해하기 위하여 몇 대의 컴퓨터에 동시에 물을 뿌리는 것을 생각할 수 있다. 이 때 각 컴퓨터가 영향을 받는 것은 다른데, 그 이유는 물이 컴퓨터마다 다른 회로(circuits)에 닿기 때문이다.

만일 운동을 통제하는 뉴런이 만들어질 때, 산모가 음주하였을 경우, 태아는 조절상의 문제를 보일 수 있게 된다.

1. 신경 연결 및 통로

1) 뉴런과 돌기

뉴런은 두뇌와 신경시스템의 기본단위를 형성하는 세포이다. 서로가 의사소통하고자, 두뇌에 있는 뉴런은 나뭇가지처럼 가지(branch)를 만든다. 이 가지를 수상돌기(dendrites)라고 한다. 이 돌기는 정보를 받아들이는 기능을 한다. 뉴런은 수상돌기와 축색돌기(axon)를 통하여 다른 뉴런과 연계한다. 아동은 성장하면서, 두뇌에 있는 수상돌기가 증가한다. 따라서 적당한 환경, 경험, 영양을 제공하면, 이 수상돌기연결(dendrite connection)수가 증가한다.

뉴런은 각기 하나의 축색돌기(axon)를 가지고 있다. 이 축색돌기(axon)의 목적은 뉴런으로부터 다른 뉴런으로, 그리고 뉴런으로부터 근육, 피부, 눈, 코, 기타 신체의 다른 조직으로 자극을 전달하는 것이다.

이 축색돌기에 의해 근육에 전달되는 자극은 근육을 움직이도록 하는 언어이다. 축색돌기의 길이는 상당히 짧은 경우(수 micrometer정도: 특히 두뇌에 있는 축색돌기가 짧다)도 있고 수 피트(feet) 정도 되는 경우도 있다. 축색돌기 중에 가장 긴 축색돌기(axon)는 엄지발가락(big toe)을 통제하는 축색돌기이다. 뉴런의 주요부분은 두뇌에 있는데, 축색돌기는 척수(spinal cord) 속까지 내려가 있다.

2) 신경통로

임신부가 움직이거나 자궁 내 태아가 움직일 때, 감각(sensation)－이는 보통 전기 자극이나 흐름이다－을 통하여 정보를 한 뉴런에서 다른 뉴런으로 보낸다. 그러면 이들 감각이 신경통로(neurological pathway)를 만들기 시작한다. 이 통로는 길(road)로 생각하면 된다. 이 통로는 태아기부터 만들어지는데 유형에 따라 두뇌에서 서로 다른 신경통로가 만들어진다. 예를 들어, 태아가 엄지손가락을 빨면, 엄지에 대한 입의 느낌이 두뇌 뉴런에 전달된다.

그러나 태아가 빛에 반응할 때의 감각은 다른 통로를 따라 두뇌로 전달된다. 이와 같은 다양한 뉴런의 수상돌기간 통로(pathway)나 연결(connections) 등은 단지 한곳에 있지 않다. 일부 연결은 아주 가까이 있는 뉴런과의 연결일 수 있지만, 또 다른 연결은 멀리 떨어진 뉴런과의 연결일 수 있다.

출생당시 아동은 많은 뉴런을 가지고 있는데, 이는 이후 사는 동안 그 어느 때보다 수가 많다. 그러나 뉴런의 절반 이상은 3세경이면 없어진다. 그렇다면 한 걸음마기 아동이 남은 뉴런을 잃게 되면 어떻게 지능을 얻고, 걷기와 달리기와 같은 운동기술을 발달시킬까? 그 해답은 수상돌기(dendrites)와 연결통로(pathway)가 이와 같은 일을 위하여 작동한다. 즉, 수상돌기(dendrites)의 수가 증가하고, 신경통로(neurological pathway)의 수와 강도가 증가하는 것이다. 한마디로 네트워크가 증가하는 것이다.

신경통로는 인생전반에 걸쳐 계속 생성되고 사라진다. 아동이 볼 수 있고, 들을 수 있고, 움직일 수 있는 것은 감각(sensation)이 통로(pathway)를 통해 보내지고, 두뇌나 척수(spinal cord)에 전달되기 때문인 것이다.

어떤 아동이 엄마가 주는 장난감에 손을 대는 것과 같은 새로운 경험을 하면, 아동 두뇌에 있는 여러 가지 뉴런 수상돌기와 축색돌기간의 연결이 이루어진다. 아동은 자신의 목표가 달성되기 전에, 장난감에 손을 대는 데 성공적인 시도나 실패를 여러 차례 경험하게 된다. 그러나 일단 장난감을 잡게 되면, 이 기술을 자연스럽게 반복하게 된다. 이 반복으로 뉴런간의 추가적인 연결이 이루어지고 보다 안정된 통로가 확립된다.

신경통로를 설명하는데 도로를 생각하면 이해가 쉬울 것이다. 아동이 처음에 무엇인가를 익히게 되면 처음에 신경과 행동 사이에는 비포장도로가 만들어진 것이다. 그러다가 이것이 조금 반복되면 신경과 행동 사이에 포장도로가 생기는 것이고, 더 자주 반복되면 고속도로가 되는 것이다. 이것이 자동화이고, 반대로 반복이 되지 않으면 서서히 그 도로에 풀이 생기고 금이 가서 더 이상 사용할 수 없는 길이 된다. 신경통로가 사라진 것이다.

3) 자동화

자동적으로(automatically)기술을 수행하는 기술을 배우는 문제는 운동기술을 개발시키는데 매우 중요하고, 교내 학습 학급활동에도 중요하다. 새로운 기술을 배우면서, 아동은 자신이 새로운 과제(모빌에 손을 대는 것과 같은)에 시도한 각 단계에서의 방법에 대해서 생각하여야 한다.

일단 기술을 익혀 아동이 신경통로(neurological pathway)를 확고히 만들어 내면, 이 기술은 자동화된다. 이 단계가 되면, 아동은 그 과제에 집중하지 않고서도 과제를 수행할 수 있게 된다. 이 자동화로 아동은 동시에 두 가지 과제에 집중하지 않고서도 과제를 수행할 수 있게 된다. 이렇게 되면, 아동이 부모를 보면서도 그리고 옹알이를 하면서도 모빌을 잡는 모습을 볼 수 있다.

아동이 처음으로 펜을 잡고 글을 쓸 때에도 아동은 펜 잡는 법을 생각하고 글자를 구성하는 법을 생각한다. 신경통로를 구성하기 위한 몇 차례의 연습을 하고 아동은 펜을 잡는 기술에 대하여 생각할 필요도 없이 글을 쓸 수 있게 된다.

심각한 스트레스나 손상으로 인하여 아동이 모빌을 잡는 단계의 학습이 멈추고, 모빌이나 다른 사물에 손 대려는 시도를 하지 못한 경우, 수상돌기가 사라지고, 연결이 없어질 것이다.

마찬가지로, 아동이 만성중이염(chronic ear)으로 들을 수 없고, 소리내기를 그친 경우, 듣기 말하기를 위한 신경통로가 없어지고, 이 후 듣기 능력도 없어질 수 있다.

첫걸음을 뗀 직후 걸음마기 아동이 다리가 부러진 경우, 그래서 요람에만 있게 한 경우, 이 아동은 균형 잡기(balancing)와 걷기를 위한 신경통로가 없어질 수 있다. 그러나 비록 요람에 있었어도 아동이 다른 뉴런연결(neuron connections)을 개발할 수 있다면, 균형 잡기와 걷기는 인생전반에 부정적으로 영향을 끼치지는 않을 것이다.

2. 신경시스템과 발달준비

아동이 보이는 여러 가지 복합 운동기술 발달은 아동이 지닌 신경시스템의 성장(growth)수준, 준비성(readiness)이라고 불리는 처리(process)수준, 성숙(maturity)수준, 또는 발달(development)수준 등에 따라 달라진다.

출생 당시 아동이 수백만 개의 뉴런을 가지고 태어났더라도 아동은 목표 중심적인 기술(goal-directed skill)을 수행할 능력이 부족하다. 그러나 출생 후 수일동안에 아동에게 의도적으로 다른 행동을 수행하도록 신경시스템(nervous system)이 발달하기 시작한다.

신경시스템이 성장하고 변화하기 위해서는 새로운 운동이나 운동기술(motor skill) 발달이 선행되어야 한다. 신경시스템성장에 변화가 있다는 명백한 첫 번째 증거는 아동이 약 4~5세일 때, 그리고 사물에 다가가기 시작할 때 나타난다. 3세 경부터 많은 변화가 일어나는데, 뒤집기(rolling over), 앉기(sitting up), 걷기(walking), 달리기(running) 등과 같은 기술을 통하여 진보하게 된다.

부모나 교사는 신경시스템 중 특정 부위의 성장을 도모할 수는 없다. 이는 일련의 운동기술발달이 쉽게 바뀌지 않는다는 것을 의미한다. 아동은 걷는데 필요한 신경시스템 변화가 이루어지지 않는 한, 걸을 수가 없는 것이다. 보다 더 진전된 운동 패턴과 운동기술은 신경시스템 부분이 성숙해지면서 이루어진다.

3. 두뇌능력

1) 가소성

가소성(plasticity)은 환경의 요구에 부응하여 변화하고 적응하는 두뇌의 능력이다. 이는 인생전반에 일어나지만, 아동 초기발달 단계에 가장 쉽고 극적으로 이루어진다.

발달은 가소성을 통하여 이루어지는데, 가소성(可塑性)은 새로운 통로(pathway)를 만들고, 새로운 뉴런들로 새로운 연결(connections)을 만들어내는 두뇌의 뉴런 능력이다.

가소성을 통하여 아동은 새로운 자극이나 보다 더 어려운 환경 요구에 반응하면서, 뉴런들 사이에 수상돌기 수를 증가시킨다. 예를 들어, 7세 여아가 체육시간에 줄넘기(skipping)란 새로운 과제를 배운다고 하면, 여아는 실제로 줄넘기 기술을 수행할 수 있기 위해서는 뉴런 간 새로운 연결이 두뇌에서 먼저 이루어져야 한다.

수년 동안 쥐 실험결과 쥐는 자극 없이 음식과 물을 제공하는 것보다 풍부한 환경을 통하여 쥐가 성취하도록 다양한 장난감과 음식을 제공한 쥐가 더 잘 자랐다. 이 성과는 가소성과 관련이 있다. 쥐가 새로운 장난감을 가지고 놀면서 뉴런 간 연결수를 증가시킨 것이다.

2) 뉴런의 수

최근까지 출생 후에는 두뇌에 있는 뉴런의 수가 줄어들고, 더 이상 늘지 않는다고 믿었다. 그러나 쥐 실험결과 교육자들에게 현재의 두뇌발달에 관한 생각과 아동기 교육프로그램을 위한 권장 면에서 새바람을 불어넣고 있다.

Kempermann, Kuhn, Gage(1997), Kempermann, Brandon, Gage(1998) 등은 풍부하고 활동적인 환경을 제공받은 쥐는 수개월 만에 두뇌세포 특히 두뇌의 특정부위의 성장을 증가시켰다는 점을 알아냈다. 어떤 연구에서는 그 증가율이 67%나 되었다.

Friend(1993)는 세포성장은 쥐가 수행하는 활동타입과 직접적으로 관련이 있다는 흥미로운 연구를 하였다. 즉, 쳇바퀴를 달린 쥐는 수영하거나 덜 활동적이었던 쥐보다 세포성장이 더 많았다.

이와 같은 결과로 볼 때, 학습은 유전요인 뿐만 아니라 환경에 영향을 받고 아동은 과거 생각했던 것보다 학습 잠재력이 훨씬 더 크다고 볼 수 있다 .

3) 두뇌세포 증가

두뇌 세포를 증가시키는데 가장 큰 요인은 달리기 활동이라는 점에 주목할 필요가 있다. 만일 신체활동이 아동에게도 같은 효과를 준다면, 교사나 부모는 아동의 일상에서 활발한 신체운동을 하도록 해 주어야 할 필요가 있다.

에어로빅 신체활동 역시 두뇌에 혈액 공급을 증가시킨다. 이는 두뇌에 있는 모세관(capillaries) 크기를 키우고, 새로운 모세관을 만들기도 한다. 그래서 더 많은 피와 산소를 아동 두뇌 활동부분에 공급하여 학습 잠재력을 키운다.

뉴런은 또한 신경통로(neurological pathway)－가소성의 또 다른 측면－를 변화시키는 능력을 가지고 있다. 과학자들은 아동의 두뇌가 특정 방법으로 유선으로 연결된 모습이라고 생각하지만, 이것이 변화할 수 없는 것이라고는 생각하지는 않는다.

신경통로가 손상, 충격, 또는 질병으로 방해받게 되면, 일부 연결은 복구되거나, 새로운 연결이 만들어질 수 있다. 새로운 통로가 만들어지는 것을 소생(싹틈; sprouting)이라고 하는데, 이는 나뭇가지와 같다.

나무 중에 일부 가지가 병듦, 가지치기 등으로 없어지면, 남아 있는 나무는 새로운 가지가 생기게 하여 비어 있는 곳을 메우게 된다. 이와 같은 원리가 두뇌에서도 이루어진다.

4) 소생

아동 두뇌에서 소생은 환경 요구로 즉각 이루어지며, 이 환경에 대한 아동의 반응으로 이루어진다(예: 숙제, 운동, 타인과의 상호작용). 이와 같은 경험으로 아동의 뉴런은 새로운 연결을 싹트게 하여 잃어버린 기술과 활동을 가능하게 만든다.

소생(sprouting)은 두뇌손상을 입은 아동에게서 명백히 발견된다. 두뇌의 일부를 제거하는 수술을 하면, 이 아동은 학교를 제대로 다니지 못할 것으로 보이지만, 학교생활을 제대로 할 뿐만 아니라, 학업에서도 현저한 성적을 보인다. 소생)측면에서 볼 때 가소성을 통하여 많은 능력을 회복할 수 있다. 수술 후 잔여 두뇌는 제거되기 이전에 수행하였던 활동을 넘겨받는다. 간단한 예를 들어 보면, 어떤 사람이 연필 잡는 법을 바꾼다는 것은 새로운 신경통로(neurological pathway)를 만든다는 것이다. 일부 아동들은 초등학교 때 시작을 잘못하여 연필을 잘못 잡는다.

그러나 그들이 취하는 자세가 자기에게는 편하게 느껴진다. 그러나 교사는 다른 방법으로 연필을 잡도록 한다. 이때 아동은 두뇌에 새로운 기술 통로를 만들고, 이전의 낡은 신경통로를 버려야 한다. 이 방법은 반복(repetition)과 가소성이 들어가는 것이다.

아동은 먼저 새로운 올바른 기술을 사용하여 연필을 잡는데 집중하여야 한다. 충분히 반복하게 되면, 다른 뉴런 간 연계를 이룬 새로운 통로가 이전 통로를 대신하게 된다.

이전통로(old pathway)를 새로운 통로(new pathway)로 바꾼다는 것은 쉽지 않은 일이다. 만일 한 아동이 잘못 기술을 배운 경우(예: 테니스나 수영자세에서 잘못된 자세), 코치는 아동에게 올바른 행동을 가르쳐야 한다. 이 방법은 그 아동에게 새로운 기술을 반복하게 하여, 기술이 습득되면, 새로운 통로가 넘겨받는 것이다. 만일 아동이 집중하지 못하고, 스트레스를 받으면, 아동은 이전 통로로 되돌아가서 잘못된 기술을 반복할 것이다.

5) 동기와 연습

동기(motivation)와 연습(practice)은 새로운 통로(new pathway)를 만드는데 주요인이 된다. 아동에게는 새로운 기술을 시도할 동기를 부여해야 한다. 동기부여는 아동이 새로운 신경통로를 구성하는 데 필요한 여러 차례의 연습 기간 동안 유지되어야 한다.

가소성은 환경자극(stimulating environment)과 지속적인 반복 활동으로 이루어진다.

제 5 절 감각운동 단계

1. 감각운동단계 기간

아동 발달단계에서 생후 18~24개월경을 감각운동단계(sensory motor stage)라고 한다. 이와 같이 부르는 이유는 아동이 주로 이 단계에 운동과 감각시스템(movement and sensory systems)을 발달시키기 때문이다. 신생아는 운동 통제를 거의 하지 못한다. 그러나 아동이 감각 운동단계에 이르게 되면, 이제까지 자신의 팔과 다리를 무작위로 움직이던 것을 이제 사물을 조작하고 공간에서 걷고 달리는 운동을 하게 된다. 이 시기(24개월경)에 아동은 독립적인 운동(independent movement)을 하게 되는 것이다. 그리고 아동은 반사(reflexes)와 반응(reaction)을 지나 점차 신체통제 능력을 향상시킨다.

2세경이면 아동은 구르기(rolling over), 앉기, 서기, 걷기, 달리기 등의 기술을 배우고, 이 활동을 통하여 균형 잡는 법을 익힌다.

2. 감각자극

아동의 두뇌를 발달시키기 위해서는 활동을 자극하거나 활동하도록 유도하여 주어야 한다. 나이에 맞는 경험, 운동 활동, 타인과의 상호작용을 제공하는 환경을 만들어주는 일이 아동의 두뇌 발달을 돕는다.

그러나 일부 아동은 자극을 적게 받거나 받지 못하는 환경에서 살고 있다. 이들 아동들은 장난감이 부족하고 시각, 청각 자극 등의 자극이 부족하다. 이들이 받는 자극은 오직 TV에 계속 노출되는 것이다. 이들은 대부분 하루 종일 누워 있다.

의학 및 교육전문가들은 이와 같은 상태에 있는 아동을 감각결핍아동(sensory deprived child)이라고 한다. 이들은 뉴런끼리의 연결을 개발하거나 통로(pathway)를 개발하도록 두뇌를 자극함이 필요 없는 상태에 있는 것이다. 그런데, 뉴런은 서로 연계될 수 있도록 하는 두뇌활동(brain activity)을 보여야 한다. 정상적으로 발달을 보이는 아동이 덜 자극적인 상황에 있을 경우 진보(progressing)는 멈출 것이다.

이와 같은 비자극적인 조건(unstimulating condition)의 경우의 예를 들면 그룹으로 대리양육 되는 경우(group foster home)거나, 병원에 장기간 입원하여 아무 자극도 받지 못하고 사는 경우도 있을 수 있다.

이와 같은 경우에 뉴런간의 연결이 그치게 되어, 결국 뇌세포가 죽게 된다. 그래서 일부 그룹으로 대리 양육하는 경우(group foster home)에 다양한 자극제공과 생활증진활동(life-enhancing activities)을 근래 활발히 전개하고 있다.

일부 부모는 자기 자녀에 대하여 과잉보호를 보인다. 이런 부모는 너무 과잉보호하여 자기 아이가 환경에 노출되기를 꺼린다. 그래서 부모는 아이를 하루 종일 안전놀이 울타리 안에서만 놀도록 한다. 과잉보호 부모는 아동에게 어떤 시도를 하거나 시행착오(施行錯誤)를 통한 운동실험을 하도록 하지는 않고, 아예 그냥 부모가 아동을 위한 활동을 대신하여 버린다.

이런 부모는 아동이 걸을 때도 아동나이에 맞는 것 이상의 것을 고집하고 먹을 때도 흘리지 않고 먹도록 하는 데에만 신경 쓴다(그래서 다 먹여주고 다 업고 다니거나 안고 다닌다). 그래서 아동의 발달 지체를 야기시킨다. 그래서 입양아동(adopted child)과 발달 지체 아동 중 상당수가 감각 결핍을 겪는 것이다.

물론 아동이 깨끗한 환경에서 자랐더라도, 이들 아동은 성인과 상호작용할 기회가 적었을 수 있다. 예를 들어 6개월 된 모 아동이 모 고아원에서 입양되어 입양가정에 왔을 때에는 발달연령(developmental age)이 고작 2개월이었다. 그런데 이 아이의 양부모가 입양하여 많은 교류를 하면서 자극적인 환경을 제공하자 3개월 후에 이 아이는 9개월 또래 발달수준을 보였다. 이와 같은 아동이 발달상 처진 부분을 뒤따라 잡게 해주는 역할을 담당하는 것이 바로 가소성이다.

제 6 절 신경시스템

신경시스템(nervous system)은 두뇌와 척수(spinal cord)에서 몸 전체로 연결된 것으로서 이에는 두 가지 중요한 장치(unit) 즉, 중추신경시스템(central nervous system; CNS)과 말초신경시스템(peripheral nervous system; PNS)이다.

1. 중추신경시스템

중추신경시스템(CNS)은 신경시스템 전체를 통제하는데, 두뇌(brain)와 척수(spinal cord)로 이루어져 있다. 척수(spinal cord)는 척추(spinal column)내에 있는 신경이다.

중추신경시스템의 역할은 호흡, 심장박동, 눈 깜박거림과 같은 비자발적인 활동(involuntary activities)을 관장한다. 그리고 임신기와 발달 반사(reflexes)와 비자발적인 반응(reaction)을 관장한다.

2. 말초신경시스템

말초신경시스템(PNS)은 그 외의 신경시스템인데, 신체의 자발적 운동(voluntary movement)을 관장한다. 말초(periphery)내에 있는 뉴런은 뉴런 서로 간에 정보를 교환하는 능력과 중추 시스템(central system)에 정보를 교환하는 능력을 가지고 있다. 말초신경시스템(PNS)도 정보를 만들고 해석한다.

말초신경시스템(PNS)은 특정운동이나 활동에서 아동이 올바른 운동기술을 사용하도록 도와준다. 예를 들어 걸음마기 아동이 종이에 글을 쓰기 위해서는 연필 모양, 연필에 손가락을 둘 위치, 연필 잡기 위해 사용할 강도, 종이에 올려놓을 손의 위치, 글자를 쓰는데 사용할 강도, 근육 움직임 등에 대하여 알아야 한다. 이를 위하여 정보를 교환하고 해석하여야 한다.

제 7 절 선행학습 특수기술

여기서는 선행학습 특수기술(splinter skill)을 운동교육프로그램을 통하여 제공하면 어떠한 이점이 있는지 그리고 이 특수능력을 권장하지 않는 이유는 무엇인지에 관하여 설명하고자 한다.

선행학습 특수기술(splinter skill; 조각기술)은 아동이 자기 나이보다 높은 수준의 기술을 아동이 배운 기술이다. 예를 들어, 자폐성장애 아동이 특별한 분야에만 능력을 탁월하게 배우는 것도 선행학습 특수기술(servant)이라 할 수 있을 것이다.

아동의 운동기술 수행능력과 신경시스템 여러 부분의 성숙 간에는 직접적인 관련이 있다. 그러나 아동이 선행학습 특수기술(splinter skill)을 수행하는 능력은 다른 나머지 아동발달 부분과는 관련이 없다.

즉, 유사한 운동패턴을 보이는 다른 기술로 전이되지 않는 것이다. 예를 들어 체육교사가 "얘는 야구공을 잘 던져요. 그러나 농구공을 던질 때는 조절문제를 보여요"라고 말한다. 그러면서도 교사는 이 아동의 운동 발달 수준에 관한 우려를 보이지는 않는다.

아동이 뜰에서 다른 아동과 공받기 놀이를 할 때, 일반적으로 공받기에 익숙할 때까지 야구공을 주고받는다. 그러나 농구 놀이로 바꾸게 되면 다시 어려움을 보여 혼란에 빠지는 것은 당연하다.

또 다른 예로, 1학년 담임교사는 체육교사와 상의하는 과정에서 체육교사에게 담임이 "왜 우리 반 아동의 절반이 줄넘기를 할 수 없느냐"고 묻을 경우 체육교사는 "아동이 7-8세 이전에는 발달상 줄넘기를 할 준비가 되어 있지 못하다"는 사실을 알려주게 된다. 실제로, 어떤 아동은 9세가 되어서야 제대로 줄넘기를 할 수 있다. 따라서 1학년 아동이 줄넘기에 어려움을 보이는 것은 지극히 정상이다.

그런데 문제는 이상하게도 일부 아동이 4세반 또는 5세경에 줄넘기 법을 배운다는 것이다(splinter skill). 이러한 경향은 체육에 국한되지 않고, 발달연령에 앞서 교육을 시키려는 무용교사, 체육교사, 교육자들에게서도 나타난다.

선행학습 특수기술을 배우는 것이 아동에게 약간의 이점이 될 수 있다. 아동의 신경시스템이 어떤 수준의 성장 단계에 있을 경우, 특정 특수 기술(splinter skill)의 경우는 더 높은 수준으로 가르칠 수 있다. 그러나 이는 아동이 엄청난 량의 반복과 노력을 한 경우이다. 그래서 일부 운동지체를 보이는 아동에게 특정 특수 운동기술을 가르쳐서 비 장애아동과 같이 스포츠에 참여하도록 하여 어울리게 하는 것이다.

아동은 보통 특정 선행학습 특수기술을 배우지만, 선행학습 특수기술(splinter skill)에 선행된 발달운동패턴은 아직도 부족한 상태이다. 예를 들어 어떤 아동은 선행학습 특수기술로서 공 받는 법은 배울 수 있지만, 소음, 팀원, 규칙과 같은 다른 요인이 개입되어 실제 게임 중에는 공을 받을 수 없다.

또 어떤 아동은 연필을 올바로 잡는 선행학습 특수기술을 가지고 있어도 이전 기술(earlier skill; 안정적으로 몸을 강하게 통제하는 기술)이 부족하여 글쓰기가 어렵다. 따라서 선행학습 특수기술을 하도록 아동을 훈련시키는 것이 언제나 좋은 것은 아니다.

요즘 부모들의 과잉의욕으로 인하여 아동 활동이 아동의 발달 수준에 맞지 않아 심각한 문제가 되고 있다. 많은 부모나 교사들은 아동에게 스포츠나 다른 활동을 발달연령(developmental age)과 상관없이 가르칠 수 있다고 생각한다. 발달연령(developmental age)이 그냥 생활연령(chronological age)이라거나 어떤 학년일 뿐이라고 생각하기 때문이다.

Greenspan(1994)은 선행학습 특수기술효과를 이렇게 요약하였다. "선행학습 특수기술은 부모, 교사, 또는 치료사의 도덕성을 증대시킬 수 있을지 모르지만, 아동에게는 거의 도움이 되지 못한다."

제 3 장

아동의 적응력

제 1 절　유아의 적응과정
제 2 절　유아의 적응노력 자원
제 3 절　아동과 상호작용
제 4 절　장애아동의 적응

제 1 절 유아의 적응과정

노소를 막론하고 사람은 자신을 둘러싼 내외 자원을 활용하여 욕구를 만족시키고자 적응행동을 하게 된다. 그리고 이 과정에서 환경의 요구에 적절히 부응해 가는 것도 적응노력이라 할 수 있다.

아동의 욕구는 영양, 안전, 활동과 휴식 등에 대한 욕구인데 이와 같은 욕구를 통하여 흥미, 동기, 성취를 보이게 된다. 아동은 물리적 환경, 사물과 사람간의 교류, 사회기대에의 부응 등 환경과 타협해 나간다.

사람들은 어린 유아가 무슨 적응노력 때문에 스트레스를 받느냐고 생각한다. 그러나 프로이트와 스키너와 같이 판이한 학자들도 스트레스는 발달과 학습에서 나타나는 것이라는 점을 인정한다. 즉, 태어나면서부터 스트레스는 인생의 통합적 한 부분인 것이다.

신생아는 자기만족행동을 보여주기도 하고, 울면서 그리고 신체자세를 조절하면서 고통과 불편함을 견디어낸다. 이 때 스트레스가 발생하는 것이다. 스트레스는 애착발달의 한 구성요소이며 사회화과정에 있어서는 그 자체가 스트레스이다(Lipsitt, 1983).

심지어는 아동과 양육자간의 정상적인 상호교류도 스트레스다. 이와 같은 스트레스는 늦은 감정신호, 잘못 이해한 신호, 자극을 하지 않음 또는 자극을 함 등 여러 가지 원인으로 발생할 수 있다.

그러나 가장 적절한 스트레스는 생기 있고 발랄한 성장을 돕는다. 스트레스가 너무 많으면 학습에 장애가 생길 수 있지만 스트레스가 너무 적어도 마찬가지 결과를 보인다. 따라서 스트레스는 발달에 따라 적절해야 하는 것이다. 유아가 적응해 가는 노려 과정을 설명하면 아래와 같다.

표 3.1 유아의 적응과정

과 정	내 용
긴장사건의 이해	자신에게 긴장을 유발시키는 사건을 이해한다.
행동계획개발	아동은 사건에 대한 긍정적인 감정 또는 부정적인 감정인지에 의하여 행동을 계획하고 결정하게 된다.
행동계획실행	자신의 방법이 성공적이었을 경우 이 전략은 반복되는 경향이 있다. 그러나 과거 전략이 새로운 상황에서 제대로 되지 않을 경우에는 새로운 타입의 전략을 수립하기 위하여 여러 가지 행동을 찾아낸다.
결과평가	자신의 행동결과를 평가한다.

1. 긴장 사건 이해

적응행동을 위하여 유아는 자신에게 긴장을 유발시키는 사건을 이해한다. 이와 같은 사건은 보통 직접적인 욕구충족과 관련이 있다. 이와 같은 이해를 가능하게 하여 주는 것(도메인)으로서는 인지, 기억, 상상 등이다(Piaget, 1926).

인지는 기본적인 감각정보의 처리와 흡수로 볼 수 있다. 아동의 경우에 정서는 사건에 대한 인지의 좋은 지표이다.

기억은 저장력과 관련이 있는데 이는 어느 정도는 아동표현의 질과도 관련이 있다. 왜냐하면, 아동은 장단기 기억용량에 의해서 영향을 받기 때문이다.

상상은 표현의 질과 관련이 있다. 이는 말하기 이전기 아동의 경우에는 그림으로 인식하기 때문이다(pictorial).

아동인지발달수준이 적절하다면 긴장을 유발시키는 사건의 의미에 대하여 아동은 주로 정서적으로 행동한다. 이때 아동이 보이는 정서는 나이가 들어감에 따라 점차 복잡해지고 차별화된다. 예를 들어 3개월짜리 아동은 불평, 기쁨, 흥분만을 표현할 수 있으나, 12개월 된 아동은 거기에 두려움, 혐오, 분노, 자신감, 애정 등을 표현할 수 있다.

아동은 나이를 먹음에 따라 정서는 더 중요해진다. 그리고 인지요소가 점차 나타나게 된다. 그래서 인지와 정서과정은 아동 신념시스템을 통하여 사건에 대한 이해를 하게 된다. 이때 아동의 신념은 긴 시간동안 경험을 통하여 만들어진다.

2. 행동계획 개발 및 실행

다음 단계는 행동계획을 개발하는데, 아동의 경우 이에 필요한 의사결정기술은 아직 미흡하다. 그래서 아동은 사건에 대한 긍정적인 감정 또는 부정적인 감정인지에 의하여 행동을 계획하고 결정하게 된다.

그리고 적응전략을 정하여 행동계획을 실행한다. 아동은 이 적응전략 실행에서 자기에게 나타난 스트레스를 강조하는 방식으로 하게 되는데 그 강조방법은 환경에 따라 다양할 것이다.

이 때 자신의 방법이 성공적이었을 경우 이 전략은 반복되는 경향이 있다. 그러나 과거 전략이 새로운 상황에서 제대로 되지 않을 경우에는 새로운 타입의 전략을 수립하기 위하여 여러 가지 행동을 찾아낸다. 이는 아래와 같다.

표 3.2 행동전략수립

전 략	내 용
행동전략	울음신호, 몸동작, 직접적인 행동 등.
효과처리전략	자기기분이 더 좋아지도록 하는 전략(손가락 빨기 등).
신체긴장수정	긴장바꾸기(테이블치기, 신체흔들기 등)

1) 행동전략

매우 어린 유아는 스트레스에 반응하고 도움을 구하는데 그 방식이 매우 제한되어 있다. 예를 들어 양육자에게 울음으로 신호를 보낼 수 있고, 손발을 돌리는 것과 같은 몸동작으로 신호를 보낼 수 있다.

그러면 양육자는 이 유아가 보이는 전반적인 노력의 의미를 해석하여야 한다. 이후 유아는 운동기술이 발달하면서 스트레스에 대하여 직접적으로 행동하면서 더욱더 자발적으로 적응대처를 할 수 있다. 예를 들면 의자 밑에 사라진 장난감을 찾아볼 수 있고, 배고플 때 아동은 음식이 필요하다고 말하거나 음식을 지적하거나 독립적으로 그것을 가져올 수도 있다.

2) 효과처리 전략

아동이 적응노력을 하는 것은 노력을 하는 이유는 자기 기분이 더 좋아지도록 하기 위한 것이다. 따라서 이와 같은 적응노력을 스스로 하여 유아가 자기기분이 좋아지도록 할 수도 있을 것이다. 예를 들어 아동이 스트레스를 받을 때, 손가락을 빨거나 특별한 장난감을 씹음으로써 자기 위안을 할 수 있다.

그러나 이와 같은 자기 위안은 극히 부분적인 것이고 대부분의 경우는 양육자의 도움이 필요하다. 어떤 유아는 부드러운 목소리에 반응하거나 낮은 소리에 반응한다. 어떤 아동은 흔들어 줄 필요도 있다. 어떤 아동은 아동의 감정을 다루기 매우 어려운 아동도 있다. 그리고 어떤 아동은 전반적으로 짜증을 부리는 아동도 있고 어떤 아동은 과잉행동을 보이기도 한다.

3) 신체긴장 수정

스트레스상황을 극복하기 위해 유아는 지기 신체 긴장을 바꾸는 행동을 하는데 예를 들면 테이블 위를 심하게 치기, 신체를 흔들기 등을 통하여 스트레스를 풀어간다. 스트레스를 받은 아동은 신체긴장을 해소하기 위하여 많은 노력을 한다. 이는 그들 스스로를 조직화하는 데 도움이 되고 자각수준을 조절하는 데 도움을 준다.

3. 결과 평가

유아는 자신의 행동결과를 평가한다. 이와 같은 평가는 여러 가지 인식을 통해서 가능하다. 이와 같은 평가는 아동개인이 스스로 할 수도 있고, 어른의 관찰로 할 수도 있다. 아동의 입장에서 적응노력의 효과 평가는 매우 의미 있으며, 어른은 아동의 행동과 효과의 관점에서 아동이 어떻게 느끼는가를 추측을 할 수 있다.

이 때 양육자는 어른 표준으로 아동에게 필요할 것이라고 생각하는 것이 아동에게는 그렇지 않을 수 있다는 점을 명심하여야 한다. 적응기술이 매우 중요하다고 생각하여 어른들은 아동의 적응행동에 대한 판단을 주관적으로 하는 경향이 있다. 이 점을 양육자는 유의하여야 할 것이다.

아동의 적응행동 노력에 대한 어른의 평가는 1) 행동이 상황에 적절한가? 2)

행동이 아동의 발달나이에 적절한가? 3) 행동이 아동에게 그 목적을 달성하게 해 주는가? 등으로 하는 것이다.

그러나 이와 같은 평가 변수를 적용하다 보면 혼동될 수 있다. 예를 들어 이들 변수간에는 복잡한 역관계(trade-off), 긍정적이고 부정적인 상치관계, 중요하고 중요하지 않은 관계 등이 존재한다. 예를 들면 유아는 습관적으로 그 순간 스트레스를 줄이기 위하여 문을 닫아 버림으로써 환경자극에 대처한다. 그러나 이 전략은 아동의 배우는 능력을 방해할 수도 있고 이와 같은 행동은 양육자에게는 좌절의 근원이 될 수 있다.

제 2 절 유아의 적응노력 자원

1. 내적자원

아동의 내적자원은 형성된 신념, 신체상태, 애정상태, 발달기술, 적응노력방식 등이 있다. 이에 관하여 설명하면 아래와 같다.

표 3.3 내적자원

자원	내 용
형성된 신념	아동의 신념은 아동이 환경과 교류하면서 환경에 대한 아동의 이해로부터 나온다.
신체 및 정서상태	건강한 아동은 건강한 상태가 중요한 자원이다. 아동의 무드와 감정(예: 희로애락)이며 이는 자기와 세상에 대한 아동의 신념을 반영한다.
발달기술	발달기술은 아동의 적응노력에 가장 중요한 요건이다.
대처스타일	대처스타일은 한 아동이 적응노력으로 필요한 상황을 다루는 데 사용하는 전략을 의미한다.

1) 형성된 신념

보통 어른의 신념과 가치는 지배하는 역할은 잘 연구되어 있다. 그러나 아동에 관한 신념역할 연구는 매우 적다. 아동은 아직 개인적인 가치라고까지 이야기하는 어렵지만 이들이 형성한 신념은 아동생활에서 중요하게 영향을 받는다. 아동의 신념은 아동이 환경과 교류하면서 환경에 대한 아동의 이해로부터 나온다(Greenspan & Greenspan, 1989; Stern, 1985). 어린 아동의 경우 적응노력에 관한 신념은 개인 효능에 대한 신념과 관련이 있다(예: 새로운 학습 능력, 사건 통제 능력, 개인욕구에 맞는 다른 사람의 신뢰 능력). 이들 신념에는 일반적인 신념과 특별한 신념 등 두 가지 부류가 있다.

일반적 신념은 개인이 모든 상황을 잠재적으로 보는 것으로서 예를 들면 세계는 믿을 수 있는 곳이라는 신념이 이것이다. 아동은 자기에 대한 개념을 가짐으로서 일반적인 신념을 갖는다.

특별한 신념은 예를 들어 나의 기저귀는 나를 화나게 만든다. 그래서 나는 운다, 그러면 누군가가 그것을 바꾸어 준다와 같은 신념을 의미한다.

발달초기단계에는 아동이 아직 경험이 부족하고 기억력이 제한되어 있으며, 통합력 능력이 부족하여 신념의 역할은 아직 미약하다. 그러나 아동은 점차 자기규제를 하고, 행동이 사건에 영향을 미친다는 것을 배우면서 현재기능에 대하여 과거경험을 활용한다는 점을 발견하게 된다. 그러면 신념은 행동을 시작하거나 행동을 피하기 위한 동기부여자로서의 역할을 담당할 것이다.

2) 신체 및 정서상태

신체상태는 일반적인 건강과 참을성과 편안감과 같은 심리사회적 조건이다. 이는 아동의 자각수준에 영향을 미친다. 이는 적절한 상호작용을 위하여 필요한 주의를 유지하는 데 매우 중요하다.

일반적으로 건강한 아동은 건강한 상태가 중요한 자원이다. 아동이 감기보균자가 들어오면 건강한 잠재력으로 퇴치할 것이다. 예를 들면 감기를 무력하게 할 것이다. 그러나 일시적으로 그러하다. 반대로 천식과 같은 만성질환을 가진 아동은 신체조건의 결과로 쇠약해질 것이다.

정서상태는 아동의 무드와 감정(예: 희로애락)이며 이는 자기와 세상에 대한 아동의 신념을 반영한다. 예를 들어 우울한 아동은 억압, 위축, 또는 놀이에 목적을 잃는 모습을 보일 것이다. 화난 아동은 자주 울면서 공격적이거나 조직화되지 못한 행동, 또는 손쉬운 좌절감을 보일 것이다. 행복한 아동은 밝은 애정과 호기심, 배우려는 태도를 가질 것이다.

신체적/정서상태는 상호관련이 있다. 예를 들어 신체가 피곤하면 더 쉽게 우울감을 만들 것이다. 반대로 우울 감은 신체에 에너지 공급을 차단할 것이다. 이 두 가지 상태는 아동의 민감성, 동기, 일반적인 가지가치에 대한 생각 등에 영향을 미친다.

3) 발달기술

발달기술은 아동의 적응노력에 가장 중요한 요건이다. 즉, 건축물의 벽돌이며 샘 속의 샘인 셈이다. 발달 도메인이 발달하면 아동의 적응능력은 올라간다.

아동은 어떤 주어진 상황을 다루기 위하여 이전에 획득한 발달기술과 현재 기술을 가지고 레파토리를 그려간다. 예를 들어 2살 먹은 아동에게서 기대되는 발달기대를 생각하여 보자. 이 아동은 냉장고 위에 있는 쿠키상자를 보고 이를 원한다.

이 욕구에 부응하기 위하여 아동은 적응아동 발달상태에 따라 몇 가지 개념이 사용된다. 아동은 획득한 언어기술로 양육자에게 쿠키를 달라고 말할 수 있을 것이다. 또 문제해결과 운동기술을 이용하여 독자적으로 의자를 사용할 수도 있을 것이며, 이 아동이 전에 타인으로부터 관심을 끌었던 행동을 반복할 수 있을 것이다(호들갑, 짜증내기, 누군가 올 때까지 냉장고 앞에 있기 등).

유사한 상황에서 발달기술이 늦은 아동은 이 도전을 하는데 열악한 적응행동 개념을 보여 실제로 쿠키를 얻기 위해서 어른이 알아차릴 때까지 서로 협조가 되지 못할 수도 있다.

일반적으로 어린 유아는 자신의 독특한 패턴으로 전반적인 기술영역을 발전시킨다. 예를 들어 아동은 인지적인 행동을 발달시킬 수 있고 사회적인 발달을 늦출 수 있을 것이다. 이들 발달기술은 일반적이고 정상적 기대가 있긴 하지만 아동에 따라 상당히 다양하게 나타난다.

발달부분 중 전반적 발달지체 또는 일부 영역에서의 발달지체를 보일 경우 아동은 발달기술을 발달시키는 데 취약성을 보인다. 또 특정 기술영역 발달률에 중대한 차이가 있는 아동도 위험하다.

4) 대처 스타일

대처스타일은 한 아동이 적응노력으로 필요한 상황을 다루는 데 사용하는 전략을 의미한다. 아동의 경우 특정상황에서 특정행동을 할 것이라고 예측할 수 없다. 럭비공 같은 행동인 것이다. 유아나 걸음마기 아동은 감각운동조직의 패턴, 반응행동 패턴, 그리고 자기시도행동 관점에서 대처스타일 차이를 보인다(Zeitlin et al., 2003).

표 3.4 대처스타일

스타일	내 용
감각운동조직	자기위안 능력, 시각적 관심 능력, 반응상의 차이에서 얻은 정보를 조직하는 능력, 적절한 행동수준을 유지하는 능력, 양육기간 중에 타인에 의해 이동되는 데 대한 적응 능력
반응행동	말 또는 몸동작방향에 반응하는 능력, 타인의 기분이나 무드에 반응하는 능력, 스트레스인 상황이 있은 후에 이를 해소하는 능력, 일상생활을 조절하는 능력, 환경변화에 적응하는 능력
자기시도행동	이전에 학습한 행동을 새로운 상황에 적용하는 능력, 타인과 상호작용을 시작하는 능력, 행동 중 인내력을 보이는 능력, 사건을 예측하는 능력, 다양한 전략을 사용하여 사물을 독립적으로 탐험하는 능력

(1) 감각운동조직

감각운동조직은 아동이 신체적 기능을 규제하고, 감각과 운동시스템을 통합하는 조직이다(예: 감각, 촉각, 청각, 시각, 자기자극에 감응). 이 조직에 의한 대처전략은 자기위안 능력, 시각적 관심 능력, 반응상의 차이에서 얻은 정보를 조직하는 능력, 적절한 행동수준을 유지하는 능력, 양육기간 중에 타인에 의해 이동되는 데 대한 적응 능력 등이다.

(2) 반응행동

반응행동은 신체적 사회적 환경의 요구에 반응하는데 사용하는 행동양식이다. 여기에 속하는 대처 행동 특성은 말 또는 몸동작방향에 반응하는 능력, 타인의 기분이나 무드에 반응하는 능력, 스트레스인 상황이 있은 후에 이를 해소하는 능력, 일상생활을 조절하는 능력, 환경변화에 적응하는 능력 등이다.

(3) 자기시도행동

자기시도행동은 개인이 타인이나 사물과 교류하기 위하여 필요한 행동을 하는 것으로서 이와 같은 대처행동은 본능적으로 동기화되어 나타난다. 그리고 환경요인에 직접 연계되지 않는다.

이와 같은 행동특성의 예를 들어 보면, 이전에 학습한 행동을 새로운 상황에 적용하는 능력, 타인과 상호작용을 시작하는 능력, 행동 중 인내력을 보이는 능력, 사건을 예측하는 능력, 다양한 전략을 사용하여 사물을 독립적으로 탐험하는 능력 등이다.

2. 외부자원

외부자원은 아동이 이용할 수 있는 인적자원, 물적 환경 자원 등을 의미한다. 이에 관하여 설명하면 아래와 같다.

표 3.5 외부자원

자 원	내 용
인적자원	부모-아동간 교류의 양과 질, 형제자매, 또래와의 관계, 공공사회에 있는 어른들, 아동을 돌보고 아동에게 중재하는 모든 사람.
물적자원	충분한 음식, 옷, 쉼터, 약물이나 기타서비스 활용.
환경자원	공간구조와 사이즈, 공기의 질, 빛과 소음의 수준, 그리고 적절한 온도.

1) 인적 자원

인적 자원은 아동의 사회적 환경에 있는 사람을 의미한다. 이들은 부모-아동간 교류의 양과 질, 형제자매, 또래와의 관계, 공공사회에 있는 어른들, 아동을 돌보고 아동에게 중재하는 모든 사람들이 해당한다.

인적자원이 없이는 유아는 생존할 수 없다. 인적자원들은 아동에게 음식물주기, 기저귀교체, 아동이 마치도록 도와주는 상황 피드백, 활동을 즐겁고 기쁘게 하여 주는 정서적 격려 등과 같은 직접적인 도움을 제공한다.

아동은 양육자에게 신호를 보내면 반응을 할 것이라는 신념을 만들어낸다. 인적자원의 질과 양은 일차 양육자에 대하여 아동의 애착에 영향을 미친다. 이러한 애착은 아동이 환경을 탐험하는데 기본적인 안정감을 제공한다. 그리고 힘들 때 위안의 원천이 된다. 애착은 시간과 거리를 극복하는 두 사람간의 독특한 정서적 관계라 할 수 있다. 조작적으로 이를 정의 하기는 어렵지만, 키스하기, 포옹, 예뻐해 주기, 한참 보아주기 등은 어른-아동애착의 모습이다.

부모애착 설명 차원은 관심의 질, 주의집중의 질, 조언의 질, 보호의 질 등이다. 물론 이러한 차원을 보이는 데에는 문화적 차이가 있다. 양육자는 아동의 신호를 읽을 줄 알아야 한다. 부모와 아동간의 관계가 있든 없든 간에 정서적으로 풍부한 관계형성을 위해서 이들 간의 적절한 매치가 필요한 것이다. 만일 지원이 부족하거나 지속적이지 못하거나, 양육부족이거나 할 경우에 아동은 이상발달 또는 발달지체의 위험에 빠지게 된다.

2) 물적 환경적 자원

(1) 물적자원

물적자원은 충분한 음식, 옷, 쉼터, 약물이나 기타서비스 활용등과 같은 것인데, 유아의 안위에 필수적이다. 가족은 새로운 아이를 맡기 위하여 놀라울 정도의 가구, 집기, 공급물을 구입한다.

이들의 예는 아기침대, 요람, 유아시트, 높은 의자, 자동차 안전시트 등이다. 또 소모성 물품 즉 일회용기저귀, 베이비파우더, 베이비로션, 유아용 젖통, 유아식 등도 있다. 아동 입장에서 보면 장난감과 놀잇감 역시 중요한 자원이다.

아동이 성장하고 자람에 따라 이러한 물품들은 계속 변화한다. 그리고 경제적 지출액도 커지게 된다. 장애아동의 경우는 부가적인 지원 즉, 교정기, 휠체어, 완력장난감, 그리고 보다 기술적인 물품(예: 증폭의사소통 시스템, 통풍장치) 등이 필요할 것이다.

(2) 환경자원

환경자원은 공간구조와 사이즈, 공기의 질, 빛과 소음의 수준, 그리고 적절한 온도 등이 해당한다. 혼란스럽고, 조직적이지 못하며, 과다 또는 과소 자극적인 환경은 아동의 학습과 발달에 좋지 않은 영향을 미칠 수 있다. 예를 들어 대가족이라는 붐비는 조건하에서 유아는 자기규제나 항상성(homeostasis)을 유지하기 힘들다. 빛이 하루 종일 비추거나, 라디오 텔레비전이 방방거리거나, 거리소음이 계속되면 유아는 스스로를 조직화하기 힘들다. 이러한 상황이 되면 유아는 먹고, 자고, 노는 것과 같은 일상적인, 예측가능한 일에 대한 결핍을 보일 수 있다.

안전한 환경도 아동발달에 매우 중요한데 아동보호 입장에서 창문보호대, 난간보호대, 전기플러그 보호커버, 캐비닛과 서랍자물쇠 등이 그것이다. 또 부모는 아동의 잠재적 요인에 대하여 아파트든 일반주택이든 치밀하게 고려하여야 한다. 즉, 경사로, 넓은 문 등이 그 예이다.

제3절 아동과 상호작용

상호작용은 적응 노력을 촉진시킨다. 상호작용은 보통 4가지 구성요소를 가지고 있는데 이는 1) 요구, 2) 적응 노력, 3) 노력에 대한 환경 반응 4) 평가와 경험의 내면화 등이다.

표 3.6 상호작용의 구성요소

요 소	내 용
요구	내적요구(아동은 자극을 찾고, 탐험을 즐기며, 즐거운 사건을 반복하려는 충동을 가지고 있다)와 외적요구(외부환경으로부터의 자극과 스트레스).
적응노력	아동이 보이는 여러 가지 적응전략 들.
노력에 대한 환경반응	어른의 반응 피드백. 아동의 반응 내면화.
평가와 경험의 내면화	자기효용감, 자신감, 새로운 대처전략수립.

이 때 유아와 부모 간 친밀한 상호작용이 중요한데 Brazelton과 Cramer(1990)는 이를 최초의 관계형성이라고 하였으며, Greenspan(1989)은 이를 필수 파트너십이라고 설명하였다. 이는 애정과 정서발달의 핵심이다(Mahler, Pine & Bergman, 1975; Stern, 1985).

여기에서는 상호작용의 4가지 구성요소 중에서 요구와 반응을 중심으로 설명하고자 한다.

1. 요구

1) 내적 요구

아동은 자가발전한 감각운동경험을 즐긴다. 아동은 자극을 찾고, 탐험을 즐기며, 즐거운 사건을 반복하려는 충동을 가지고 있다. 이와 같은 자기시도 행동은 내적 요구에 의해서 동기화되는 것으로 보인다.

이와 같은 행동을 돕는 요인으로서는 먼저 신체적 신경학적 성숙을 들 수 있다. 신체적 신경학적 성숙은 행동을 복잡하게 하여 준다. 다음으로는 즉각적인 생리적 욕구(예: 음식, 잠, 편안함)의 충족이다.

2) 외적 요구

유아는 태어나면서부터 외부환경으로부터 자극과 스트레스를 받는다. 그래서 유아는 사람과 물리적 환경으로부터 외적인 요구를 받게 된다. 대부분 부모는 아동에 대하여 특별한 기대를 가지고 있다.

부모의 기대는 많은 변수에 의하여 영향을 받는데 이 변수 중 가장 중요한 것은 부모자신의 신념 가치이다. 신념의 예는 "열심히 하면 할 수 있다", "우리 아이는 나이에 비해 평균이상이다" 등이다. 부모기대에 영향을 미치는 다른 요인은 아동발달, 양육기술, 대처스타일, 가족과 공공사회로부터 오는 사회적 압력 등이다.

외적 요구는 시간이 지나면서 아동과 가족의 욕구를 발전시키면서 변화한다. 예를 들어 유아가 점점 내적조직을 개발하기 시작하면서 양육자는 아동이 가족의 일상적인 일에 적응하기를 기대한다.

물리적 환경도 아동에게 요구를 하게 된다. 효과적인 적응을 위하여 아동은 무생물 세계의 속성에 적응하여야 한다. 즉, 공간정렬, 가구의 크기, 사물의 조직, 환경소음의 강도 등이 이에 해당한다.

2. 어른의 반응

어른의 반응은 아동 적응노력에 대한 피드백이 된다. 따라서 어른은 피드백을 줌으로써 아동을 도울 수 있는데 예를 들면 어른이 아동에게 말이나 몸으로 도움을 줄 수 있을 것이다. 또 아동의 적응노력이 장난감을 잡으려는 것이었을 때, 양육자는 장난감을 가까이 밀어줄 수 있다.

이와 같은 피드백은 평가적이기도 한데 이는 아동노력에 대한 질, 성공, 인식가치에 대하여 정보를 제공하여 주기 때문이다. 또한 피드백은 새로운 형식의 요구를 만들어낸다. 예를 들어 아동이 퍼즐조각을 성공적으로 맞추었을 때, 어른은 또 하나의 조각을 아동의 손에 쥐어줄 것이다.

3. 아동의 반응

성인반응에 대한 아동의 반응은 내면화되어 자신과 세계에 대한 신념을 형성하는 데 도움이 된다. 아동이 보이는 행동에 대하여 중요한 타인(양육자)이 잘 반응하여 주면 이 아동은 자기 행동에 대하여 타당성을 얻는다. 즉 행동은 강화되어 성숙하여지고 정적인 만족감이 생겨나게 되는 것이다. 반대로 반응이 부정적일 때는 좌절감과 욕구불만이 강화된다.

상호작용에 관한 이들 구성요소들은 본질적으로 상호 밀접하며 상호 순환적이다. 상호작용은 일상생활에서 자연적으로 발생하며, 하나의 상호작용을 하게 되면서부터 보다 다른 복잡한 상호작용으로 범위를 넓혀가게 된다.

제 4 절 장애아동의 적응

발달지체나 장애가 있는 유아는 사람과 사물간의 상호작용에서 감각과 운동시스템을 조직화하는 데 어려움을 겪는다. 이와 같은 어려움으로 유아가 적응력을 갖는 데에도 영향을 미친다.

이들은 약한 근육질을 가지고 태어나며, 감각처리에 있어서도 어려움을 가지고 있을 수 있다. 결과적으로 기능 운동면에서 이들의 발달은 장벽에 부딪치게 되는 것이다. 일반적으로 이와 같은 유아들은 근육을 발달시키기 시작하지만, 적절한 통제로 신축성과 유연성간의 균형을 이루는 데 종종 실패한다. 결과적으로 더욱 복잡한 평형운동과 회전운동을 충분히 발달시키지 못한다(Scherzer & Tscharnuter, 1990). 그래서 그들은 탐색, 학습, 인간간의 상호작용으로 사용할 수 있는 운동패턴이 제한되게 된다.

약한 근육질을 가진 유아는 머리나 어깨 뒷부분을 심하게 당기는 경향이 있다. 동시에 반대로 팔을 앞으로 가져가는 유연운동 근육발달이 상당히 느리다. 이와 같은 이상적인 신축근육 패턴으로 더 많은 발달을 저해하게 된다. 그래서 유아가 머리통제, 빨기, 엎드려 기기, 또는 손을 잡고 앉아서 놀기 등에서 어려움을 겪게 된다. 신축성 근육과 유연근육 간의 균형통제가 제대로 이루어지지 않으면 평형운동과 회전운동 역시 적절하게 발달되지 못한다. 그래서 부모로부터 관심과 영양, 양육상의 관심을 이끌어내기 위한 아동의 능력발휘가 어려워진다. 그러면 결과적으로 부모-아동간의 관계가 긴장되고 그 결과 긍정적인 애착형성과 유대감을 확립할 수 있는 능력에 악영향을 미치게 된다.

뇌성마비의 경우 기운이 없고 점차 산만한 행동모습을 보인다. 약한 근육질과 기관장애에 대한 보상으로, 그들은 일정수준의 통제를 위하여 그들의 근육을 긴장시키는 법을 배운다. 예를 들어 머리를 안정시키기 위해 어깨를 들어올릴 수 있다(어깨를 으쓱하는 모양). 그리고 몸통을 구부릴 수도 있고 팔과 다리를 굳게 할 수도 있다.

표 3.7 아동이 보이는 부적절한 반응

아동이 보이는 부적절한 반응
1) 관심이나 자각이 일반아동과 다름.
2) 무미건조한 정서부터 찌푸린 얼굴까지 다양한 얼굴표정.
3) 눈 맞춤 문제.
4) 조화롭지 못한 발성.
5) 손짓사용의 부족(예: 행동을 보여주거나, 지적하는 행동).

이런 유아는 전형적으로 몸이 한쪽보다 다른 쪽으로 기울어지기 때문에 머리는 불완전하게 기울어져 있을 수 있다. 결과적으로 그들은 부모가 잡을 때 등을 돌이거나 밀게 될 것이다. 운동을 조화하려는 이런 시도는 결과적으로 몸을 전반적으로 굳게 할 것이고, 이로 인하여 정상적인 신체를 구성하기 힘들고, 팔로 꼭 껴안지 못하게 된다.

부모는 이와 같은 유아의 자세반응을 자신이 유아로부터 거부당한 것으로 볼 수 있어 양육기술상에 불편함을 느끼게 될 것이다. 그래서 부모는 아동과 상호작용하기가 매우 어렵다. 또 부모가 아동의 행동을 이해하기 어렵게 된다.

장애아동들이 보이는 부적절한 반응은 표 3.7에 요약하였다. 이와 같은 행동상의 문제로 인하여 부모가 실수하거나 신호를 오해하기 때문에, 부모는 아동과의 상호작용이 잘못되거나 의사소통이 깨지는 일이 계속된다. 그래서 본질적으로 이와 같은 아동의 운동상 어려움은 부모-아동간의 효율성을 해치게 된다.

제 4 장

아동의 감각운동

사람이 건강유지와 체력 유지를 위해서 매일 같이 신체활동을 하여야 하는 것처럼 성공적인 학습과 적절한 행동을 위해서는 언제나 신경연결(neurological connection)을 개발하여 신경통로를 확고하게 만들어 주어야 한다.

요즘 부모들은 아동의 체력이 많이 하향되고 있다는 보도는 많이 접하지만, 운동이 부족하면 학교생활에 필요한 운동통제(motor control)를 제대로 하지 못하여 학업에 중대한 영향을 미친다는 사실은 잘 모르고 있다.

연구에 따르면 일상화된 운동이 운동발달(motor development)에 매우 중요하다는 점이 점차 밝혀지고 있다. 물론 운동은 건강과 몸매를 향상시킨다는 점도 명백하지만, 학습에도 중대한 영향을 미친다. 그럼에도 불구하고 대부분의 초등학생들은 불행하게도 일주일에 겨우 2시간 반 정도만 체육시간이 있을 뿐이다.

AAHPERD(1989)에서는 적어도 매일 30분 이상 운동할 것을 권장한다. 그런데, 우리나라에서는 체육을 줄이고 학습에만 중점을 두고 있는 점이 문제인 것이다.

또 집에서는 아동들 대부분이 TV를 보거나 비디오게임만 하기 때문에 나무에 오르고, 자전거 타고, 이웃 또래와 축구를 하여 운동발달을 도모할 기회를 잃게 된다.

아동이 신체적으로 활발해지려면 시간이 필요하다. 그리고 무조건 운동이 아닌 창의적인 운동을 하여야 한다. 이 장에서는 부모나 교사가 쉽게 사용할 수 있는 운동법을 추천하고자 한다.

이들 운동법에는 가족 전체운동, 아동에게 성공기회를 제공하는 운동, 그리고 학교수업 중 체육활동 등을 들 수 있다. 그리고 아동에게 지시를 하거나 규칙을 가르칠 때보다 효과적으로 할 수 있는 신체적인 기본 원리를 설명하고자 한다.

제 1 절 아동의 자존감 증진

1. 성공

자존감을 높이기 위해서 사람은 누구나, 특히 아동의 경우 성공기회를 경험할 필요가 있다. 만일 아동이 어떤 활동에서 성공적이라고 느낄 경우 계속 그 활동에 참여하려고 할 것이다. 이런 아동들은 스스로에 호감을 갖고 새로운 활동, 운동기술(motor skill), 또는 학습 과제 등을 하고자 하게 된다.

대부분의 아동은 신체활동을 잘 하는데 특히 신체적인 성취를 하여 성공한 경우 더 잘한다. 이런 아동은 활동을 열심히 하여 숨 가쁠 정도로 하게 되는데, 보통 아동은 활동을 하고 나면 스스로에 대하여 보다 정적인 느낌을 갖는다.

교사들은 신체활동이 긍정적인 영향을 미친다는 점을 알고 있다. 체육시간이 끝나고 쉬는 시간에, 대부분의 아동은 예리해지고, 말을 잘하며, 학습에 집중할 준비가 되어 있다는 것이다.

성인 역시 활발한 신체운동의 효과를 본다. 성인은 걷기나 조깅 또는 스포츠 후에 기분이 좋아진다.

그런데, 학습이나 행동문제 아동은 너무나 자주 그리고 많이 위안보다는 비판을 받아왔다. 부모나 교사는 왜 아이가 틀렸는지를 나무란다. 또는 충분히 노력하지 않았다고 말한다.

자신이 실패하고 있음을 느끼면, 아동은 자기가 안 좋은 아이라고 생각한다. 그러면 아동은 스스로 자존감에 문제를 보여 자기를 나쁘게 본다. 실수는 자연적인 학습과정이다. 아동의 성공을 돕기 위해서는 부모나 교사는 현실적으로 실수는 있을 수 있다는 점을 인정하고, 아동이 새로운 활동을 할 때 실패도 할 거라고 생각해야 한다.

2. 연습

아동에게 새로운 과제를 제공할 때 먼저 실험적으로 도전할 기회를 주고, 성과에 대해서는 유보해 두어야 한다. 그리고 아동에게 정직해야 한다. 아동이 단번에 그 일을 올바로 할 거라고 생각하지 않는다는 점을 아동에게 알려주어야 한다. 만일 부모나 교사가 제대로 하라고 심하게 아동을 교정하려 하면 새로운 활동시도를 방해하게 되고, 그러면 아동은 "나는 그걸 올바로 할 수 없어"라고 생각하게 된다.

연습은 신경통로(neurological pathway)를 강화시켜 운동기술(motor skill)을 자동화시키는 것임을 명심해야 한다. 아동이 어느 날 어떤 활동에 성공하였더라도 다음 날에도 자동으로 그 활동에 성공하리라고 생각해서는 안 된다. 또 시작할 때 더 어려운 기술을 가지고 다음 활동 세션을 시작해서는 안 된다. 대신에 이전 세션에서 얻은 수준의 활동을 가지고 활동을 시작하여야 한다.

3. 신기술

아동이 이전 기술을 지속적으로 잘 하게 될 때, 다음 수준의 신기술(new skill)을 소개하는 것이 좋다. 아동에게는 행동과 운동에 대하여 구체적인 피드백을 해 주어야 한다. 이 때 무엇이 안 되는지에 대한 피드백보다는 무엇을 잘 하는지에 대하여 말해 준다. 즉, "네가 그걸 잘했다"라고 확신시켜 준다.

만일 아동이 계속 공 잡기에 실패하면 아동에게 구어나 시각적인 단서를 제공해 준다. 즉 아동에게 기술을 보여주는 것이다. 아동에게 팔을 움직이는 법, 공을 끝까지 보는 법을 말해 준다. 그러나 아동이 활동을 하고 있는 동안에는 말을 하지 않는다. 목소리가 들리면 산만해져서 기술에 집중하지 않고 목소리를 듣기 때문이다.

어떤 경우에는 아동이 부모나 교사의 계획대로 활동을 하지 않을 수도 있다. 이때 그 활동이 목표에 도달한 것이라면, 아동의 의사에 따르는 것이 좋다. 그러나 이때 명심할 것은 이 활동을 선정한 이유를 상기한다. 즉, 아래와 같은 점을 상기한다.

- 이 활동이 목표에 부합하는가?
- 안전한가?
- 아동이 새로운 것을 하는데 도움이 될까? 아니면 방해가 될까?

예를 들어, 부모나 교사가 아동에게 트램블린을 뛰게 하여 신체에 대해 알도록 하려고 할 경우, 아동에게 이 활동을 시키자 아동이 트램블린이 아니라 훌라후프를 몸에 끼고 뛰려고 한다면 이것은 몸에 대한 것을 알도록 하는 목표에는 부합하지만 방법은 다르다.

이 때, 아이에게 훌라후프를 끼고 뛰게 둘 수도 있고, 트램블린에서 뛰도록 할 수도 있다. 어느 방법이든 아동은 성공적으로 목표에 도달하고, 신체지식이나 운동을 발달시킨다.

4. 장비

성공에 있어 중요한 요인 중 하나가 올바른 장비이다. 아동의 크기와 능력에 맞는 장비 선택은 성공의 필수 요건이다. 성인용 배트나 라켓은 아동에게는 너무 길고 무거워 아동이 볼을 치기 어렵다. 잘못된 장비를 계속 사용할 경우, 아동의 발달 기술이 잘못 발달할 수 있다. 왜냐하면, 장비 길이와 무게를 감당하고자 신기술을 달성하게 되면 승자처럼 느끼도록 도와주어야 하기 때문이다.

5. 자기보상

학습이나 행동문제가 있는 아동은 말해 주지 않으면 자신이 성공한 것인지를 모를 수 있다. 따라서 이들 아동이 향상을 보인 것을 직접 말해주고 그들이 자랑하도록 해주는 것이 좋다. 아동이 성취하여 스스로 얼마나 기분이 좋은 지를 말해준다. 즉, "처음으로 공을 치니 기분 좋았어?" 또는 "제시간에 숙제를 마치니 기분이 어떠니?"라고 말해준다. 자기 스스로 보상을 받은 학습은 자존감을 키우는데 매우 중요하다. 그러면, 아동은 새로운 활동과 도전을 하는데 도움이 된다.

제 2 절 가족 운동

1. 가족과의 상호작용

행동이나 학습에 문제가 있는 아동은 형제자매(sibling)와 놀기가 어렵다. 그래서 이런 아동의 경우 부모는 자기자식들과 같이 스키를 타거나 공을 주고받는 모습을 보고 싶은 꿈을 포기한다.

가족구성원들은 학습이나 행동문제 아동의 발달수준에 맞추어 놀 수 있도록 최대한 노력해야 한다. 가족과 함께 스릴 있고 즐겁게 놀 때, 아동이 놀이를 통하여 강점을 찾는 시간을 줄 경우 효과가 극대화된다.

놀이를 할 경우 가족 구성원간의 성공적인 상호작용이 가장 중요하다. 아동과 놀이를 할 때 가족은 스스로 재미있게 아동과 접촉하도록 하여야 한다. 그리고 가족 구성원간의 관계 강도를 높이는 놀이가 좋다. 그 이유는 모든 사람의 희망, 꿈, 강약점 등을 공유해야 하기 때문이다.

그리고 놀이를 통하여 아동에게 학습에 대한 우려, 바람직하지 못한 행동에 대한 우려 등에 대한 것을 떨쳐 버릴 수 있는 기회를 주어야 한다. 신체활동과 게임을 통하여 가족 구성원들은 실제로 서로를 알게 된다. 가족들은 새로운 기술을 익히고 게임을 배우면서 그 기분을 알게 되고, 아동이 신체와 활동에 대하여 어떻게 느끼는지를 보다 잘 알게 된다. 그리고 가족들은 서로간의 한계와 장점을 알게 된다. 아버지는 공주고 받기를 더 잘하고 엄마는 전략을 잘 짜며, 아동은 게임하는데 새롭고 창의적인 방법을 더 잘 찾을 것이다.

2. 강약점 파악

가족 구성원들은 학습이나 행동문제 아동이 무엇을 잘 할 수 있는지를 알게 된다. 그래서 부모나 형제자매들은 함께 그 아동이 성공경험을 할 수 있는 활동을 선택할 수가 있게 된다. 예를 들어 가족이 뜰에서 축구를 한다고 할 때 드리볼에 어려움이 있는 아동에게는 수비를 맡기면 될 것이다.

어떤 가족의 경우는 발리볼(volleyball)게임을 하면서 공을 펀치 볼(punchball balloon)을 사용할 것이다. 왜냐하면, 펀치 볼이 더 크고, 가볍기 때문에 조절문제가 있는 아동이 참여하기 쉽기 때문이다. 신체활동이나 게임을 하면서 가족구성원들은 서로 다른 역할을 하게 된다. 이때 게임 심판이나 코치는 번갈아 가면서 하는 것이 좋다. 그러면서 아동이 신체활동을 활발하게 하도록 돕는다. 적당한 시기에 아동이 걷고자 한다면 걷도록 한다.

3. 가족의 참여

게임 중에 부모가 전적으로 코치나 심판역할을 해서는 안 된다. 가족 구성원이 많을 경우, 정규게임에서 볼 수 있는 심판을 둘 수 있을 것이다. 즉, 어떤 아동은 게임심판, 어떤 아동은 계시원(timer), 어떤 아동은 점수 기록원(scorekeeper)이

될 수 있을 것이다. 이와 같이 자신의 임무와 참여를 교환하면서 학습이나 행동문제가 있는 자녀에게 팀의 리더십을 발휘할 기회를 제공한다.

모든 가족구성원이 가능한 신체활동과 게임에 함께 참여한다. 신체활동은 누구에게나 건강한 몸을 유지시켜 준다. 또한 신체활동이나 게임 계획을 통하여 학습이나 행동문제아동을 잘 알게 되면 가족 간 정적인 상호작용을 할 수 있게 된다. 또 가족들은 이 아동이 어떻게 놀이를 배우며, 역할을 바꾸고, 규칙을 따르며, 공정성 개념습득, 팀 동지애(team camaraderie)를 어떻게 키워 가는지를 알게 된다.

제 3 절 신체활동의 일상화

부모나 교사는 신체활동을 일상생활 속에 넣어 일상화시켜야 한다. 부모나 교사가 아무런 계획도 없이 임의대로 운동을 시킨다면 운동이 아동중심인 것이 아니다. 따라서 아동은 언제 운동을 해야 하는지에 대하여 알지 못한다. 그래서 부모나 교사가 명심하여야 할 것은 아동에게 언제 운동을 하는가에 대한 시간을 정확히 정하고 반드시 그 시간에 빼먹지 않고 운동하는 것이 중요하다.

조절이 안 되는 아동의 경우 구조화된 신체활동을 하기가 어렵다. 그러나 계속 움직이는 아동은 언제 신체활동이 용납되는지를 알게 해 줄 필요가 있다.

신체활동을 계획할 때 고려할 사항은 두 가지가 있는데, 첫째는 빈도(frequency) 즉, 얼마나 자주 세션을 하는가?이고, 둘째는 지속시간(duration), 즉 각 세션활동시간을 얼마나 지속하는가?이다.

1. 빈도

빈도의 경우, 매일 신체활동을 하는 것이 가장 효과가 빠르다. 건강관련 몸매관리에 효과를 보는 아동은 매일 같이 신체운동을 하여, 근력(strength), 지구력(endurance), 유연성(flexibility)을 키우는 아동이다. 그래서 건강에 위험한 요인(비만, 근육질 부족)을 줄인다.

누구나 정해진 활동 스케줄에 적응하기 위해서는 시간을 필요로 한다. 매일 활동 계획을 짤 때에는 모든 구성원이 기억하기 좋게 짠다. 일상화시킨 운동 계획을 짤 경우 "운동이 오늘이야? 내일이야?" 같은 질문이나, "잊었어요!" 같은 말은 없어지게 된다. 왜냐하면, 매일 운동하기 때문이다. 아동이든 부모든 교사든 이 계획에 적응하기 위해서는 조정도 필요할 것이다.

일부 운동세션은 취소될 수도 있겠으나 새로운 사건 발생이나 가족 구성원의 희망으로 인하여 빈번하게 계획을 바꾸어서는 안 된다. 일상화된 운동세션이라면 이전 세션에서 했던 것을 복습하느라 보내는 시간을 줄일 수 있다. 이때 신경통로(neurological pathway)는 연습을 통하여, 그래서 새로운 능력이 자동화됨으로써 강화된다는 점을 명심하여야 한다.

예를 들어, 아동이 한번 공을 던지면서 무릎 끝에 시선을 끝까지 두었다 하더라도 다음 날에도 던지기를 반복하여야 한다. 이 기술을 반복하면, 시선 맞추는 능력을 강화시킨다. 또 어떤 아동이 세션말기에 처음으로 평균대(balance beam)에서 걷게 된 경우, 이후 세션에 다시 평균대를 걸어가려면 다음 세션 모두 허비해야 걸을 수도 있을 것이다.

일부 아동의 경우는 쉬는 시간을 가지면 도움이 될 수 있다. 부모나 교사는 어떤 아동이 언제 운동이 필요한지를 알아야 한다. 예를 들어 어떤 아동은 등교시작 이전에 운동 세션이 필요한 경우도 있고, 어떤 아동은 하교하고 숙제 전에 운동이 필요한 경우도 있다. 어떤 부모는 아침 운동을 선호할 수 있고, 어떤 부모는 방과 후 운동을 선호할 수 있을 것이다.

학교에서는 휴식시간의 일부로 아동에게 운동을 시킬 수 있다. 언제 운동을 하는 것이 적당한가를 정하는 것이 중요한데, 저녁식사나 숙제시간에 즉흥적으로 운동을 하는 것은 당연히 도움이 되지 못한다.

운동 계획을 잡을 때 부모나 교사는 언제 아동이 학습에서 운동으로 바꿀 필요가 있는지를 잘 관찰하여야 한다. 예를 들어 어떤 아동이 정원에서 뛰어 돌아다니고 나서 10분 만에 숙제를 잘 마칠 수 있다면, 30분 동안 숙제와 싸우고도 제대로 하지 못하는 것보다 좋은 것이다.

2. 지속시간

다음으로 지속시간(duration)을 살펴보면, 이는 얼마나 세션을 길게 할 것인가

인데 먼저 처음에는, 15~20분 정도의 시간이 적당하다. 시간을 짧게 함으로써, 아동이 운동에 참여하기를 꺼려하는 것을 막는다.

처음부터 아동이 한 시간 동안 구조화된 운동습관(structured exercise routine)에 참여할 것이라고 기대하지 말아야 한다. 아동의 흥미와 능력이 증가함에 따라 시간을 늘린다. 수분으로 시작하여 하루 종일 동안으로 늘릴 수도 있는 것이다. 바쁜 일상 속에 추가로 운동시간을 넣는 일은 스트레스 받는 일이다.

각 세션 활동은 다양하게 마련할 필요가 있다. 시간을 채우려는데 역점을 두기보다 활동하는데 역점을 둔다. 3분간 트램블린 뛰기, 2분간 재주 넘기, 5분간 공 주고 받기, 5분간 스트레칭 하기 등은 세션에 도움이 되는 운동이다.

이때 아동에게 자기가 원하는 활동을 선택하게 한다. 물론 아동의 선택이 운동기술 발달에 부합하는 경우에 그러하다. 처음 5분은 아동에게 힘겨울 수 있다. 아동이 신체운동을 좋아하지 않을 경우에 더욱 그러한데, 따라서 부모는 15분 동안 같은 활동을 아동이 하리란 기대를 하지 않는 것이 좋다.

표 4.1 활동 세션의 예

활 동	활동시간
트램블린 뛰기	3분
담요 구르기	2분
펀치 볼치기	5분
공 던지기	5분
스트레칭하기	5분
합계	20분

제 4 절 활동 공간

신체활동은 여러 가지 다양한 지역에서 할 수 있다. 그러나 할 수 있다면, 신체활동이 가능한 장소(학교든 집이든)를 만드는 게 좋다. 아동이 운동하기 좋은 장소는 다른 사람을 방해하거나 기물을 파괴하지 않는 장소로 정한다. 가로 3미터 세로 5미터 정도의 공간으로 장애물이 없고, 공을 주고받기 좋은 장소면 신체활동을 하기에 적당하다.

그런데 교실은 공간적인 제약이 있다. 그러나 아동이 1.5평방미터 공간에서 할 수 있는 교실 활동도 고려할만하다. 대부분의 교실은 책상 몇 개만 빨리 치우면 아동이 파트너와 같이 또는 혼자 운동할 수 있는 공간이 생긴다. 학습이나 행동 문제아동의 활동 세션(activity session)으로 사용한 시간에 대한 보상은 수업 효과로 나타난다.

야외활동의 경우 대부분의 아동은 겨울에도 활기차게 논다. 그러나 야외 프로그램을 계획할 때에는 계획에 지장이 될 수 있는 산만한 요인을 고려해야 한다.

친구들이 끼어드는 문제, 다른 아이들이 같이 놀자고 하는 문제, 개가 공을 뺏어가는 문제 등을 고려하여야 한다. 이와 같은 요인을 고려하면 실내가 더 성공적일 것이다. 왜냐하면 적어도 초점이 맞고 단순해지기 때문이다.

만일 집이나 학교에서 구조화된 활동 세션(structured activity session)을 할 경우 특정 활동이나 게임에 필요한 장비만을 준비하여야 한다. 다른 장비나 장난감들은 완전히 치워서 보이지 않도록 하여야 한다.

그리고 세션 중에 무슨 장비를 사용하여야 하는가에 대한 규칙을 엄격히 하여야 한다. 만일 어떤 아동이 과잉자극(overstimulated)되거나 과잉행동을 보일 경우, 주위에 있는 다른 장비에 아동이 집중하고 이로 인하여 프로그램을 쉽게 수행하기 어렵다.

또한 가용 공간에 참여할 사람을 얼마나 할 것인가를 고려하여야 한다. 참여자의 수는 활동(activity)뿐만 아니라, 성공적으로 상호작용할 학습이나 행동문제 아동의 능력에 따라 다르다. 성인과 1:1 활동을 할 때 같은 방에 있는 다른 사람들이 아동의 주의를 산만하게 할 수 있다. 참여자 수를 정하기 위하여 활동의 목적과 목표 도달하기 위해 필요한 것을 고려해야 한다.

새로운 장소는 조심하는 게 좋다. 아동은 새로운 환경과 새로운 사람들에게 매우 민감하다. 집을 다시 꾸미거나 교실을 재 정렬해도 아동은 변화된 환경 차이에 적응하느라고 시간이 걸린다. 새로운 장소로 아동을 데려가 구조화된 활동(structured activity session)을 무난히 할 수 있다는 기대는 잘못된 것이다.

제 5 절 창의적인 장비

신체활동에 유용한 장비는 가정이나 교실 주위에 많이 있다. 담요, 볼, 풍선, 우유팩, 스카프, 동물 장난감, 양동이 등은 좋은 장비에 해당한다. 아동에게는 게임용 아이템을 사용하면서 새로운 방법을 찾아내도록 촉구해 주고 창의적이도록 지원한다. 예를 들어 비누를 점토로 사용할 수도 있고, 오래된 매트리스는 트램블린으로 사용할 수도 있다. 그러므로 보다 풍부한 신체활동프로그램을 제공하고자 새로운 장비를 구입해야 한다고 생각하는 것은 잘못이다. 표 4.2는 장비 목록의 예를 제시한 것이다.

표 4.2 장비 목록의 예

번호	목록	확보방법
1	뛰고, 구르고, 눕기 위한 오래된 매트리스	재활용
2	36인치 공	체육사, 유아 교육용품점
3	10인치 공	체육사, 유아 교육용품점
4	6인치 공	체육사, 유아 교육용품점
5	모래가 채워진 공(1에서 3파운드)	체육사, 유아 교육용품점, 제작
6	의료용 공(Medicine bal: 1에서 5파운드)	의료기구점에서 구입
7	풍선	문방구에서구입
8	펀치볼(고무 밴드가 붙어있지 않은 것)	문방구에서 구입
9	스카프	재활용
10	저울 또는 손저울	구입
11	대형 카드 보드 박스	재활용
12	불투명 테이프	문방구에서 구입
13	탁구채	체육사에서 구입
14	비누방울 놀이 용품	문방구에서구입
15	담요	재활용
16	플라스틱 훌라후프	체육사에서 구입
17	4각 카펫	재활용
18	점프용 로프(줄넘기)	체육사에서구입
19	트램블린	체육사에서 구입

음악은 분위기를 조성해주기 때문에 체육활동을 하면서 사용하는 것이 좋다.

사전에 녹음된 음악을 들려주면, 효과가 좋다. 그러므로 구르기, 점프하기, 흔들기와 같은 활동에서는 음악을 사용하는 것이 좋다.

장난감가게, 비디오 가게, 음악가게, 그리고 지방도서관에서 사용할 수 있는 아동용 운동 자원이 많이 있다. 그러나 한 가지 유의할 것은 음악을 틀거나 노래를 불러 아동에게 산만해지거나 소리에 압도당하지 않도록 하여야 한다.

제 6 절 단순한 규칙

1. 규칙

규칙은 하나의 게임과 다른 게임을 구분하여 준다. 그리고 각 참여자가 참여할 기회를 공정하게 제공한다. “놀이시간” 역시 규칙으로 정할 수 있다. 학습이나 행동에 문제가 있는 아동은 처음 규칙에 닥치게 되면 혼란스러워 하고, 화를 낸다. 그러나 천천히 단순하게 아동에게 알려주면 도움이 된다. 예를 들어, 소프트볼 게임을 할 때 아동은 먼저 차례대로 배트를 잡는다는 것을 이해하기에 앞서 차례 지키기 개념을 이해하여야 한다. 이와 같은 개념 이해로 어느 팀이 공격 차례이고 누가 칠 차례인지를 알게 된다.

2. 규칙의 단순화

먼저, 단순한 규칙으로 시작한다. 한 번에 기술이나 전략 한 가지씩 중점을 두면 도움이 된다. 단순히 공을 앞뒤로 굴리는 경우는 아동에게 차례 지키기를 가르칠 수 있다. 그러나 어떤 아동은 본인의 차례나 있어야 할 위치에 대하여 시각적 단서나 소리 단서를 제공해 줄 필요가 있다. 또 아동에게 자기 자리를 기억하도록 필드에 카펫조각을 설치할 수도 있고, 시간이 되었다는 신호로 종을 울릴 수 있다.

3. 규칙의 변경

아동에게 성취감을 갖도록 하기 위하여 규칙을 바꾸는 것이 좋다. 규칙 이해를 위해 시간이 더 필요하기도 하고 장비를 다르게 하거나, 놀이 공간 크기를 다르게 할 필요도 있다. 부모나 교사는 성공기회를 제공하고자 규칙을 어떻게 바꾸는 것이 좋은지 평가한다. 가족 구성원들에게 규칙을 개발하도록 하여, 보다 창의적이고 혁신적인 게임을 하도록 할 수 있다.

제 7 절 명백한 지시

1. 지시

학습과 행동문제를 보이는 아동을 지시하기란 부모와 교사 입장에서 힘든 과제이다. 아동은 개인에 따라 다르고, 서로 다른 문제를 가지고 있가 때문에, 지시의 이해와 지시 따르기에 문제를 보이는 이유가 몇 가지 있다.

장비나 과다 소음으로 산만한 환경에 있는 아동은 교사나 부모에 집중하지 못하게 된다. 또한 지시하기에 앞서 고려해 보아야 할 사항으로는 표 4.3과 같은 요인이 있다.

표 4.3 지시 시 고려사항

아동에게 지시할 때 고려사항
• 아동이 기억할 수 있는가?
• 아동이 시각적인 제시를 필요로 하는가?
• 아동이 들어 이해할 수 있는가?
• 아동이 보아 이해할 수 있는가?
• 아동이 지시내용을 이해할 수 있는가?
• 아동은 지시사항 문장을 이해할 수 있는가?

구조화된 활동 세션 중에 부모나 교사가 지시를 할 때 무엇을 해야 하는지를

아동에게 말해 준다. 이때 요청하는 태도는 피한다. 만일 아동에게 평균대에서 균형 잡고 걷도록 한 경우, 아동은 "안돼요"라고 말할 것이다. 그러면 부모나 교사는 "이제 평균대를 걸어가게 될 거야"라고 말한다.

2. 지시 반복

어떤 아동의 경우는 같은 단어를 사용하여 지시를 반복하여줄 필요가 있다. 단어를 바꾸면 더 혼란스러워하는데, 그 이유는 아동이 두 개의 지시를 이해하여야 하기 때문이다.

아동에게 지시할 때, 아동이 무엇을 해석할 필요가 있는 것인지를 고려한다. 그래서 예를 들면, "공을 후프 안에 던져!" 그러고 나서 다시 "가운데를 겨눠!" 라고 지시한다.

지시를 반복해야 할 다른 이유가 또 있다. 즉, 아동은 친밀한 대화 상황에서는 지시 따르기를 피하려 할 수 있기 때문이다. 부모나 교사가 지시를 하고 나면, 아동은 "다음에는 뭐할 건데?" "왜 이걸 해?" "왜 하늘색이야?" 또는 "왜 더러워?"라고 묻는다.

이때 부모나 교사는 이런 질문에는 대답하지 말고, 지시를 반복하는 것이 좋다. 한번 대화에 말리게 되면, 아동은 자기가 원래 무엇을 해야 할지도 알지 못하고, 심지어는 교사나 부모가 무슨 말을 했는지도 잊어버린다.

아동에게는 하나의 활동이 끝난 뒤에 다음 지시로 넘어가야 한다. 만일 아동이 활동(트램블린에서 점프)을 하면서 말과 대화를 할 수 있다면 참으로 다행스런 일이다. 그러나 대화가 활동을 방해해서는 안 되며, 활동안전에 방해가 되어서도 안 된다.

신체지식이 부족한 아동은 동시에 여러 신체부분에 집중하기 어렵다. 이런 아동에게 지시할 경우, 신체 한 부분에 한정하여 코멘트 해주는 것이 좋다. 이런 아동에게 팔은 어떻게 움직이고, 다리와 머리를 어떻게 하라고 말하지 않는 것이 좋다.

한 예로 오버핸드(overhand) 던지기의 경우 팔 움직이는 법을 알려줄 때, "발을 앞으로!"라고 말하면 아동은 발에 신경을 써서 팔을 어떻게 하는지 잊어버리게 된다.

3. 지시거부

대부분의 아동은 새로운 활동을 하려하거나, 지시 따르기를 거부하려 할 수 있다. 따라서 그 무엇보다도 냉정하고, 부드럽게 말하고, 엄격하여야 한다. 만일 부모나 교사가 동요하게 되면, 상황을 통제하지 못하게 된다. 만일 부모나 교사가 통제를 잃으면, 아동은 자기 길로 가게 된다. 결국 이 아동은 활동을 하지 못하게 되기 때문에 부모나 교사가 충분히 주의를 기울이고, 부모, 교사 행동통제가 매우 필요하다. 만일 부모나 교사가 냉정할 수 없다면, 세션을 중단하는 게 좋다. 그러면서 세션을 다음에 하겠다고 말해준다. 그러면, 아동은 교사의 통제범위를 벗어나지 못하게 된다.

뇌물(bribes)에도 유의해야 한다. 종종 부모나 교사는 아동이 뭔가를 하면 보상하겠다는 제안을 하고 싶은 유혹에 빠진다. 뇌물(bribes)은 성취에 대한 외적보상(external reward)이다. 아동이 보상이 있음을 알게 되면 오직 보상에 협상하려는 것이 문제이다. 따라서 아동이 도전을 극복하였을 때 스스로에게 좋은 감정을 갖는 다는 것을 명심하여야 한다.

활동과 활동간 전환(transition) 또한 다를 수 있다. 일부 아동은 어떤 활동은 진실로 즐기는데 다른 활동은 하지 않으려 한다. 그래서 먼저 아동에게 활동을 끝낼 것임을 경고하여 알려준다. 예를 들어 "우리 1분만 더 그네 탈거야.", 또는 "5번만 농구공 던질 거야!"라고 말해 준다.

아동역시 활동이 끝난 것을 확실히 알 필요가 있다. 타이머를 사용하여, 버저가 울리면 활동을 마치는 방법도 도움이 된다. 시각적 단서로는 불이 꺼지는 것을 고려할 만하다.

제 5 장

인간행동에 관한 이론

제 1 절　정신역동이론
제 2 절　생물학적 이론
제 3 절　환경이론
제 4 절　행동수정이론
제 5 절　인지이론
제 6 절　생태학적 이론

독자의 이해를 돕기 위하여 저자는 장님 코끼리 만지는 이야기(맹인모상; 盲人模像) 옛날 인도의 한 왕이 신하를 시켜 코끼리 한 마리를 가져오게 한 뒤 장님들에게 만져 보도록 한다. 그리고 어떤 모양인지를 묻는다. 장님들은 각기 자신이 만진 부분을 만을 근거로 각양각색(各樣各色)으로 대답한다. 이빨을 만진 사람은 무처럼 생겼다고도 하고, 귀를 만진 사람은 곡식을 까불 때 사용하는 키(箕)처럼 생겼다고 하며, 다리를 만진 사람은 기둥 등을 만진 사람은 널빤지처럼 생겼다고 하고, 꼬리를 만진 사람은 새끼줄처럼 생겼다고 하였다. 결국 맹인모상은 자기입장에서 자신의 주장만이 옳다고 주장하는 사람의 무지함을 빗댄 이야기다. 그러나 여기에서는 이 맹인모상을 약간 각색하여 지혜로운 판단으로 보고 있음을 이해하기 바란다)부터 하기로 한다. 옛날에 시각장애인(장님은 시각장애인의 비속어이다)여러 명이 있었다. 이들은 코끼리를 한번도 만져본 적이 없었다. 그래서 코끼리 모양을 전혀 알지 못하였다. 그런데 어느 날 동네에 코끼리 한마리가 들어왔다. 누구도 이 코끼리 모습을 알지 못하여 시작장애인들은 각자가 한번씩 코끼리를 만져보고 모양을 이야기하기로 하였다.

첫 번째 시각장애인은 코끼리 다리를 만졌다. 코끼리는 마치 대궐의 기둥처럼 서 있었다. 그래서 첫 번째 시각 장애인은 '이 동물은 큰 기둥 같다!'라고 말하였다. 두 번째 시각장애인은 코끼리 가슴에 손을 대었다. 까칠까칠한 피부와 더불어 넓은 판자와 같았다.

그래서 두 번째 시각 장애인은 '이 동물은 기둥처럼 생긴 것이 아니라 마치 큰 널빤지 같이 생겼다!'라고 말하였다. 세 번째 시각장애인이 나섰다. 그는 마침 코끼리 코를 만지게 되었다. 그리고 그는 '이 동물은 기둥 모양도 아니요, 널빤지도 아니요, 마치 커다란 야구 방방이 같이 생겼다!'고 말하였다.

마지막 시각장애인(blindness)은 코끼리를 만지지 않았다. 다만 앞서 첫 번째 시각장애인에게 기둥이 몇 개나 되는지, 두 번째 시각장애인에게 널빤지는 어떤 모양이었는지, 그리고 야구방망이는 어떤 모양으로 있는지를 물었다. 그리고 이를 종합하여 마음속으로 그림을 그렸다. 그리고 말하였다. '코끼리는 코가 길고 네 개의 발이 있는데 기둥처럼 크고 가슴은 마치 널빤지처럼 넓고 둥글게 생겼다!'

표 5.1 인간 행동을 설명하는 이론

이 론	설 명
정신역동이론	인간이 행동하는 것은 인간 내부에 존재하는 심리적인 활동이 있는데 이 심리적인 활동의 역동성으로 인하여 인간이 행동을 한다.
생물학적 이론	인간이 행동하는 이유를 신체적 생물학적 특성으로 인한 것으로 본다. 즉, 아동이 부적절한 행동을 하는 이유는 신체적인 문제가 있기 때문이다.
환경이론	인간의 행동은 그가 처한 환경 속에서 행동을 배우고 행동한다는 것이다.
행동수정이론	어떤 사람이 보이는 행동은 이미 이전에 이 행동에 대하여 학습을 통하여 배웠다.
인지이론	인간행동은 그 사람의 인지발달정도, 인지 방식 등에 영향을 받는다.
생태학적 이론	사람이 행동하는 이유를 한 가지 이론만으로 설명하지 않고 통합적으로 행동원인을 파악하여 인간행동을 이해하여야 한다.

사람이 행동하는 이유는 무엇일까? 이와 같은 질문은 매우 어리석은 질문 같기도 하지만 그 대답을 쉽게 하기란 매우 어렵다. 그래서 학자들은 사람이 행동하는 이유에 대하여 많은 연구를 하여왔다. 그런데 학자들의 주장은 매우 다르고 다양하였다. 이는 마치 앞서 이야기한 '장님 코끼리 만지는' 듯한 모습이었다. 그러나 오랜 세월동안 이 과정이 거듭되면서 인간이 행동하는 이유는 점차 조금씩 밝혀지게 되었다. 이들의 주장을 모두 정리하여 가면서......

그러나 인간이 행동을 하는 이유에 대해서는 아직도 불분명한 면이 많이 있다. 이들의 주장을 크게 요약하면 6가지 이론 즉, 정신역동이론(psychodynamic theory), 생물학적 이론(biophysical theory), 환경이론(environmental theory), 그리고 행동수정이론(behavior modification theory), 인지이론(cognitive theory), 생태학적 이론(ecological theory) 등으로 정리할 수 있다.

본 장에서는 이와 같은 인간이 행동하는 원인에 관한 이론적 모델들에 대하여 알아보고자 한다. 독자는 이들 이론을 이해하고 '장님 코끼리 만지듯' 인간행동의 원인에 대한 모습을 마음속으로 정리하고 이해하여야 할 것이다.

제 1 절 정신역동이론

1. 의의

정신역동이론(psychodynamic theory)은 1950-60년대에 세계적으로 선풍적인 인기를 끌었다. 이는 인간의 내면세계를 알고 싶어 하는 인간의 호기심으로 인한 것으로 보인다. 그리고 현재에도 이 정신역동이론(精神力動理論)은 인간의 내면세계를 설명하는 주요수단이 되고 있다. 특히 픽션 드라마(fiction drama)나 소설 등에 정신역동 이론이 자주 등장하는데 예를 들어, 어떤 주인공이 어린 시절 경험하였던 충격을 잊지 못하여 악몽에 시달린다든지, 유아시절 자신이 겪은 부모와의 갈등경험이 성인이 된 지금 다시 자신의 자녀와의 갈등으로 표출되는 등의 내용이 그러하다.

또 딥스와 같은 소설에서는 스토리전개를 보다 극적으로 묘사하기 위하여 아버지를 용서하는 등의 내용이 있는데 이와 같은 내용은 정신역동이론(psychody-namic theory)에 근거를 둔 것으로 보인다.

정신역동이론은 프로이트(Sigmund Freud)이론을 연구한 사람들(이들을 프로이트 학파라고 한다)의 주장을 의미한다. 이 이론에서는 인간이 왜 행동을 하는가에 대한 대답을 인간 개인 내부에서 찾는다. 즉 인간이 행동하는 것은 인간 내부에 존재하는 심리적인 활동이 있는데 이 심리적인 활동의 역동성으로 인하여 인간이 행동을 한다는 것이다.

만일 어떤 사람이 다른 어떤 사람과 상호작용(interaction)하는 행동을 하고 있을 경우 그 상호작용행동의 량이나 질은 그 사람 내부에 존재하는 심리적 역동에 달려 있다고 보는 것이다. 이와 같은 주장은 일리가 있어 보인다. 왜냐하면 독자가 어떤 사람과 대화를 하고자 할 때 이미 심리적으로 대화하고자 하는 의지가 있고 그로 말미암아 대화를 시도하기 때문이다. 우리는 흔히 '내키지 않아서......'라는 말을 사용한다. 이 '내킴'이란 바로 심리적 역동성인 것이다.

2. 인간의 심리구조

그런데 인간 내부에 존재하는 심리적 역동성은 또한 무엇으로 설명할 수 있을 것인가? 또 심리적 역동성은 어떤 모습을 하고 있는 것일까? 이런 점에 대하여 정신역동이론의 창시자인 프로이트는 인간의 심리구조를 본능(id; 이드), 자아(ego), 초자아(superego) 등 셋으로 나누어 설명하였다.

표 5.2 인간의 심리구조

구 조	설 명
본능(id)	인간이 태어날 때부터 가지고 있는 본능적 욕구
자아(ego)	본능을 통제하여 현실 환경에 적응한 욕구충족을 하도록 해주는 것
초자아(superego)	사회적 규범, 도덕, 그리고 자신이 형성한 가치기준

1) 본능

본능(id)은 인간이 태어날 때부터 가지고 있는 본능적 욕구를 말한다. 이와 같은 본능은 한 사람의 정신에너지 원천이 된다. 인간의 본능(本能)은 여러 가지가 있지만 심리적인 측면에서의 본능적 욕구는 성욕, 공격력 등이다.

즉, 심리적 측면에서 인간의 본능은 쾌락(pleasure)으로 볼 수 있다. 인간이 지닌 이 심리적인 본능은 인간의 심리적 에너지의 밑바탕이 되는데 이 밑바탕을 이루는 에너지를 리비도(Libido)라고 한다.

2) 자아

자아(ego)는 본능을 통제하여 현실 환경에 적응한 욕구충족을 하도록 해준다. 인간이 심리적으로 현실적인 자아(自我)가 형성되면 본능적 욕구를 충족시키고 방출(release)하는데 있어 단순히 본능에 의하지 아니하고 현실적인 방법을 찾는다.

예를 들어 공격성이라는 인간의 본능적 욕구 충족을 위하여 사람은 다른 사람을 때리거나 하는 등의 폭력을 사용하지 않고 운동을 하는 등의 방법으로 욕구를 충족시키게 된다. 이 역할을 담당하는 것이 자아(自我; self)이다.

3) 초자아

초자아(superego)는 세상을 살아가면서 배운 사회적 규범, 도덕, 그리고 자신이 형성한 가치기준이다. 이 초자아(超自我)에는 양심(良心; conscience)과 자아이상(自我理想)이 있다. 양심은 타인의 비난·처벌경험으로부터 생기는 죄책감인데 이것이 의식세계에 내면화된 것이다.

그리고 자아이상(ego-ideal)은 잘한 행위에 대해 보상받은 경험에 의해 생기는 이상적인 자아상이다.

3. 인격발달

표 5.3 인격발달 단계

단계	나이	설 명
구강기	0-1	만족, 쾌감을 주는 대상에 대한 애착이 형성된다.
항문기	2-3	통제욕구에 대한 적합과 부적합 등의 인격이 형성된다.
남근기	3-5	자기개성과 자기정체성 인격이 형성된다.
잠복기	6-11	주위환경에 대한 탐색과 지적탐색이 활발한 시기이다.
생식기	11-성인기	타인에 대하여 관심과 협동자세를 갖고 이타적이고 원숙한 생식기적 성격을 갖게 된다.

정신역동이론에서는 사람의 인격발달(personality development)이 어떻게 이루어지는가에 대한 설명을 하였는데, 정신역동이론가들은 사람의 인격발달은 아동기에 이루어진다고 믿는다.

이들은 일련의 성적단계를 거치면서 아동의 인격이 발달한다고 본다. 이들 인격발달 단계를 설명하면 아래와 같다.

1) 구강기

첫 번째 단계는 구강기(口腔期; oral stage; 0~1세)다. 이 단계 아동의 주 성감대는 구강(입, 혀, 입술 등)이다. 이 나이 아동이 보이는 행동 즉, 무엇이든 물건을 주면 입으로 들어가는 모습은 바로 구강기임을 입증하는 것이다. 이 시기 아동은 젖을 빨며 성적욕구를 충족하고 자신에게 만족, 쾌감을 주는 대상에게 애착(attachment)을 가지게 된다.

이 시기 아동이 구강(口腔)으로 욕구를 충분히 충족하지 못하면 더 이상 인격이 발달하지 못하고 나이가 든 이후에도 구강기에 머물러 음주·흡연 등을 애호하게 되고 남을 비꼬는 말(구강으로)등을 하게 된다.

또 이 단계는 인간이 처음으로 지구환경과 접촉하는 시기인데 이 시기를 통하여 사람은 관계형성이란 것을 배우기 시작하고, 믿음과 불신을 배우게 된다. 따라서 정신역동이론에서는 구강기 아동의 욕구충족(입, 혀, 입술 등을 통한 충분한 경험)은 매우 중요시한다.

2) 항문기

두 번째 단계는 항문기(肛門期; anal stage; 2~3세)다. 이 단계에는 배변 훈련 등을 통한 자극으로 성적쾌감을 얻는다.

이 시기에 적절한 배변훈련을 받지 못하면 대소변은 더러운 것이라는 식의 반동형성(反動形成; reaction formation)으로 결벽증(潔癖症; mysophobia)이 생긴다. 이 단계를 통하여 통제욕구에 대한 적합과 부적합 등의 인격이 형성된다. 그리고 이 단계 말미에, 자발적인 성취감, 수치심, 의심 등을 배우게 된다.

3) 남근기

세 번째 단계는 남근기(男根期; phallic stage; 3~5세)다. 이 단계에 사람은 성감대가 항문에서 성기로 옮겨가는데 남아는 어머니에 대해 성적으로 접근하려는 욕망과 애착을 느끼며 자신의 아버지를 경쟁자로 생각하는 오이디푸스 콤플렉스(oedipus complex)를 가지게 된다.

또한 아버지가 자신의 성기를 없앨까 두려워하는 거세불안(castration anxiety)도 생겨난다. 반대로 여아가 아버지에 대해 가지는 성적애착과 접근 감정은 엘렉트라 콤플렉스(electra complex)라고 한다. 이 시기에 사람은 자기개성과 자기정체성 인격이 형성된다.

4) 잠복기

네 번째 단계는 잠복기(潛伏期; latent stage; 6~11세)다. 이 시기 아동은 성적욕구가 억압되며 주위환경에 대한 탐색과 지적탐색이 활발한 시기로 사회적으로 용납되는 행동에 에너지(energy)를 투입하게 된다. 이 시기 아동은 자신의 에너지를 학습으로 바꾼다.

5) 생식기

마지막 단계는 생식기(生殖期; genital stage; 11～성인기)다. 이 단계에는 이성에 대해 진정한 관심을 가지고 성숙한 사랑을 할 수 있게 된다. 이 시기까지 순조로운 발달을 보인 사람은 타인에 대하여 관심과 협동자세를 갖고 이타적이고 원숙한 생식기적 성격을 갖게 된다. 그리고 이 단계에는 이전의 단계가 모두 통합된다.

제 2 절 생물학적 이론

1. 의의

생물학적 이론(biophysical theory)에서는 인간이 행동하는 이유를 인체시스템으로 설명한다. 따라서 생물학적 이론에서는 인간이 행동하는 이유를 신체적 생물학적 특성으로 인한 것으로 본다. 즉, 아동이 부적절한 행동을 하는 이유는 신체적인 문제가 있기 때문인 것이다.

인간의 행동을 생물학적으로 볼 때 유전/기질, 신경정신분비문제(neuro sycho-pharmacology), 영양, 신경기능장애(neurologic dysfunction) 등이 중요한 요인이 되는데 이와 같은 생물학적 특성으로 인간은 적절한 행동을 할 수도 있고 부적절한 행동을 할 수 있다.

또 신경조직(neurological organization) 발달정도, 인지운동(perceptual motor) 발달정도, 학습(learning) 발달정도, 정신(지능지수) 발달정도, 감각통합(sensory integration) 발달정도 등도 인간의 행동에 영향을 미치는 것으로 보는데 이와 같은 신체나 정신적인 발달수준에 따라 인간의 행동이 적절할 수도 부적절할 수도 있다는 것이다.

이와 같은 생물학적 이론으로 인간의 행동을 설명하는 데는 일부 타당한 측면도 있다. 예를 들어 자폐성장애(autism), 학습장애(learning disorder), 발달장애(developmental disorder)의 경우 생물학적 원인이 주된 원인으로 점차 밝혀지고 있다. 즉, 이 아동들은 생물학적 측면에서 선천적으로 이상을 지니고 태어난 증거가 나타나고 있는 것이다. 그러나 현재까지 생물학적 이론(biophysical theory)으로 인간의 행동문제를 모두 설명하여 주지는 못한다. 왜냐하면 분명한 신체적 기능이상이 발견되지 않았는데도 이상행동을 보이는 아동의 경우가 너무나 많기 때문이다.

그러나 생물학적 이론으로 인간행동을 설명하는 명백한 증거는 신체 부분의 크기나 모양에서 결함이 있는 신체적 결함의 경우 즉, 신경계장애(neural tube defect), 내반족(clubfoot), 구개파열(cleft lip) 등은 명백한 증거가 되며, 맹(blindness), 농(deafness)과 같이 신체부분기능에 이상이 있는 경우, 페닐케톤요증(PKU; phenyketonuria), 테이색스병(Tay-Sachs disease) 등과 같이 신체에서 정상적인 신체 기능에 필요한 화합물을 만들지 못하는 경우(신진대사(metabolism)상 문제), 낫세포질환(sickle-cell disease), 중성증(hemophilia)과 같이 피가 정상적인 기능을 수행할 수 없는 경우 등은 매우 그 증거가 분명하다.

2. 수정

정자와 난자는 성세포 또는 생식세포라고 부른다. 생식세포의 세포분열은 체세포의 분열과 다르게 남성의 고환과 여성의 난소 내에서 정자와 난자가 될 생식원세포(제1정모세포 혹은 제1난모세포)는 염색체가 서로 쌍을 지어 배열되어 있다.

이 염색체의 한쪽은 아버지로부터 물려받고 다른 한쪽은 어머니로부터 유전된 것이다. 이들은 각각 크기와 형태가 같고 지배하는 형질이 같아서 상동염색체라고 한다.

쌍을 진 염색체들은 완전한 염색체의 모양을 갖추기 직전에 서로 접합하여 유전물질들을 교환한다. 이렇게 하여 형성된 염색체들은 한 개씩 반대방향으로 끌려가서 두 개의 세포로 분열한다.

이것을 제1차 성숙분열이라 말한다. 제1차 성숙분열은 체세포와 같은 유사분열 방식이 아니라 쌍을 진 상동염색체의 각각이 나눠지기 때문에 새로 생긴 세포의 염색체는 원래의 세포가 갖는 염색체수의 반으로 감소된다.

이와 같은 세포분열을 감수 분열이라 말한다. 감수분열된 세포는 다시 제2차 성숙분열을 하는데, 이때는 염색체가 세로로 분열하기 때문에 새로 분열된 세포의 염색체수에는 변화가 없다. 즉, 1개의 생식 원세포는 연속 2회의 세포분열을 거쳐 4개의 생식세포로 되며, 각각의 세포는 반감된 수의 염색체를 갖게 된다.

그러나 남성의 정원세포는 핵질로 채워진 머리(반수의 염색체가 해체되어 형성됨)에 꼬리가 달린 4개의 완전한 정자로 형성되지만, 여성의 난원세포는 4개중 1개만 완전한 성숙난자로 자라고 나머지 3개는 핵질만을 갖는 극체가 되어 생식에 이용되지 못하고 퇴화한다. 성숙난자는 핵질 외에 많은 세포질로 채워져 있다. 여기에 난황이 포함되어 발생에 필요한 에너지를 공급한다.

즉, 남성은 1개의 생식원세포에서 4개의 정자가 형성되고, 여성은 1개의 생식원세포에서 1개의 난자만이 형성되고 3개는 생식력이 없는 극체가 된다.

3. 태아의 발달단계

태아의 발달단계를 요약하면 아래 표와 같다.

표 5.4 태아의 발달단계

임신 1개월	
배포기	난자와 정자가 만나 수정하면 12~15시간 이후부터 계속 세포분열을 시작하여 키가 3mm 정도 된다.
임신 2개월	
배아기	신체 각 기관이 나누어지기 시작한다. 키는 약 2~3cm, 몸무게는 4g 정도입니다. 팔과 다리가 뻗어 나오고 눈동자가 보이고, 특히 신경세포가 활발하게 발달하는 시기이다.
임신 3개월	
태아기	키는 8~9cm, 몸무게는 약 30g 머리, 몸통, 팔, 다리부분이 명확해지고 눈꺼풀이나 코, 입술, 귀 같은 세밀한 기관도 일부모양을 갖추게 된다. 피부감각과 맛을 느끼는 기관이 형성되고, 뇌 또한 제 모습을 갖춥니다. 11주 정도가 되면 태아의 심장박동을 들을 수 있다.
임신 4개월	
	각 기관 형성이 완성되며 생식기, 뼈와 근육이 발달한다. 각 기관이 기능을 하지는 않지만 오감을 느끼기 시작하고, 희로애락을 다소 느낄 수 있다.
임신 5개월	
임신중기	키는 25cm, 몸무게는 250~300g까지 성장한다. 얼굴의 각 부위 모양이 다듬어지고 손톱, 발톱이 생깁니다. 손과 발 운동을 시작해서 태동이 느껴진다. 촉각이나 미각을 뚜렷이 느끼고 청각능력도 시작되는 시기이다.
임신 6개월	

	키는 약 30cm, 몸무게는 600~800g 정도이다. 머리카락이 자라고, 양수를 삼켜 소화기관에 보내는 활동을 하며 신장기능도 활발해진다.
임신 7개월	
	키는 약 37~39cm, 몸무게는 900~1천100g 정도가 됩니다. 태아의 몸에 살이 붙고 외부소리를 잘 듣게 되고, 외부자극에 대한 반응이 빨라진다. 남자아기는 고환이 서혜부까지 내려온다.
임신 8개월	
	키는 약 40~43cm, 몸무게는 1천 500~1천800g 정도 된다. 근육과 피하지방이 붙어 포동한 아기가 되고, 폐로 호흡하고 손가락을 빨며 신장으로 배설하는 것을 익히는 시기이다.
임신 9개월	
	키 46~48cm, 몸무게는 2천~2천 300g정도, 시신경이 어느 정도 활동을 해 눈을 깜박일 수 있는 시기이다. 내장기관이 완성되고 폐로 호흡을 하며, 남자아기는 성기가 완성된. 혼자 빙그레 웃기도 한다.
임신 10개월	
	키는 50cm정도, 몸무게는 2천 900~3천400g 정도이다. 태아의 신체와 기능이 완벽하게 발달하는 시기이다. 이때 태아는 본능적으로 태어날 준비를 해 발차기를 멈추고 몸을 작게 웅크린다.

임신부는 태아의 시기별 발달 단계를 알아서 시기에 맞는 태교를 준비하는 것이 좋다. 물론 임신부는 자신의 감정과 정서가 아기에게 전달되어 태아의 감성과 두뇌가 발달된다는 것을 명심하고 편안한 마음을 가져야 한다.

4. 예방

한편 생물학적 이론에 의한 인간행동설명에서 의미 있는 것은 생물학적 이론에 의한 인간행동 설명이 가능해진, 즉 생물학적으로 인간행동의 원인이 밝혀진 경우는 그 처방이 매우 용이하게 된다는 것이다. 다시 말하면 생물학적 이론에 의하여 어떤 문제행동의 원인이 밝혀질 경우 약물투여를 통한 처방이 가능해지고, 그 예방도 비교적 용이해진다는 것이다. 예를 들어 풍진(風疹; rubella)이 태아에 중대한 영향을 미친다는 연구결과는 너무나 명백한 생물학적 증거이다. 그래서 우리나라도 자녀를 가질 수 있는 예비엄마(여고시절)에게 반드시 풍진예방주사를 맞도록 하여 장애아동자녀를 가질 가능성을 줄여준다.

표 5.5 생물학적 예방조치

조 치	설 명
혈액형	RH^- 혈액형 및 ABO 부적합.
건강진단	계획 임신 및 각종 건강 진단.
유전상담	유전요인을 지니고 있는 예비부모의 유전상담.
부모연령	부모 연령과 장애아 출현간의 관계는 매우 높다.

기왕 언급한 김에 풍진에 관하여 조금 더 언급하면 풍진은 임신에 관련하여 가임 여성에게 가장 심각한 질병이다. 따라서 반드시 풍진 예방 주사를 맞아야 하는데 임신하기 최소 2개월 전에 맞아야 한다.

이를 게을리하여 임신 중 임신부가 풍진(rubella)에 감염되면 태아에게 악영향을 미쳐 태아의 건강을 심각하게 해친다. 풍진으로 인한 장애유형은 정신지체(mental retardation), 자폐성장애(autism; pervasive developmental disorder), 심장병(心臟病; cardiopathy), 백내장(白內障; cataract), 기형아(deformed child), 운동장애(movement disorder) 등이다. 따라서 가임여성은 반드시 풍진주사를 맞아, 산모로 인하여 아이가 감염될 수 있는 여지를 제거하여 주어야 한다.

이는 필수 사항으로서 우리나라 고등학교에서도 이를 교육하고 있으나 당사자가 이를 심각하게 받아들이지 못하여 낭패를 보는 경우가 한두 건이 아니다.

이와 같이 생물학적 이론(biophysical theory)은 원인의 규명과 함께 명백한 예방적 수단이 가능해진다는 장점이 있다. 그리고 생물학적 이론에서는 임신이전부터 장애아동 출산을 예방하는 방법들에 관해서도 연구하고 있는데 앞서 언급한 풍진 외에도 건강한 아동을 출산하기 위한 생물학적 예방조치는 표 5.5와 같다.

1) 혈액형

한국사람 중 RH^-혈액형을 가지고 있는 사람은 매우 적다. 따라서 이 혈액형을 가지고 있는 사람은 사고 등으로 인하여 혈액이 부족할 때 중대한 영향을 미칠 수 있고, 임신 중 태아에게도 중대한 영향을 미칠 수 있다. 그 원리는 RH 항체가 태아에게 영향을 미쳐 태아의 적혈구(赤血球; erythrocyte)를 파괴하여 사산(死産)이나 출산 후 빈혈(貧血; anemia), 신부전증(腎不全; renal failure)을 유발하게 된다는 것이다. 따라서 RH^- 혈액형인 산모는 반드시 의사와 상담하여 처방을 받아야 한다. 의사의 지침에 따라 임신을 하고 필요할 때 항체를 형성하여 주는 주사를 맞을 경우 건강한 아이를 생산할 수 있기 때문이다. 한편, 혈액형의 경우 산모가 O형이고 태아가 A 또는 B형인 경우, ABO부적합(ABO blood type incompatibility)이 나타날 수 있다고 한다. 그러나 이는 비교적 간단하게 처방될 수 있고 출현율(出現率; prevalence)도 그다지 많지 않다. 그러나 예비엄마는 이 점을 충분히 고려하여 두는 게 좋다.

2) 건강진단

저자는 임신을 앞둔 산모에게 계획을 통하여 반드시 임신을 하도록 권하고 싶다(계획생산). 이는 비단 엄마뿐만 아니라 아빠의 경우도 해당한다. 저자는 의학적 지식이 부족하여 자세한 내용을 설명할 수 없으나 장애아 출산을 유발할 원인이 되는 질병은 풍진(rubella), 결핵(結核; tuberculosis), 간염(肝炎; hepatitis), 각종 성병(性病; venereal disease), 고혈압(高血壓; hypertension), 심장병(心臟病; cardiopathy), 갑상선 기능저항증(甲狀腺機能低下症 hypothyroidism) 등이라고 한다. 따라서 예비 엄마는 의사와 상의하여 필요한 검사를 받아야 할 것이다.

그리고 자녀를 갖기 위하여 예비부모는 사전에 건강한 신체와 건강한 마음가짐을 가져야 한다. 신체적이든 정신적이든 스트레스에 쌓여 있는 상태에서 자녀를 두게 되면 설사 건강한 자녀를 낳았다 하더라도 자녀의 양육에 영향을 미칠 수 있는 것이다.

3) 유전상담

유전(遺傳; heredity)은 부모의 특성을 자녀가 이어받는 것이다. 그러나 부모가 가지고 있는 유전요인이 매우 바람직하지 못한 유전요인을 가지고 있다면 이를 의사와 상담하여 적절한 대책을 강구하도록 하는 것이 좋다. 유전은 부부 양가 친족 중 유전이상(유전병)에 의한 장애가 있었는지를 확인하고 이것이 예방 가능한 것인지 등을 의사와 같이 상의한다.

4) 부모 연령

부모 연령과 장애아 출현(prevalence)간의 관계는 매우 높다고 한다. 이는 산모나 아빠의 건강이 젊지 못하고 그간 여러 가지 유해물질 등에 노출되어 알 수 없는 유전인자 변형을 유발한 결과일 것이다. 따라서 부모의 연령이 30대 중반

이상인 경우 의사와 상의하여 건강한 아이를 낳도록 하여야 한다.

5. 게젤의 성숙이론

현미경등을 통한 과학적인 분석이 어려웠던 시대에는 아동의 발달은 신이 정해준 방식(정해진 스케줄)에 따라 발달한다는 생각을 가지고 있었다.
그러나 과학이 발달하면서 과학자들은, 출생전의 태아의 경우 유기체가 완전히 형성된 채로 존재하는 것이 아닌 일련의 단계를 거쳐 발생학적으로 발달하며, 항상 같은 순서로 발달한다는 점을 발견하게 되었다.

Arnold Gesel은 인간의 발달은 유전적 요인이 가장 결정적 요인이라고 주장한다. 이 이론에 의하면, 인간 발달은 특정 단계에서 그 다음 단계로 진행될 때 예정된 순서로 이행된다는 것이다. 다음 단계의 발달을 보일 때는 반드시 다음 단계에로의 이행에 필요한 학습이 실제적으로 일어날 수 있다는 전조가 보이는데 이것이 곧 준비도이다. 즉, 인간의 생은 하나의 단세포로 시작하는데 이 세포는 스스로 분열하고 증식하며, 유기체의 상이한 부분을 형성하기 위하여 항상 질서있고 순서적으로 모이게 된다. 또한 태아의 운동신경계의 활동도 정해진 순서대로 나타난다. 태내발달은 유전자에 의해 통제되는데 이 유전자는 유기체의 형태와 행동유형이 순서대로 나타나도록 주도하며 그 방향을 정하나, 그 역할은 아직 밝혀지지 않았다.

따라서 성숙이론은 환경이 아동발달에 주도적인 영향을 미치지 못하기 때문에 아동이 지닌 능력 이상으로 아동을 교육하는 것은 아동에게 좌절을 야기시킨다고 주장한다. 성숙이론에서의 발달은 유기체 내부에서 자연스럽게 이루어지기 때문에 환경은 행동을 변화시키는 2차적 역할을 한다고 한다. 따라서 아동 자신의 속도에 맞는 발달을 위해 아동중심의 양육환경을 제공할 것을 강조한다.

6. 몬테소리의 민감기 이론

몬테소리는 유아에게는 창조적인 본능이 스스로에게 있어서, 주위 환경을 통해서 정신세계를 스스로 구성해 가는 잠재력이 있다고 본다(Montessori, 1966). 따라서 교사나 부모가 아동에게 환경과의 밀접한 유대관계를 갖도록 해주기 위해서 아동에게 아동 능력에 맞는 도움을 제공하여야 할 것이다. 이를 위해서는 아동에 맞는 민감기(sensitive period) 검토가 필요한 것이다(Gettman, 1987). 몬테소리가 주장하는 민감기란 특정한 측면에서 두드러지게 나타나는 연속적인 특성을 지니는데 이 기간은 주로 0세에서 6세 사이에 해당된다고 보았다. 여기에서 몬테소리의 민감기 이론을 생물학적 이론에 넣은 것은 아동이 발달하면서 자연스럽게 민감한 기간이 존재한다는 것은 생물학적으로 아동에게는 그와 같은 기간이 존재한다고 보고 있기 때문이다.

표 5.6 몬테소리 민감기

정 의	민감기	내 용
흡수 민감기	출생에서 5세 반이나 6세까지	흡수(absorbent mind)민감기는 출생에서 5세 반이나 6세까지 지속되는데 이 당시 아동은 세상의 이미지를 그 자체로 흡수하여 받아들이는데 매우 민감한 시기라는 것이다.
언어 민감기	생후 4개월부터 5세 반까지	언어(language) 민감기는 생후 4개월부터 5세 반까지 지속된다. 이 시기에 아동은 인간의 목소리나 말하는 입에 대하여 매우 민감한 반응을 보이고 민감하게 관찰한다는 것이다. 이 시기 아동은 타인이 말하는 것을 좋아하여 말하는 소리를 듣고, 반복하여 모방하고자한다. 이 시기 아동은 단어의 형태뿐만 아니라 문장을 올바르게 사용할 수 있는 능력이 생겨난다. 따라서 언어에 대한 민감성이 예민한 이 시기에 교육자는 정확한 발음과 풍부한 어휘로 아동을 격려해 주는 것이 좋다.
근육발달 민감기	2세 반이나 3세에서 6세 사이	근육발달(muscular sensibility) 민감기는 2세 반이나 3세에서 6세 사이가 해당하는데 이 시기 아동은 사물을 만지고 조작하는 신체적인 움직임이나 활동을 자주하며, 자기를 조절할 수 있는 운동 능력뿐 아니라 인성까지도 개발된다.
작업 민감기	2세 혹은 2세 반경에서 6세까지	작업(work)의 민감기는 협응력을 위한 민감기와 같이 2세 혹은 2세 반경에서 6세까지 지속된다. 협응력은 자신의 신체를 원하는 대로 움직이는 조절의지를 의미하는 것으로서 아직까지 복잡한 운동기술을 더욱 쉽게 습득할 수 있다는 것은 아니다.
질서 민감기	생후부터 6세까지	질서(order) 민감기는 생후부터 6세까지 지속된다. 특히 생후 6개월에서 2세 사이에 질서에 대한 민감성이 가장 강하다. 지적인 능력을 구성하는 필수적인 인상은 질서 형태로 이해하며 세상에 대한 생각이나 언어를 질서 정연하게 표현할 수 있도록 한다. 질서에는 내적 질서와 외적 질서의 두 가지 특성이 있는데, 유아의 내적 질서에는 움직임과 위치의 관점에서 자기 신체의 일부분을 감지하는 것이고, 외적 질서는 환경과 자신을 관련시키며 이 시기 동안에 유아는 사물과 공간의 관계에 대해 대단한 흥미를 느끼며 사물을 제자리에 갖다 놓는 것을 즐긴다. 그러므로 교실에서 모든 것을 질서 있게 정돈하여 준비된 환경을 마련해 주면 유아는 정리된 환경을 내면화할 수 있게 됨으로써 정신 내적 발달을 이룰 수 있게 된다.
감각 민감기	생후부터 6세까지	감각(sensibility) 민감기는 생후부터 6세까지이다. 이 시기 아동은 가능한 한 모든 감각적 능력을 습득할 욕구를 갖는다. 감각의 훈련은 그 시대의 문화 형태에 적용 가능한 일반적인 기능을 갖추게 할 뿐만 아니라 삶이 위급할 때 대처 능력을 준비하게 해준다.

촉각 민감기	3세 반에서 5세 반까지	촉각(tactile sense) 민감기는 3세 반에서 5세 반까지이다. 이 시기에 있는 유아는 만지고자 하는 성향이 나타나며 유아의 활동에서 기본적인 협응력을 고착시키는 데 도움을 준다.
쓰기 민감기	3세 반에서 4세 반 사이	쓰기(writing)의 민감기는 주로 3세 반에서 4세 반 사이에 발달되어지며 쓰기는 읽기보다 먼저 나타난다. 쓰기란 연필로 쓰는 것이 아니라 소리를 분석하고 말을 구조화하며 조립시켜 형성하는 것을 의미한다.
냄새 민감기	3세부터 6세까지	냄새(smell) 민감기는 3세부터 6세까지이다. 그러므로 이러한 냄새 감각을 발달시키기 위해 다양한 냄새를 경험할 수 있는 환경을 준비해 두는 것이 바람직하다.
작은 사물 민감기	2세경부터 6세까지	작은 사물(small objects) 민감기는 2세경부터 6세까지 지속된다. 작은 사물에 흥미와 관심을 갖게 되는 것은 유아의 내적 인지구조의 집중화를 견고하게 함으로써 주의집중과 정신 조절 능력을 일으키게 한다. 따라서 이 시기에 작은 사물에 관한 여러 가지 경험을 할 수 있는 환경을 준비해 준다.
맛 민감기	3세부터 6세까지	맛(taste)에 대한 흥미는 3세부터 6세까지이다. 이 시기의 다양한 맛에 대한 경험이 유아의 음식에 대한 기호나 편식에 영향을 미치게 된다. 따라서 이유를 시작하면서부터는 다양한 맛을 느끼고 좋아할 수 있도록 준비해 주어야 한다.
읽기 민감기	4세 반에서 5세 사이	읽기(reading)는 4세 반에서 5세 사이에 발달된다. 이 시기의 읽기는 쓰여진 글자에 대한 의미를 이해하는 것으로서 의사소통을 하는 것을 뜻한다. 따라서 문장을 문법적으로 누가, 왜, 어떻게, 언제 등으로 분석해 볼 수 있는 경험을 하도록 하여 진정한 의미의 읽기를 준비해 준다. 이 민감기는 비록 각각의 특성들이 분리되어 있는 것처럼 보이지만 각 시기별 단계를 거치는 동안 통합되어서 발달이라는 형태로 나타난다.
예의 민감기	생후부터 6세 사이	예의(courtesy)의 민감기는 생후부터 6세 사이에 해당된다. 그러나 2세 반이나 4세 사이에 가장 강하게 민감성을 나타낸다. 유아들은 모방을 좋아하고 예의를 사랑한다. 그래서 이 시기에는 예의에 관한 말을 사용할 뿐 아니라 공손한 태도로 모델이 되도록 유의해야 한다.
운동 민감기	출생시부터 시작	운동(movement) 민감기는 태아 시기에도 가능하나 출생시부터 시작하는 것을 말한다. 2세 반이나 4세 사이에 강하게 나타나며 협응과 자기 조절이 요구된다. 그래서 운동은 작업과 협응력을 위한 민감기와 조화를 이루어 나간다.

제 3 절 환경이론

1. 의의

환경이론(environmental theory)에서는 인간이 행동하는 원인을 한 인간의 주위 환경이라고 생각한다. 즉, 인간의 행동은 그가 처한 환경 속에서 행동을 배우고 행동한다는 것이다. 예를 들어, 범죄(delinquency; criminality)를 저질러 감옥소에 가서 여러 가지 범죄기법을 배우게 되고 그 배운 것을 바탕으로 다시 범죄를 저지르게 된다는 것이다.

이와 같은 환경이론 측면에서의 인간행동 설명은 물론 모든 인간 행동을 설명하기는 어렵지만 매우 의미가 있는 부분이 있다. 사람의 행동이 다른 외부환경의 영향 없이 독립적으로 행동하는 경우는 거의 드물다.

예를 들어 학교 폭력을 행사하는 사람의 가정환경을 보면 부모로부터 학대(child abuse)를 받은 경우라든지, 낮은 사회경제적 지위(socio-economic status; SES)에 있는 가난한 가정, 형제 중 학교폭력을 행사한 적이 있는 가정이 많았다(이민호, 2004). 이와 같은 따라서 가정환경이 학교폭력을 유발하였다 할 수 있다.

이와 같은 사례는 얼마든지 있다. 흔히 우리가 말하는 맹모삼천지교(孟母三遷之敎)도 환경의 중요성을 강조하는 말이고 환경요인이 한사람의 인생 즉, 한사람의 행동에 많은 영향을 미침을 웅변하고 있는 것이다.

2. 장애

환경이론 측면에서 보면 아동은 장애(disability)가 없다고 가정한다. 그리고 아동이 장애가 있는 경우라면 아동이 장애가 있는 것이 아니라 환경에 문제가 있는 것으로 본다. 따라서 장애아동(children with disability)을 처방하는 것은 아동 그 자체를 처방하는 것이 아니라 아동의 주변 환경을 조정하는 것이다.

환경이론(environmental theory)에 의할 때 독자는 매우 의아한 부분이 있을지 모른다. 그러나 생각해 보라! 20층 아파트에 엘리베이터가 없다면 그 아파트 꼭대기에 사는 사람은 아마도 모두 장애인이 될지도 모른다. 하루에도 여러 번 아파트를 오르내리다 보면 관절이 망가질 수 있기 때문이다. 이와 같이 아파트에 엘리베이터가 없으면 사람이 문제가 아니라 건물에 장애가 있는 것이다.

이와 같은 논리를 조금 더 비약하면 장애인편의시설(障碍人便宜施設; convenient facilities for disabled)에 관련하여 해답이 명료해진다. 즉, 우리들이 생활하는 모든 건물에 엘리베이터가 없거나 경사로가 없거나 자동문이 없을 경우 그리고 도로에 점자블록이 없는 경우, 건널목 신호등에 소리신호가 없는 경우, 이 모두를 우리는 장애인 편의 시설이라고 하는데 환경이론에서 보면 이런 시설들은 장애인 편의시설이 아니라 당연히 있어야 할 시설이고 만일 이런 시설이 없는 경우라면 사람이 장애인인 것이 아니라 그 건물이나 시설이 장애시설인 것이다.

조금 더 환경이론(環境理論)을 살펴보면 근래 사회적 문제로 대두되고 있는 학교폭력도 학생 개인의 문제로 보기에는 미흡한 면이 매우 많다. 왜냐하면 사회적인 풍토나 주변 환경 그리고 매스미디어가 폭력을 조장하여 그와 같은 학교폭력이 만연해진 것이라는 진단도 매우 의미가 있기 때문이다.

그 뿐만이 아니다. 침대에 진드기가 있거나 새로 지은 아파트에서 나오는 화합물 등도 아동의 정서발달에 치명적인 영향을 미칠 수 있다. 또 부모의 양육태도 역시 아동의 정서발달에 영향을 미치는 것이다.

물론 환경이론(environmental theory)이 아동의 정서장애(emotional disturbance)를 모두 설명할 수는 없겠지만 아동을 둘러싼 환경요인이 아동의 정서발달에 영향을 미친다는 환경이론은 일부 측면에서 매우 의미가 있는 것이다.

이와 같은 측면에서 볼 때 인간의 행동을 설명하는 환경이론 역시 다른 이론과 마찬가지로 의미를 부여할 수 있다.

3. 교육

환경이론을 교육에 적용할 경우 집단 또는 개인에 미치는 환경영향을 면밀하게 검토할 뿐만 아니라 어떤 환경이 집단이나 개인에게 도움이 될 것인가에 대하여 충분히 연구 검토한 후 아동을 교육하게 된다. 따라서 교육은 아동에게 가장 적합한 환경을 제공하면서부터 시작되는 것이다.

제 4 절 행동수정이론

1. 의의

행동수정이론에서는 인간을 행동하게 하는 것을 학습에 의한 것이라고 본다. 행동수정(behavior modification)은 행동은 학습으로 습득된다는 논리이다. 따라서 행동수정이론에서는 어떤 사람이 보이는 행동은 이미 이전에 이 행동에 대하여 학습을 통하여 배웠다고 본다.

예를 들어 사람이 전기선에 손가락을 대지 않는 행동은 이미 이전에 전기선이 감전을 부른다는 사실을 알고 있기 때문이며, 문명의 혜택을 입지 못하여 전기에 흐르는 전기(電氣)에 대하여 알지 못하는 경우는 아무 두려움 없이 만졌다가 감전이 되는 것이다.

따라서 행동수정이론에서는 사람이 보이는 행동에 대하여 그 사람의 의식 속에 잠재되어 있는 심리적인 상태(정신역동이론)나 그 사람의 건강상태(생물학적 이론), 그 사람의 주위환경(환경이론)보다는 그 사람이 보이는 행동 그 자체에 관심의 초점을 두고, 이 행동이 적절한 행동인지 아니면 부적절한 행동인지를 판단하여 만일 부적절한 행동인 경우에는 학습을 통하여 행동을 수정하여야 한다고 주장한다.

이와 같은 원리에 의하면 행동수정이론이 외형상 드러나는 행동에만 관심이 있는 것 같지만 실제로는 행동의 정확한 이해를 위하여 왜 그런 행동을 하였는가를 관찰한다. 그러나 이와 같은 행동의 관찰은 기본적으로 그 사람이 행동한 이유에 초점이 있기보다는 학습으로 이 행동이 있었다고 가정하고 학습으로 습득된 행동은 또 다른 학습으로 변경할 수 있다고 본다.

이와 같은 배경에서 행동이론에서는 사람의 행동은 관찰할 수 있고 측정할 수 있는 것으로 본다. 그러므로 사람의 행동은 주로 외부의 힘에 의하여 학습되어 결정된다고 보는 것이다. 그런데 사람이 행동을 습득하는 과정은 무엇일까? 행동이론에서는 강화(reinforcement)의 원리를 강조한다. 즉, 사람이 행동을 학습하는 것은 강화되어 나타난다는 것이다.

예를 들어 아동이 어느 날 어른에게 인사를 하여 칭찬 받았을 경우 아동은 인사를 하면 칭찬(강화)받을 것이라고 생각하여(학습), 계속 인사를 하게 된다. 또는 아동이 어느 날 어른에게 인사를 하여 그 어른으로부터 반응(강화)을 받은 경우 즉 어른이 인사를 받아주었을 경우 아동은 사회적 교류에 대한 만족감(학습)으로 계속하여 인사를 하게 된다.

반면에 아동이 어느 날 어른에게 인사를 하였는데 도리어 혼이 난 경우 아동은 인사를 하면 혼이 날 것으로 생각하여 더 이상 인사를 하지 않게 된다. 이와 같은 원리가 바로 강화의 원리이다(Roberts, 1975). 이 원리는 행동수정 전반에 걸쳐 사용되고 있다. 이후에도 이 강화의 원리를 설명하겠지만 강화의 원리를 간단히 설명하면 사람은 강화를 받으면 적절한 행동이 나타난다는 것이다. 즉, 강화를 받으면 학습이 이루어진다는 의미이다. 앞서 아동의 인사의 예에서 설명한 바와 같다.

그런데 사람의 행동이 효과적으로 강화되기 위해서는 강화하고자 하는 행동이 발생한 직후 가능한 빨리 강화할수록 효과가 있다. 그리고 강화의 방법은 강화 받는 사람이나 집단의 특성에 맞는 것일수록 효과가 크다. 또한 강화는 한번 강하게 강화하여 주는 것보다는 여러 차례 자주 강화하여 주는 방법인 효과가 크다.

이와 같은 강화의 원리는 사람의 행동은 기본적으로 학습에 의한 습득으로 보는 것인데 사람의 행동은 그 사람 내부의 문제라기보다는 외적 환경자극에 의하여 습득된다는 신념(belief)이 포함되어 있다. 따라서 어떤 사람의 행동을 수정한다는 것은 그 사람 내부의 심리적 측면을 자극하기보다는 강화라는 외부환경자극을 조작(manipulation)하여 그 사람에게 새로운 행동을 습득하도록 하는 과정인 것이다.

이와 같은 행동수정이론은 20세기 중반부터 특수교육기법으로서 많은 공헌을 하였는데 최근 들어 인간의 심리적인 측면이나 생물학적 측면을 강조하는 학자들로부터 많은 공격을 받는 것이 사실이다. 예를 들어 일부 행동장애를 보이는 사람에게서 심리적인 이상이 일부 발견되기도 하고, 과학의 발달과 더불어 행동장애인의 생물학적 원인이 밝혀지면서 단순히 행동수정이론만으로는 사람의 행동을 설명할 수 없다는 것이다.

2. 파블로프의 고전적 조건형성

1) 의의

고전적 조건형성은 1903년에 파블로프(Pavlov)가 처음으로 제시하여 Pavlov 조건형성이라고도 한다. 또 파블로프식 조건형성은 조작적 조건형성과 구분하기 위해 고전적 조건형성이라고도 한다. 파블로프는 소화과정에 관한 연구로 노벨상을 수상한 러시아의 생리학자이다. 파블로프는 개의 소화과정에서 타액의 역할을 연구하던 중 "심리적 반사(psychic reflexes)"라는 현상을 관찰하였다(Pavlov, 1906). 그는 이 심리적 반사를 아주 우연히 발견한 것이다. 하긴 세상에 우연히 발견한 위대한 발견이 많이 있으니 이상한 것이 아니다.

그는 개를 장치에 묶어놓고 턱에 관을 연결시켜 분비되는 타액을 수집하여 소화에 관한 연구를 수행하였다. 이때 그는 개에게 고기접시를 보여주고 입에서 나오는 타액을 수집하여 연구하였는데 연구가 진행될수록 개는 이러한 절차에 익숙해져 고기접시를 제시하기도 전에 타액을 분비하였다. 예컨대, 개는 먹이접시의 장치가 움직이는 소리만 들어도 타액을 분비하였다는 것이다. 이와 같은 우연한 발견을 계기로 파블로프는 고기접시와 다양한 자극을 짝 지워 개에게 제시하는 많은 연구를 하였다. 예컨대, 종소리와 먹이접시를 동시에 몇번 제시한 후에 종소리에 대한 반응을 관찰하였다. 그 결과 개는 종소리만 들어도 타액을 분비하였다. 그러나 아무런 학습과정이 개입되지 않았을 때 개는 종소리에 대해서 타액을 분비하지 않았다. 이때 종소리를 중립자극이라고 한다. 파블로프는 이를 자극-반응 결합이라 하였다.

파블로프가 사용한 고기가루와 타액반응의 연합은 아무런 학습의 과정을 거치지 않았다. 그래서 이를 무조건적 연합(unconditioned association)이라고 한다. 조건형성 과정에서 고기가루와 같은 자극은 사전에 조건형성과정을 거치지 않아도 타액반응을 유발할 능력이 있다고 해서 무조건 자극(unconditioned stimulus; UCS)이라 하고 무조건자극에 대한 반응을 무조건반응(unconditioned response; UCR)이라 한다. 그러나 종소리와 타액분비의 연합은 조건형성이라는 학습과정을 통해서 형성되었다. 그래서 조건적 연합(conditioned association)이라 한다. 조건

연합에서 종소리와 같은 중립자극이 무조건자극과 짝지어진 결과 조건반응을 유발하였는데, 이 때 종소리를 조건자극(conditioned stimuli; CS)이라 하고 조건자극에 대한 반응을 조건반응(conditioned response; CR)이라고 한다. 조건반응은 무조건반응과는 달리 학습된 반응이다. 그런데 Pavlov 실험에서 조건반응과 무조건반응은 동일한 타액반응이다. 그러나 무조건자극(고기가루)에 의해 유발된 타액반응은 무조건반응이라 하고, 조건자극(종소리)에 의해 유발된 타액반응은 조건반응이라고 해서 양자를 구분하고 있다.

2) 고전적 조건형성의 응용

이 조건형성을 응용하여 아동에게 적용할 경우 만일 어떤 아동이 글쓰기를 싫어한다고 했을 때 글을 쓸 때마다 그 아동이 좋아하는 어떤 것(강화제; 음료나 과일, 사탕 등)을 같이 연합해 주면 그 아동은 글쓰기에 흥미를 가질 수 있을 것이다.

또 어떤 아동이 낙서를 하는 경우 낙서할 때마다 자꾸만 놀랄 만한 자극을 제시하여 주면 낙서하는 행위를 즐기지 않도록 학습시키는 방법 등이 이것이다.

3. 스키너의 조작적 조건형성

1) 의의

파블로프의 고전적 조건형성은 자극에 의해 통제되는 반사적 반응을 가장 잘 설명할 수 있다. 그러나 인간 및 다른 동물의 행동은 고전적 조건형성으로 설명할 수 없는 경우가 많다. 예를 들어 시험이나 성적은 학습행동의 결과이지 이를 선행하는 것이 아닌 것이다. 즉 아동이 공부하는 행동은 공부를 할 때 사전에 주어진 조건 즉, 부모님이 제공하는 간식 같은 것에 의존하기보다는 성적이나 순의 등과 같은 결과에 영향을 받는 것이다.

그래서 파블로프가 사전에 제공하는 조건보다는 사후 결과에 영향을 받는 결과를 조작하는 방법이 조작적 조건형성이라 할 수 있다.

스키너(Skinner)는 이러한 종류의 학습을 조작적 조건형성(operant conditioning)이라고 하였다. 여기서 조작적이란 유기체가 자극에 대해 단순히 반응하는 것이 아니라 환경을 조작하여 변화시킨다는 의미이다. 즉 학습은 반응에 수반하는 결과의 영향을 받는다는 것이다. 따라서 조작적 조건형성은 반응이 그 결과에 의해 통제된다는 의미를 갖는다. 이러한 조작적 조건형성은 자발적인 인간행동의 설명에 더 큰 비중을 차지하고 있다.

2) 효과의 법칙

조작적 조건형성은 도구적 조건형성(instrumental learning)이라고도 하는데 이 용어는 손다이크(Thorndike, 1913)가 처음 사용한 용어이다. 그는 원하는 결과를 얻기 위한 반응의 도구적인 측면을 강조하였다. 초기에 그는 주로 동물학습을 연구하였는데, 동물의 사고능력을 알아보기 위해 고양이를 대상으로 문제해결능력을 연구하였다. 그러나 실제로 실험을 시행한 결과 고양이가 문제상자를 빠져나오는데 걸리는 시간은 급격히 줄어드는 것이 아니라 점진적으로 감소하였다. 시간이 감소한다는 것은 고양이가 학습을 했다는 증거이지만 시간이 급격하게 감소하지 않고 점진적으로 감소한다는 것은 이런 종류의 학습이 사고나 이해에 의존하는 것이 아니라는 것을 입증하는 것이다. 그래서 손다이크는 효과의 법칙(law of effect)을 주장하였다. 효과의 법칙이란 자극에 대한 반응이 만족스러운 효과를 가져다주면 자극과 반응의 연합이 강화된다는 것이다. 이 법칙은 이후 스키너 이론의 기초가 되었다.

3) 반응결과

조작적 조건형성의 기본 원리는 아주 단순하다. 스키너는 유기체는 바람직한 결과가 수반되는 반응을 반복하려는 경향이 있다는 것을 입증하였는데, 이를 강화(reinforcement)라고 한다. 강화란 반응에 수반되는 사상이 유기체의 특정반응경향을 증가시키는 것을 말한다. 즉 특정 반응경향이 증가하는 것은 그 반응결과가 유쾌하고 보상적이기 때문이다. 강화의 원리는 단순하지만 그 효과는 매우 크다. 스키너 등은 우리의 일상생활은 대부분이 강화에 의해 조절된다고 하였다. 예컨대, 높은 학점을 따기 위해서 열심히 공부하고 농담을 하면 주위사람들이 웃어주니까 농담을 더 많이 한다. 이러한 강화원리는 쥐와 비둘기와 같은 동물행동을 관찰한 결과이긴 하지만 인간의 복잡한 행동을 설명하는 데도 아주 효과적이다.

4) 스키너의 연구

파블로프와 마찬가지로 스키너도 많은 쥐 실험을 반복하여 전형적인 조작적 조건형성 실험절차를 고안하였다.

그는 자신이 고안한 스키너 상자에서 쥐와 비둘기 같은 동물을 대상으로 연구하였는데, 이 상자는 동물의 반응을 체계적으로 관찰하고 반응결과를 통제할 수 있도록 고안된 상자이다. 이 상자에서 피험동물의 바람직한 행동은 상자벽에 장치되어 있는 레버를 누르는 것이다. 왜냐하면 레버를 누르면 음식이 나오는 것이다. 레버 누르기와 같은 조작적 반응은 유도된(elicited) 반응이라기보다는 환경을 능동적으로 조작함으로써 방출한 반응(emitted response)이다. 즉, 레버를 누르면 먹이분배기에서 먹이가 제공되는데 이를 강화물이라고 한다. 벽면에 부착되어 있는 스피커와 전구는 시, 청각 자극으로 사용할 수 있으며, 바닥의 격자를 통해 전기충격을 제시할 수도 있다.

4. 반두라의 사회학습이론

1) 의의

사회학습 이론을 주장한 반두라(Bandura, 1981)는 조건형성과 인지이론을 통합하여 사회학습 이론을 제안했는데, 현재 이 이론은 모방이나 공격성, 행동 치료 연구에 많이 활용되고 있다.

반두라의 사회학습 이론(social learning theory)은 인간의 행동이 보상이나 처벌의 결과로만 형성되는 것이 아니라 다른 사람의 행동을 관찰하고 모방한 결과로 이루어진다는 것이다. 즉, 인간의 관찰과 모방에 의하여 학습이 이루어진다는 주장이다.

따라서 반두라는 인간의 외현적인 행동만을 관심의 대상으로 삼는 것이 아니고 학습에 있어서의 인지과정의 중요성을 강조한다. 반두라는 사화학습에서 가장 중요한 것을 관찰학습으로 보고 관찰학습의 4단계를 제시하였다.

(1) 주의집중단계(모델에 집중)

아동이 관찰에 의한 학습을 할 경우 아동은 먼저 모델의 행동에 주의를 기울인다. 이때 관찰하는 아동은 자기 또래나 힘이 세고 매력적인 대상을 모방하기를 좋아한다. 부모나 형제, 자매, 친구, 교사뿐 아니라 최근 들어서는 연예인도 아동의 중요한 모델이 되고 있다. 아동은 모델을 모방하기 위해서 먼저 모델의 행동을 눈여겨 본다.

(2) 저장기억단계 (모델 행동 기억)

관찰 아동은 모델을 관찰한 후, 모델의 행동을 시각적 또는 언어적인 형태의 상징적인 부호로 저장하여 기억한다. 만일 모델이 행한 것을 기억할 수 없다면 모델 행동을 관찰해서 크게 영향을 받을 수 없을 뿐만 아니라 어떠한 지속적인 행동도 나타낼 수 없을 것이다.

(3) 재생단계

아동이 모델의 행동을 모방하기 위해서는 단순히 모델의 행동을 기억해서는 안 되며 저장 기억한 것을 실제로 실행에 옮기는 과정을 하게 된다. 이와 같은 과정으로 학습효과가 발생한다. 이때 반복적인 재생은 학습에 크게 도움이 된다.

(4) 강화와 동기유발단계

아동이 모델을 관찰하여 새로운 지식을 얻고 그것을 행동으로 옮기기 위해서는 동기가 필요하다. 즉, 아동이 모델의 행동을 습득하고, 기억하고, 능숙하게 수행할 수 있는 능력을 지니고 있다 하더라도, 아동이 이 행동모방에 대한 충분한 동기가 없을 경우에는 행동 모방하지 않을 것이다. 예를 들어 어떤 행동을 모방하고 칭찬이나 상을 받은 경험이 있거나 다른 사람이 그러한 행동을 하고 칭찬이나 상을 받는 것을 본 경우 아동은 자신도 해 보고 싶은 충동을 가지게 된다. 즉 강화를 통해서 아동의 모방 행동의 동기가 높아진 것이다.

2) 사회학습과 자기효능감

반두라는 사람들이 관찰과 모방을 통해 습득한 지식과 기술을 어떻게 행동으로 전환하는가에 대한 관심을 갖고 자기효능감이라는 개념을 통해 설명하고자 하였다. 그는 자기효능감(self-efficacy)은 상황이 요구하는 행동을 수행할 수 있다는 개인의 확신감으로 개인의 행동 여부를 결정한다는 것이다.

제 5 절 인지이론

1. 의의

인지란 사고와 학습에 관련된 정신능력 자극에 대한 주의집중, 자극간의 유사점이나 상이점 인식, 지각통로간의 교차, 기억, 사고, 추론, 문제해결 및 기타 많은 유사한 능력 등을 포함한 정신능력의 집합체로서 지식을 습득, 저장, 전환, 창출, 평가, 활용하는 과정을 말한다(공마리아, 2004).

인지이론(cognitive theory)에서는 인간이 행동하는 이유를 개개인이 인지하고 있는 인지접근방식에 의한 것으로 설명하고 있다. 이와 같은 인지적 접근 방식에 의한 장애 원인 설명방법은 아동의 마음에 무엇이 문제가 있는가, 과연 아동 심리란 무엇인가? 등을 인지측면에서 설명하고자 한다.

즉, 인간행동은 그 사람의 인지발달정도, 인지 방식 등에 영향을 받는다는 것이다. 이와 같은 인지이론은 인간 행동원인을 두뇌의 심리구조에서 찾으려하는 시도로서 행동수정이론에서 생각하고 있는 표면행동중심보다는 보다 근원적인 사고중심에서 인간을 바라보는 측면이다.

2. 동화와 적응

표 5.7 동화와 적응

구 분	설 명
동화 (assimilating)	한 사람이 가지고 있던 기존의 생각 속에 새로운 정보를 흡수시키는 것을 의미한다.
적응 (accommodating)	한 사람이 가지고 있던 기존의 생각 속에 새로운 정보가 들어온 경우 그 정보를 통하여 새로운 생각체계(스키마)를 만드는 것을 의미한다(적응이라고도 함).

인지이론에서는 인간이 행동하는 이유를 인지양식으로 설명하고자 한다. 따라서 인지이론에서는 인지발달을 중요시하는데 피아제(Piaget)는 인지의 발달은 새

로운 지식을 자신의 스키마(schema) 속에 동화(assimilating)시키거나 새로운 지식과 경험에 적응(accommodating)하여 자신의 스키마를 바꾸면서 발달한다고 한다.

동화란 사람에게 새로운 정보가 들어왔을 때, 그 사람 내부에 기존에 존재하는 스키마(생각체계)가 이를 잘 받아들여 새로운 정보로 잘 만드는 것을 말한다. 다시 말하면 동화는 한 사람이 가지고 있던 기존의 생각 속에 새로운 정보를 흡수시키는 것을 의미한다.

반대로 한사람이 가지고 있던 기존의 생각 속에 새로운 정보가 들어온 경우 그 정보를 통하여 새로운 생각체계(스키마)를 만드는 것을 적응이라고 한다. 예를 들어 어떤 사람이 '날아다니는 것은 모두 새'라고 생각하고 있었는데(스키마) 갈매기를 처음보고 '아! 날아다니는 것이구나! 그러므로 새로구나!'라고 생각하고 그 갈매기를 자신의 머리 속에 '새 중에는 갈매기도 있다'라는 생각을 만들 경우 이는 동화가 된다.

반면에 그 사람이 날아다니는 것은 모두 '새'라는 생각을 하고 있었는데 '비행기를 처음 본 경우' 그는 처음에는 비행기를 새로 생각하였으나 새로운 정보를 통하여 날아다닌다고 하여 모두 새가 아님을 알고 '날아다니는 것 중 비행기는 새가 아니다'라는 사실을 알게 된다. 즉, 현재 자신이 지니고 있던 생각체계(스키마)를 수정해서 새로운 정보를 자신의 생각체계(스키마; schema)를 수정하게 된다. 이 과정을 적응이라고 한다.

이와 같은 동화와 적응은 상호 보완적인 형태로 동시에 일어난다. 즉, 어떤 사람이 어떤 행동을 하고자 할 때 그 사람은 이미 알고 있는 지식을 적용시켜 보고자하는 동화과정과, 무엇인가 새로운 방법을 획득하여 자기 생각을 변화시키는 조정과정이 동시에 일어나는 것이다.

피아제에 의하면 인간은 자신의 심리구조를 일관성 있게 그리고 안정되게 유지시키려는 경향 즉, 평형상태(equilibration)를 유지하려는 경향이 있다고 한다. 즉 사람은 자신의 생각을 안정적적으로 유지시키고자 하는 것이다.

그래서 사람의 행동은 쉽게 다른 정보에 동화될 수 없고, 조정할 수 없게 된다. 그러나 사람은 새로운 정보가 들어온 경우 동화와 조정과정을 통하여 새로운 행동법을 배우게 되는데 이때 평형상태를 잃게 된다(disequilibration). 그러면 사람은 이 평형을 유지하기 위하여 다시 동화와 적응을 하게 되고 다시 평형을 유지하게 되면 이제 이전보다는 보다 높은 차원(보다 발달한)의 생각체계(스키마)가 형성된다. 이 과정이 평형화의 원리인데 피아제는 이런 평형화(equilibration)의 원리를 인지발달의 주요 원리로 보고 있다.

3. 인지발달단계

피아제(Piaget)는 인지발달단계에는 4단계 즉, 감각운동기(sensorimotor period), 전조작기(pre-operational period), 구체적 조작기(concrete operational period), 공식적 조작기(formal operational period)가 있다고 하였다. 이를 설명하면 아래와 같다.

표 5.8 인지발달단계

단계	나이	설 명	프로이트와 비교
감각운동기	2세까지	물체를 만져 조작하거나 시행착오법에 의하여 문제해결 또는 지식 습득.	구강기 항문기
전조작기	5-7세	외부세계에 대한 내적 표상 방식을 통한 문제해결.	남근기
구체적 조작기	7-12세	구체적인 문제를 해결하기 위하여 직관으로 해결하기보다는 논리를 사용함.	잠복기
공식적 조작기	12세 이후	추상적인 문제를 해결하기 위하여 논리를 사용.	생식기

1) 감각운동기

첫 번째 발달단계는 감각운동기(sensorimotor period)이다. 이는 약 2세까지 해당한다. 이 단계에 아동은 물체를 만져 조작하거나 시행착오법(施行錯誤法)에 의하여 문제를 해결하거나 지식을 습득 하게 된다. 이 단계에서 아동이 주로 배우는 것은 인과관계, 감각 운동 스키마 발달, 사물 불변성 개념(사물은 인간의 인식과 독립하여 언제나 존재한다는 것) 등을 깨닫는다.

2) 전조작기

두 번째 발달단계는 전 조작기(pre-operational period)이다. 이는 약 5-7세까지이다. 이 단계가 되면 아동은 감각운동기에 사용하던 감각운동스키마에 의한 문제해결에서 외부세계에 대한 내적 표상 방식을 통한 문제해결로 이동한다. 예를 들면, 점차 복잡한 언어사용, 거짓말 또는 상징놀이, 외형과 실체간의 구별능력, 다른 사람이 무슨 생각을 하고 있는가를 추론할 수 있는 능력 등이 생긴다. 다른 사람이 무슨 생각을 하고 있는가를 추론하는 능력을 마음이론(theory of mind)이라고 하는데, 자폐성 장애아동이 전형적으로 이 부분에 결함을 보인다. 전 조작기에 아동은 일반적인 것으로부터 특정 사안으로 추리해나가는 방식보다는 하나의 특정사항을 서로 연계하여 추리하는 직관적인 추리방식을 사용한다. 예를 들어, 전 조작기 아동은 '12시니 점심시간이구나!'라고 생각하기보다는 '내가 배가 고프니 점심시간이구나!'라고 추리한다. 전 조작기 아동은 문제를 해결하는데 있어, 기억하고 있는 것을 통하여 문제를 해결하기보다는 자기가 지각하고 있는 정도로 문제를 해결하려한다.

전 조작기의 주요 한계는 다른 사람의 의견을 시각적으로 파악하지 못하고, 한 번 한 말을 일관성 있게 다시 말하기 어려우며(egocentric speech; 자기중심적인 언어구사), 무생물도 생각할 수 있고 사람처럼 느낄 수 있다는 신념(belief)을 가지며, 일정시간에 어떤 문제에 집중할 수 있는 능력이 떨어진다. 예를 들어, 만일 작고 넓은 유리컵에서 높고 좁은 유리컵으로 액체를 옮길 경우, 전 조작기 아동은 좁은 유리컵의 넓이를 생각하지 못하고 높이가 같기 때문에 높고 좁은 유리컵 액체가 더 많이 있다고 생각한다. 피아제는 두 개 차원을 동시에 생각하는 능력을 량의 보존이라고 하였다. 이 량의 보존은 구체적 조작기(concrete operational period)에 중요한 항목이다.

3) 구체적 조작기

세 번째 발달단계는 구체적 조작기(concrete operational period)이다. 이 시기는 5-7세부터 약 12세까지이다. 이 기간 중 아동은 사물을 분류하고, 사물을 연속으로 배열하며, 규칙중심의 게임을 하고, 떨어져 있는 다른 사람의 생각을 이해하며, 4칙 연산을 사용하여 숫자를 다루게 된다. 이와 같은 능력은 구체적인 문제를 해결하기 위하여 직관으로 해결하기보다는 논리를 사용함을 의미한다.

4) 공식적 조작기

마지막으로 네 번째 발달단계는 공식적 조작기(formal operational period)이다.

약 12세가 되면 아동은 추상적인 문제를 해결하기 위하여 논리를 사용한다. 즉, 아동은 무엇이 진실인가에 대한 가설을 세우고 그것을 검증할 수 있게 된다. 이 단계에 도달한 청소년은 여행을 계획할 때 속도와 거리와 같은 두 가지 논리적 부류를 다룰 수 있다. 그리고 이 시기에 시간 관련 변화들을 계획할 수 있어, 10년이 지나면, 자신과 부모와의 관계가 달라질 것이라는 것을 알게 된다. 또 행동 결과 역시 예측이 가능하여, 특정 학습과정에 관련한 직업옵션도 예측할 수 있다. 이시기 청소년은 부모가 약속하고 이를 이행하지 않는 즉, 논리적으로 일관성이 있고 없는 것을 알아차릴 수 있다.

공식적 조작기의 마지막은 상대적 사고력이다. 이 시기 10대는 자신의 행동과 부모의 행동이 상황요인에 의하여 영향을 받는다는 점을 알게 된다. 그러나 공식적 조작기에 해당하는 아동에게도 한계는 존재한다. 즉, 취학 전 아동이 다른 사람의 생각을 제대로 알 수 없는 것과 마찬가지로, 청소년도 다른 사람이 자신과 다른 생각을 가질 수 있음을 제대로 알지 못한다. 그런데 이와 같은 자기중심주의적인 인지갈등과 모순을 해결하는 능력은 청소년 당사자 능력에 따라 다르게 나타난다.

공식적 조작기의 이와 같은 한계성은 피아제 발달단계 4단계이후 인지발달 마지막 단계에 극복된다. 즉, 논리적인 추리, 실제적이고 윤리적인 고찰, 해결할 수 없는 문제를 해결할 수 있는 문제로 재구축하는 능력, 그리고 애매한 상황을 참는 능력 등은 성인기 초기에 생겨난다.

4. 마음이론

최근 행동주의(behaviorism)에서 인지주의(cognitivism)로의 학문적 패러다임이동과 함께 아동자신과 타인의 정신상태를 이해하는 문제가 상당한 관심을 끌고 있다. 이 분야의 연구에서는 주로 마음이론(theory of mind)이란 용어로 사용하고 있다. 마음이론이란 용어를 최초로 사용한 학자는 Premack과 Woodruff(1978)인데 이들은 이 용어를 타인의 의도, 생각, 느낌 등을 알고 타인의 행동을 예측하는 능력의 의미로 사용하였다.

마음이론은 행동을 예측하고 설명하기 위하여 자신과 타인의 정신 상태를 알아내는 능력 즉, 자기 자신과 다른 사람에게 정신상태를 이해하고 추론할 수 있는 능력인데, 인지이론(cognitive theory)에서는 자폐성 장애아동의 사회적 결함, 의사소통 결함 및 가장놀이(pretend play)의 결함의 원인을 마음이론의 결손으로 보고 있다. 예를 들어, 속임수를 쓸 수 있다는 것은 마음이론(theory of mind)이 존재한다는 것을 의미한다. 즉, 속임수를 융통성 있게 사용한다는 것은 상당한 적응능력일 뿐만 아니라, 속이기 위한 전략 가운데 속고 있는 사람의 잘못된 생각에 대한 정신상태 개념이 반영되어야 하기 때문이다(방명애, 2000).

자폐성장애가 마음의 특성을 이해하는 능력에 결함이 있다는 사실은 그들의 행동에서 추론할 수도 있으나 많은 실험 연구에서도 입증되고 있으며, 이는 거짓 신념(false belief), 지식(knowledge), 지각(perception), 바람(desire)과 정서(emotion) 등 여러 마음상태에 대한 연구들이 이루어 졌다(김혜리, 1998).

마음이론을 평가하는 전형적인 방법이 거짓 신념 과제(false belief task)인데(Wimmer & Perner, 1983), 이 과제는 타인이 처한 상황에 대한 이해 바탕에서 다른 사람의 행동을 예측하는 능력을 알아본다. 마음이론에서는 자폐성 장애아동이 비밀을 유지하거나 다른 사람의 주의를 사물에 끌기와 같은 타인의 정신상태를 보여주는 사회적 행동에서 결함을 보이지만 타인으로부터 사물을 얻어내기 등과 같은 원시 학습(rote learning)에 관련한 사회적 행동에서는 결함이 없다는 점을 강조한다(Carr, 1999).

연구에 의하면 4세 이상의 아동은 마음이론을 이해하였으나 3세 아동의 경우는 마음이론을 제대로 이해하지 못하였다. 즉, 마음이론은 4세 이후에 발달한다고 볼 수 있다(Perner et al., 2002).

5. 중앙응집 이론

중앙응집(central coherence)이란 다양한 정보를 모아서 맥락 내에서 보다 상위의 의미를 구성하려는 경향이다(서경희, 2001). 중앙응집은 전체보다는 지엽적인 부분만 정보 처리하는 경향과 낱낱의 정보를 통합하여 의미를 구성하지 못하고 단편적인 정보만 처리하는 경향을 모두 포함한다(Teunisse et al., 2001).

따라서 인지이론에서는 아동의 정서적인 문제가 직접적인 손상에 의한 것이라기보다는 인지스타일에 의한 것이라고 본다. 예를 들어 자폐아는 환경에 의미를 부여하고 의미 있는 환경을 받아들이는데 있어 방대하고 복잡한 정보를 처리하는데 어려움을 가지고 있기 때문에 세상을 느끼지 못한다는 것이다. 그래서 그들은 상관없는 일에 사로잡히고 이에 몰두하게 된다는 것이다.

일부 정서장애아동은 사물을 보는데 있어 전체를 보기보다는 부분에 집착한다. 결국 그들은 나무를 보고 숲을 보지 못하는 것이다. 그래서 그들은 정보를 상황으로보다는 정보 조각들로 처리한다. 즉 정보처리 투입관리 접근방식이 하향식 접근(top down approach)이 아니라 상향식 접근(bottom up approach)방식을 취하는 것이다(Carr, 1999).

이와 같은 중앙응집이론은 자폐성 장애아동의 마음 작동을 설명하는 좋은 시도이다. 물론 이 이론이 자폐성 장애아동의 모든 것을 설명할 수는 없으나 인지심리에서 관련 있는 모든 연구들을 통합할 경우 이와 같은 복잡한 자폐성 장애아동의 원인 규명문제들을 해결할 수 있는 프레임 워크(frame work)를 향후 제공할 수 있을 것이다.

6. 실행기능 이론

실행기능은 인간이 전반적인 행동수립을 하는데 필요한 의사결정과정(decision making process)에 관한 능력이다. 그래서 이는 자극 또는 예측 가능한 자극에 대하여 인간이 이를 억제하고 연속화시키며 유연한 행동을 계획하는 과정에 해당한다(Goldman-Rakic, 1987). 즉, 실행기능이란 계획, 조직화, 목표선택, 유연성, 자기규제, 억제, 현상유지 등과 같은 인간의 광범위한 능력을 포괄하는 것인데, 일반적으로 사람들은 실행을 함에 있어 목표지향적이고 미래지향적인 모습을 보이나, 자폐아의 경우 1) 계획, 2) 충동억제, 3) 반응하고는 싶지만 반응을 억제함, 4) 현상유지, 5) 조직화된 탐색, 6) 유연한 사고와 행동, 7) 외부통제로 관여를 참는 능력, 8) 사고모델이나 내적 표상에 의한 행동인도 능력 등에서 결함을 보인다(Hughes, 1996).

그런데 Jacques와 Zelazo(2001)는 일반아동을 대상으로 한 실행기능 검사에서 2세 아동은 기본적인 과제 요구에 대한 이해를 하지 못하였고, 3세 아동은 약간 이해하였으며, 4-5세 아동은 거의 완벽하게 수행하였다. 이 결과로 볼 때, 실행기능은 4-5세가 되어야 가능하다는 점을 시사해 주고 있다. 이와 같은 결과는 Andrews(1997)의 연구 결과에서도 유사하게 나타났다.

제 6 절 생태학적 이론

1. 의의

앞서 언급한 바와 같이 사람이 행동하는 이유를 설명하는 학자들의 주장은 그 이론마다 매우 다르고 복잡하다. 따라서 독자는 이들 이론적인 주장을 마치 장님 코끼리 만지는 듯한 이론으로 봄이 마땅할 것이다. 이들 이론 각자는 나름대로의 근거가 있고 장점과 맹점을 동시에 지니고 있다. 따라서 한 가지 이론만이 옳고 다른 이론은 잘못되었다는 생각보다는 각자의 이론이 일부는 타당한 측면이 있기도 하고 일부 측면은 그렇지 못한 측면이 있다고 보는 것이 합당할 것이다.

즉, 독자는 한번도 코끼리를 만져보지 못한 시각장애인이 코끼리 모습을 상상해 낸 앞서의 언급처럼 이들 이론을 종합적으로 정리하다 보면 사람이 행동하는 이유를 어느 정도 이해할 수 있을 것이라고 믿는다.

따라서 사람이 행동하는 이유를 한 가지 이론만으로 설명하지 않고 통합적으로 행동원인을 파악할 필요가 있을 것이다. 이와 같은 통합구조에 의하여 인간행동을 이해하고자 하는 시각이 바로 통합이론(統合理論)이고 이 이론에 근거한 이론을 생태학적 이론(ecological theory)이라고 한다.

사람은 자신이 속한 환경을 통해서 세상을 경험하고 학습하게 되며, 자신이 경험하고 학습한 것에 대해 자기 내면세계를 정립하게 된다. 이러한 과정을 통해 외부 환경에 대한 적절한 대처능력을 성립하게 되고 성립된 대처 능력을 바탕으로 상황에 따라 자신의 삶에 유리하도록 환경을 변화시킬 수 있다(최은영, 2002).

2. 생태학적 시스템

생태학적 이론(ecological theory)에서는 사람이 보이는 행동의 원인을 앞서 언급한 인간행동이론 모두를 통합적인 관점에서 바라보고 통합적으로 이해하고자 하는 것이다. 이와 같은 통합이론(integration theory)은 일견 매우 타당한 것으로 보인다. 왜냐하면 사람의 행동문제를 단편적으로 보는 것이 아니라 종합적으로 보기 때문이다. 그러나 통합적 시각으로 인간의 행동을 바라본다는 것이 그 실천에서는 매우 어렵다. 자칫 통합적 시각을 통하여 사람의 행동을 바라보다가 아주 엉뚱한 결과를 초래할 수도 있기 때문이다.

따라서 생태학적 이론에 의한 접근으로 인간행동을 이해하고자 할 때에는 체계적인 접근을 통하여 여러 가지 이론을 종합하여 근거 있는 사정-중재모형(assessment-intervention model)을 만들어야 한다(Shea & Bauer 1987). 이를 위하여 생태학적 이론에서는 한 사람의 생태를 시스템으로 종합하여 보는데 이들 생태학적 요인에는 내부시스템(ontogenic), 소 시스템(micro system), 중간시스템(meso system), 외부시스템(exo system), 대 시스템(macro system) 등이 있다(Shea & Bauer, 1994). 이들을 설명하면 아래와 같다.

표 5.9 생태학적 시스템

시스템	설 명
내부시스템	한 사람 내부에 관련한 시스템.
소 시스템	사람개인의 내부시스템(ontogenic)이 타인과 상호작용하면서 발생하는 내부 심리상태.
중간시스템	집단별로 생활하면서 실제로 활동하는 상호작용 상태.
외부시스템	소 시스템과 중간시스템이 포함된 보다 큰 사회적 시스템.
대 시스템	사람이 활동 하는 사회조직의 일반적 인식과 같은 문화적 신념과 가치.

1) 내부 시스템

내부 시스템(ontogenic)은 한 사람 내부에 관련한 시스템으로서 정신역동이론(psychodynamic theory)과 생물학적 이론(biophysical theory)과 밀접한 관련이 있다. 즉, 한 사람 개인의 정신세계와 신체적 능력을 의미한다. 이를 우리는 성격, 능력, 자질 등으로 표현하기도 한다. 생태학적 이론으로 볼 때 면 사람들은 누구나 외부환경과 상호작용(interaction)하기 위한 자신의 내부세계를 가지고 있다. 그리고 생물학적 신체 특성을 지니고 있다. 이와 같은 특성은 사람 개개인이 지닌 독특한 개인을 형성한다. 이 내부 시스템에서의 요인들은 지능, 기술능력, 학습능력 등이다.

2) 소 시스템

소 시스템(microsystem)은 사람개인의 내부시스템(ontogenic)이 타인과 상호작용하면서 발생하는 내부 심리상태이다. 예를 들어 학교교실에서 아동이 다른 아동과 대화를 한다거나 간단한 장난행동을 할 때 나타나는 상태와 능력을 모두 의미한다. 이와 같은 소 시스템(microsystem)은 한사람이 다른 사람을 이해하는 능력과 관련이 있다. 예를 들어 이와 같은 소 시스템에서 다른 사람과 교류할 때 그 사람의 말을 오해한다거나 과잉믿음을 보일 때에는 소 시스템의 이상으로 볼 수 있을 것이다. 이 소 시스템은 당연히 이후 설명할 중간시스템과 외부시스템, 대 시스템과 밀접하게 관련이 있다.

이 소 시스템에서 또래관계나 대인관계 형성 등의 활동이 일어난다. 즉, 이 소 시스템은 한 사람의 내부시스템과 다른 한사람의 내부시스템 간 상호작용이다.

3) 중간시스템

중간시스템(meso system)은 아동이 집단별로 생활하면서 실제로 활동하는 상호작용 상태와 관련이 있다. 중간시스템의 예는 소 시스템에서 조금 확대된 학교, 가정, 동아리, 공공사회 속에서 상호작용(interaction)하는 것으로 볼 수 있다. 아동의 경우 적절한 또래관계가 중요한데 중간시스템은 소 시스템과 외부시스템을 연결하는 통로가 된다.

예를 들어 아동은 학교나 동아리 활동을 통하여 사회를 익히고 지식을 습득할 수 있어 아동은 이 활동에 적극적으로 즐기면서 활동하려는 행동을 할 것이다. 그러나 어떤 이유에서든지 이 중간 시스템에서의 활동이 부진하거나 부적절할 경우 이는 이 활동에 대하여 다른 생각을 가지고 행동하는 것으로 유추할 수 있다.

중간시스템은 결국 한 사람의 내부시스템과 다수의 다른 사람 집단간의 상호작용이다.

4) 외부시스템

외부시스템(exo system)은 소 시스템과 중간시스템이 포함된 보다 큰 사회적 시스템으로 설명될 수 있다. 예를 들면 법률, 학칙, 동아리 일원으로서의 규약 등이다. 이와 같은 외부시스템은 그 구조가 공식적(formal)이든 비공식적(informal)이든 상관없다.

이와 같은 외부 시스템은 중간시스템이나 소 시스템에 영향을 미치는데 보다 정확히 설명하면 이와 같은 외부시스템을 고려하여 사람들은 소 시스템이나 중간시스템 행동을 하게 된다.

예를 들어 한 사람이 생활하면서 규칙에 따르지 않으면 처벌을 받는다거나 회비를 내지 않으면 동아리 활동에서 제지를 당한다는 규정이 있는 경우 이 사람의 행동은 그 규정이나 규칙에 따르고자 하는 행동을 보일 것이다.

또 외부시스템은 다른 사람의 내부시스템으로 볼 수 있다. 즉, 다른 사람이 생각하는 방식과 행동방식은 자기 자신 시스템 밖의 시스템이나 이 시스템은 한사람의 행동에 중요한 영향을 미친다. 예를 들어 부모님의 직업 환경은 자신의 시스템과는 상관이 없으나 중대한 영향을 미친다.

5) 대 시스템

대 시스템(macro system)은 사람이 활동 하는 사회조직의 일반적 인식과 같은 문화적 신념(belief)과 가치(value)를 의미한다. 이 대 시스템에 대한 신념과 가치, 태도 등은 사람의 행동에 직간접적으로 영향을 미친다. 특히 아동의 경우 교육방식, 교사태도, 특수교육방법, 장애아동(障碍兒童) 등에 대한 사회적 인식에 따라서 아동의 행동은 매우 다르게 나타날 것이다. 예를 들어 어린 아동이 장애인을 돕거나 타인에게 해를 입히지 않는다는 문화적 가치를 지닌 사회에서 교육을 받은 경우 이 아동의 행동은 장애인에 대한 편견(偏見; prejudice)을 지금보다는 덜 지니게 될 것이고 이후 초등학교나 중학교에 입학한 경우에 타인을 괴롭히는 행동 즉, 집단따돌림에 대해 부정적인 생각을 가지게 될 것이다.

제 6 장

아동과 발달

제 1 절 아동의 기질

아동의 정신건강과 관련이 깊은 것으로서 아동기질이 있다. 이는 성인기까지 정신건강에 중요한 영향을 미친다. 그 이유는 기질적 특성으로 타인과의 상호작용방식이 다르고 대인관계에서도 문제를 보일 수 있기 때문이다. 정신건강에 영향을 미치는 아동기질은 힘든 기질이다.

아동 기질은 세 가지 유형 즉, 쉬운 기질, 힘든 기질, 느린 기질로 구분된다 (Chess & Thomas, 1995).

표 6.1 아동의 기질 타입

타 입	설 명
쉬운기질	· 전체 아동의 약 40%가 이에 해당. · 섭식, 배설, 수면 등에서 규칙적인 습관을 보임. · 새로운 상황을 만나면 새로운 상황에 적응하고자 노력하여 쉽게 적응함.
힘든기질	· 전체 아동의 약 10%가 이에 해당. · 섭식, 배설, 수면 등에서 규칙적인 습관을 보이지 못함. · 새로운 상황을 만나면 회피하는 경향이 있고, 자신이 당면한 변화에 강하게 저항하는 정서를 보임.
느린기질	· 전체아동의 약 15% 정도가 이에 해당 · 쉬운 기질 아동과 힘든 기질 아동의 중간 수준 정도 · 새로운 상황에 약간 부정적인 정서반응을 보이나 새로운 상황에 여러 차례 접촉하게 되면 비교적 적응. · 섭식, 배설, 수면 등에서 중간수준의 습관을 보임.

1. 쉬운 기질

첫째로 쉬운 기질아동(Easy-temperature children)은 전체 아동의 약 40%가 이에 해당하는데 섭식, 배설, 수면 등에서 규칙적인 습관을 보인다. 그리고 새로운 상황을 만나면 새로운 상황에 적응하고자 노력하여 쉽게 적응한다.

또한 이들은 상황에 맞는 반응을 보인다. 쉬운 기질 아동은 주위에 있는 지지 네트워크를 구성하기 위하여 성인이나 또래들에게 주의를 끌고자 한다. 따라서 쉬운 기질 아동은 자신을 포함한 모든 환경에 대하여 긍정적인 대처 양상을 보여 이후에도 좋은 관계를 유지한다.

2. 힘든 기질

둘째로 힘든 기질 아동(Difficult-temperature children)은 전체 아동의 약 10%가 이에 해당하는데 섭식, 배설, 수면 등에서 규칙적인 습관을 보이지 못한다. 그리고 이들은 새로운 상황을 만나면 회피하는 경향이 있고, 자신이 당면한 변화에 강하게 저항하는 정서를 보인다.

이와 같은 기질적 특성으로 인하여 힘든 기질 아동은 자라서도 정신건강에 긍정적이지 못한 영향을 미칠 수 있다. 즉, 심리장애로 발전될 가능성이 있다.

다른 기질 아동과 비교하여 볼 때 힘든 기질 아동은 자라면서 부모, 또래, 교사와 많은 갈등을 보이기도 한다. 즉, 아동의 힘든 기질로 인하여 부모와 아동간 관계가 원만하지 못함으로써 부모에게 부정적인 반응을 보이기도 하고, 청소년기에 탈선행동을 보이기도 하고, 또래그룹에서도 탈선한 또래들을 선택하여 품행문제와 조정문제도 일으킨다.

그런데 힘든 기질 아동이 모두 정신건강에 문제를 유발하는 것은 아니다. 힘든 기질 아동의 예후를 볼 때 부모가 보다 적극적이고 인내심 있게 대응할 경우 자라서도 아무런 문제없이 좋은 조정을 보였다.

따라서 힘든 기질 아동을 둔 부모는 어린 유아시절 쉬운 기질 아동 부모보다 더 인내심 있고 아동욕구에 보다 잘 반응하여 주는 양육태도를 지녀야 할 것이다.

3. 느린 기질

셋째로 느린 기질아동(slow to warm up children)은 전체아동의 약 15% 정도가 이에 해당하는데 쉬운 기질 아동과 힘든 기질 아동의 중간 수준 정도에 해당한다. 이들은 새로운 상황에 약간 부정적인 정서반응을 보이나 새로운 상황에 여러 차례 접촉하게 되면 비교적 적응을 잘 하게 된다. 그리고 섭식, 배설, 수면 등에서 중간수준의 규칙습관을 보인다.

느린 기질 아동의 예후는 쉬운 기질아동과 힘든 기질아동의 중간정도이다. 따라서 느린 기질 아동 부모의 경우도 아동의 정신건강을 위하여 보다 세심한 양육태도를 가져야 할 것이다.

마지막으로 위에서 언급한 세 가지 유형 외에도 전체아동의 약 35% 정도는 어떤 유형에도 해당하지 않았다. 따라서 아동기질 유형분류는 전체 아동의 약 65%는 설명할 수 있겠으나 35%는 기질유형 구분이 곤란하다.

한편 Kagan(1989)은 아동의 기질을 억압적인 기질(inhibited temperament)아동과 억압적이지 않은 기질(uninhibited temperament)아동으로 구분하였다. 억압적인 기질 아동은 전체아동의 약 15%가 이에 해당하는데 이들은 부끄럼을 잘 타고, 소심하며, 새로운 상황에 위축이 된다.

그런데 억압적인 기질 아동부모를 살펴볼 때 억압적이지 않은 부모와 비교하여 억압적인 아동 부모가 더 불안장애(anxiety disorders)나 무드장애(mood disorders)를 보이고 있는 부모가 많아 부모-아동간 관계가 자녀의 정신건강에 영향을 미침을 보여주었다.

제 2 절 신체발달

1. 영유아신체발달

출생 시 유아는 냄새, 단맛, 신맛, 짠맛 등을 구별할 수 있다. 출생을 앞둔 영아는 촉각자극에 반응하고, 어머니 목소리를 인지한다. 또한 듣기 기술도 태어날 때 이미 가지고 있다.

생후 첫 주면 유아는 이미 발에 닿는 사물에 초점을 둘 수 있으며, 어두운 것과 밝은 것 간 대비에 특히 흥미를 보인다. 약 3개월이 되면, 아기는 주변 사물을 보는 능력과 깊이 인식 그리고 얼굴에 대하여 관심을 보이는 능력이 발달한다.

시각 활동은 보통 생후 12개월경에 충분히 발달한다. 감각자극은 신경시스템 발달에 중요한데 이 발달이 불충분하면 정상적인 신경 감각 발달을 저해할 수 있다. 예를 들어, 사시(斜視)아동은 양 시각 발달을 제대로 할 수 없다.

운동(motor)발달은 운동과 자세발달로 정의하기도 하고, 이해와 조작기술로 정의하기도 한다. 전자는 몸통, 팔, 다리 움직임에 초점을 두며, 후자는 사물을 조작하기 위하여 손을 움직이는 측면에 초점을 둔다.

표 6.2 운동과 감각기술의 발달

나이	운동과 감각기술
0개월	· 엎드려 누워 있을 때 한쪽 면으로 머리를 돌린다. · 엎드려 있을 때 다리로 기는 움직임을 한다. · 9인치 떨어진 사물에 초점을 둘 수 있다. · 어머니의 목소리를 구별할 수 있다. · 단맛, 신맛, 짠 맛을 느낄 수 있다.
3개월	· 기대선다. 엎드려 누웠을 때, 머리와 어깨를 민다. · 두 손으로 장난감을 잡고 가지러 간다.
6개월	· 도움 없이 잠시 선다. · 등 쪽에서 배 쪽으로 구를 수 있다. · 한손에서 다른 손으로 장난감을 이동시킬 수 있다.
9개월	· 가구를 잡고 걷는다. 긴다. 홀로 선다. · 엄지와 검지로 단추를 잡는다.
12개월	· 도움 없이 걷는다. · 모든 것에 관심을 가진다. · 크레용을 잡아 뭔가를 표시 낸다.
18개월	· 계단을 오른다. · 박스에 공을 던진다. · 블록 3개로 탑을 쌓는다.
24개월	. 달린다. 뒤로 걷는다. . 사각 구멍에 사각 장난감을 넣는다. . 블록 6개로 탑을 쌓는다.
3세	· 5초간 한쪽다리로 설 수 있다. · 세발자전거 페달을 돌린다. · 원을 그린다.
4세	· 한쪽 다리로 뛴다. · 옷 단추를 뀐다. · 사각형을 그린다.
5세	· 양발 뛰기를 한다. · 운동화 끈을 맨다. · 삼각형을 그린다.
6세	· 마름모꼴을 그린다.
7세	· 던지기, 자전거 타기 등의 새로운 기술을 배울 수 있다.

출처: Illingworth(1966)

표 6.2는 운동발달을 예시한 것이다. 운동 발달은 몸통에서 사지방향(proximo-distal)으로 발달해 가고, 머리에서 꼬리방향(cephalocaudal)으로 발달해 간다. 그

래서 유아는 손가락을 움직이기 전에 팔을 먼저 움직이는 법을 먼저 배우고, 다리를 움직이기 전에, 머리를 먼저 움직이는 법을 배운다.

운동발달이 충족되면 아동은 운동력과 조작기술간 협응력이 증가하게 된다. 이는 스포츠에 필요한 능력인데 아동기에 운동기술이 잘 발달하면, 성취감, 자존감, 자기효능감을 높이게 된다고 한다.

2. 사춘기 이후 신체발달

신체 발달은 머리에서 꼬리방향으로 발달한 후, 각기 다른 비율로 발달한다. 가장 먼저 머리와 두뇌가 발달하고 사지는 이후 발달한다. 태어나서 사춘기이전까지 성장률은 느린 편이나 사춘기에 빠르게 성장하고 사춘기 말에 성장이 멈춘다. 사춘기 남녀간의 성장률을 비교하면 사춘기 중 여자는 남자보다 성장이 1-2년 빠르다. 남자는 사춘기 중에 키, 근육, 어깨 넓이 등이 발달하고, 여자는 전반적으로 살이 찌고, 엉덩이가 남자보다 커진다.

사춘기 청소년은 1차 성징(性徵)(여자에게는 월경, 남자에게는 사정)과 2차 성징(性徵)(윤기 있는 머리, 가슴, 목소리변화)이 나타난다.

연구에 따르면, 1차 성징이 나타나는 시기는 미국남녀의 경우 12-14세경이다. 사춘기에 관한 연구에서, Alsaker(1996)는 청소년기 호르몬변화가 남녀에 영향을 미쳐, 남성호르몬인 테스토스테론(testosterone)이 증가하면, 남성 특성을 보이게 되고 여자의 경우 여성호르몬인 에스토르겐(estrogen)이 증가하면, 긍정적인 무드와 활동이 증가하고, 낮은 수준이 되면, 기분이 불쾌해진다고 하였다. 청소년기 신체적 변화는 주로 키와 몸무게에 나타난다.

3. 신체발달과 적응문제

그런데 이는 청소년의 신체-이미지 만족에 영향을 미친다. 보통 키가 작은 남아와 몸무게가 많이 나가는 여아는 신체이미지에 대한 불만을 가지게 되는 반면에 키가 큰 남아와 날씬한 여아는 자신의 신체이미지에 만족을 보인다. 조숙(早熟)한 남아는 그렇지 않은 남아에 비하여 자기 신체에 대하여 더 만족하고 더 매력적이라고 느낀다.

그러나 조숙한 여아는 신체에 대하여 불만을 갖는다. 왜냐하면 성숙한 것이 체중과 관련이 있기 때문이다(조숙한 사춘기 소년소녀는 10-20% 정도이다). 조숙한 여아는 그렇지 않은 여아보다 품행문제를 더 많이 일으키는데, 이는 나이 먹은 이성 탈선또래 네트워크와 관여하기 때문이다. 장기적으로 보면, 이들 품행문제는 점차 줄어든다. 그러나 조숙한 여아의 경우 그렇지 않은 여아보다 교육을 받지 못하는 등의 형태로 후유증을 낳을 수 있다. 조숙한 여아는 또한 같은 또래의 여아보다 이성애(heterosexual)행동을 더 많이 보일 수 있다. 그러나 조숙한 남아는 이와 같은 성적행동을 많이 나타내지 않는다.

청소년은 보통 외모에 대하여 관심이 많은데, 이로 인하여 전형적으로 발생하는 문제는 신경성 거식과 이상식욕이다. 청소년기에 이와 같은 섭식장애 출현율은 3-4% 정도다.

4. 신체발달 영향요인

유전은 신체발달에 가장 중요한 역할을 담당하는 것이 사실이나 환경요인 역시 중요한 역할을 담당한다. 특히 직접적인 요인으로 영양상태, 질병, 외상, 그리고 간접적인 요인으로 사회경제적 상태 등 요인은 신체발달에 크게 영향을 미친다. 예를 들어 100년 전에는 사춘기 평균 나이가 현재보다 약 5년 정도 늦었다. 이와 같은 변화는 아마도 영양, 건강위생, 생활조건 변화에 의한 것으로 보인다.

여아의 경우 활발하게 운동하고 다이어트를 할 경우 사춘기가 늦어진다. 이와 같은 특성은 다이어트 하는 여아에게서도 나타난다. 사춘기 소년소녀는 빠르게 근육과 뼈가 성장하고, 에너지 소비량이 많기 때문에, 고 단백질과 고 미네랄이 함유된 섭식 법이 가장 좋다.

제 3 절 아동지능발달

1. 지능지수

인간의 정신능력을 측정하기 위한 지능검사는 20세기 초 비네(Binet)로부터 시작되었다. 비네가 아동의 정신 능력을 평가하게 된 동기는 아동의 능력을 평가하여, 아동을 능력에 맞는 교육세팅에 두고자 한 데 있었다. 비네는 일련의 퍼즐과 과제를 고안하여, 나이별로 추출한 아동표집에게 실험한 후, 나이에 따라 50% 아동이 달성할 수 있는 과제수준이 어느 정도인가를 결정하고, 이를 가지고 정신연령(mental age)을 정하여 어떤 아동이 어느 수준에 해당하는가를 정하였다.

이후 윌리엄 스턴(William Stern)은 비네의 정신능력 평가방법을 중심으로 생활연령과 정신연령의 비를 구하는 방식으로 지능지수 색인 표를 만들었다. 그의 생각은 비록 한 아동의 생활연령이 10세라 하더라도 5세 정신연령인 경우, 5세 정신연령과 생활연령인 아동 교육세팅에 배정하여야 한다는 것이었다. 이와 같은 색인표가 바로 지능지수(Intelligence Quotient; IQ)인데 이는 다음과 같은 공식으로 산출된다.

지능지수 = (정신연령/생활연령) × 100

이 지능지수는 아동의 경우, 매우 유용성이 입증되었으나 18세 이상 성인의 경우, 나이가 들어감에 따라 점차 낮은 IQ를 보이는 문제점이 있었다. 그래서 웩슬러(Wechsler)는 IQ표준편차를 이용하여 이 문제를 해결하고자 하였다. 그는 각 나이 집단에 대하여 표준샘플 평균값을 IQ 100으로 정하고, 평균에서 1 표준편차(IQ 15점) 높게 나타나는 점수에 대해서는 IQ 115를 부여하였다. 그리고 평균에서 1 표준편차(IQ 15점)낮게 나타나는 점수에 대해서는 IQ 85를 부여하였다.

오늘날 이와 같은 원리에 따른 스탠포드 비네 지능검사(Stanford-Binet Intelligence Test)와 취학 전 아동을 위한 웩슬러 지능척도는 성인과 아동 공히 세계에서 가장 폭넓게 사용되는 측정법으로, 과거 80년 이상 상당히 많은 수정과 재표준화과정을 거쳐, 아직도 특정 또는 전반적 학습문제를 사정하는데, 그리고 1세기 전에 비네가 겪었던 것과 유사한 문제(적절한 교육세팅고민)해결을 위하여, 보편적으로 사용되고 있다.

2. 다중지능

Gardner(1983)는 기본의 지능지수 검사방식이 암기력과 같은 단일 요인만을 보고 있다는 문제점, 지능지수 측정 상 지필방식에 의한 문제점, 지능지수와 유전성간의 관련성을 지나치게 강조하는 문제점 등을 거론하면서 기존의 지능지수로 설명할 수 없는 정신지체나 자폐성 장애인의 백치천재성 등을 설명할 수 있는 다중지능이론을 제시하게 되었다. 이는 아래와 같다. 이와 같은 다중지능론을 살펴보면 일종의 지능이라기보다는 한 개인이 지닌 특기라고 볼 수 있다.

표 6.3 다중기능이론

지 능	내 용
논리적 수학적 지능	수학, 과학, 논리 분야의 천재들에게서 발견되는 능력으로 수리적, 논리적 사고와 관련된 재능이다.
언어지능	어휘에 대한 소리, 리듬, 의미, 그리고 언어의 여러 가지 기능을 민감하게 파악하는 능력.
음악지능	음악적인 소질이 있어서 절대음감을 익히는 능력이나 한번 들은 음악을 악보로 그대로 옮기는 능력 등에서 재능을 보이는 지능.
공간지능	공간적 개념을 알아차리는 능력.
운동지능	신체적 동작을 완벽하게 통제하고 물체를 솜씨 있게 다루는 재능.
대인관계지능	가정이나 집단 등에서 다른 사람들의 기분, 기질, 동기, 의도를 잘 파악하고 적절히 대응하는 능력.
자기성찰지능	자신의 느낌(feeling), 장단점, 특기, 희망, 지능, 관심 등을 잘 파악하여 자신과 관련된 문제를 잘 풀어내는 능력.
자연친화기능	자연친화 지능은 식물이나 동물 또는 자신이 살아가고 있는 환경에 관심을 가지고 그 인식과 분류에 관한 능력.
실존지능	인간의 존재 이유, 생과 사의 문제, 희로애락, 인간의 본성, 가치 등에 대한 능력.
기타지능	지구력지능, 도덕 지능도 하나의 지능으로 볼 수 있을 것이다.

1) 논리적-수학적 지능(logical-mathematical intelligence)

수학, 과학, 논리 분야의 천재들에게서 발견되는 능력으로 수리적, 논리적 사고와 관련된 재능이다. 이 지능은 기존의 지능지수와 가장 유사한 지능이라 할 수 있다.

2) 언어지능(linguistic intelligence)

언어지능은 글재주 또는 말재주라고 불리는 능력을 의미하는데 어휘에 대한 소리, 리듬, 의미, 그리고 언어의 여러 가지 기능을 민감하게 파악하는 능력을 말한다.

이와 같은 지능이 높은 사람은 주로 문학(시, 소설, 시나리오 작가 등)에 담당하는 사람이나 언론, 방송 등에 종사하는 사람들이다.

3) 음악지능(musical intelligence)

음악지능은 특히 음악적인 소질이 있어서 절대음감을 익히는 능력이나 한번 들은 음악을 악보로 그대로 옮기는 능력 등에서 재능을 보이는 지능인데, 대부분 작곡가, 연주가, 성악가, 가수, 지휘자 등과 같은 음악가에게서 발견된다. 이와 같은 음악지능은 기준의 지능지수와 달리 측정되는 지능으로서 그 성격이 매우 다르다 할 것이다.

4) 공간지능(spatial intelligence)

공간적 개념을 알아차리는 능력으로서 건축가, 기술자, 조각가, 미술가 등에게서 자주 발견되는 재능이다. 이들은 시각적 세계와 공간적 세계를 잘 파악하여 이를 응용하고 변형, 회전시켜 볼 수 있다. 자폐성 장애인의 경우 이 공간지능이 다른 지능보다 높다고 한다.

5) 운동지능(bodily-kinesthetic intelligence)

운동지능은 운동선수, 무용가, 마술사 등이 보이는 재능으로 신체적 동작을 완벽하게 통제하고 물체를 솜씨 있게 다루는 재능이다. 이와 같은 능력은 기존의 지능지수로 도저히 설명할 수 없는 부분이다.

6) 대인관계 지능(interpersonal intelligence)

대인관계지능은 상담자, 판매원, 목사, 스님과 같은 종교인, 사상가 등에게서 발견되는 능력으로 Thorndike(1920)의 사회지능(social intelligence)과 유사한 개념이다. 가정이나 집단 등에서 다른 사람들의 기분, 기질, 동기, 의도를 잘 파악하고 적절히 대응하는 능력이다.

7) 자기성찰 지능(intra-personal intelligence)

자기 성찰 지능은 자신의 감정을 잘 알고 다스리는 사람, 신체적 컨디션과 행동을 잘 조절하는 사람, 종교인에게서 발견되는 능력으로 자신의 느낌(feeling), 장단점, 특기, 희망, 지능, 관심 등을 잘 파악하여 자신과 관련된 문제를 잘 풀어내는 능력을 의미한다.

8) 자연친화 지능(naturalist intelligence)

자연친화 지능은 식물이나 동물 또는 자신이 살아가고 있는 환경에 관심을 가지고 그 인식과 분류에 관한 능력이다. 즉, 동식물이나 주변 사물을 자세히 관찰하여 차이점이나 공통점을 찾고 분석하는 능력이다.

9) 실존지능(existentialist intelligence)

실존지능을 가드너는 영적지능(spiritual intelligence)이라고 하였는데 이는 인간의 존재 이유, 생과 사의 문제, 희로애락, 인간의 본성, 가치 등에 대한 능력이다. 이 지능은 뇌에 해당 부위가 없을 뿐 아니라 아동기에는 이 지능이 거의 나타나지 않기 때문에 Gardner는 이를 다른 8가지 지능과 달리 반쪽 지능으로 간주하고 있다.

10) 기타지능

다중지능이론에서는 위에서 언급한 지능만을 지능으로 인정하는 것도 아니다. 예를 들어 지구력지능도 매우 의미 있는 지능일 것이다. 또한 도덕성을 지니는 능력 즉, 도덕 지능도 하나의 지능으로 볼 수 있을 것이다.

제 4 절 인지발달 단계

앞서 언급한 지능지수는 개인의 지능정도와 시간변화에 따른 지능의 안정성에 중점을 둔 반면, 피아제 식 인지발달은 아동이 성장하면서 보이는 인지스타일에 중점을 두고 있다.

피아제는 아동이 새로운 지식을 자신의 스키마 속에 동화(assimilating)시키거나 새로운 지식과 경험에 적응(accommodating)하여 자신의 스키마를 바꾸면서 지능을 발달시킨다고 하였다. 피아제는 인지발달단계에는 4단계가 있다고 하였다. 이는 앞서 설명한 바 있다.

피아제 연구에 대한 다른 주요 비판은 각 단계 간의 경계에 관한 것이다. 예를 들어, 어떤 단계에서 할 수 없다고 주장한 피아제 주장과 달리 일부는 할 수 있는 경우도 있고, 어떤 단계에서 다음 단계 경험을 충분히 제공하거나 훈련경험을 제공하면 아동은 피아제의 이론에서 다음단계에 해당한다고 말한 인지능력을 수행할 수 있었던 것이다.

어쨌든, 교사는 개별상담이나 가족 세션 중에 인지발달 각 단계마다 아동이 보일 수 있는 한계에 대하여 자세히 알고 있어야 한다. 교사가 이를 잘못 파악하여 아동에게 어려운 질문을 하거나 정교한 해석을 요구할 경우, 그리고 어른에게 적용할 만한 것을 아동에게 적용할 경우 문제가 발생할 수 있을 것이다.

제 5 절 정보처리 접근에 의한 인지발달

정보처리접근법에 의한 인지발달 연구법에서는 컴퓨터를 주요 은유수단으로 하여 문제해결능력 발달을 연구한다. 대부분의 정보처리 모델들은 1) 감각기관(예를 들어, 시각적 이미지와 청각적 자극은 1초 이내동안 유지된다), 2) 단기기억(예를 들어 정보는 수초 동안 유지된다), 3) 임시처리기억(예를 들어 단기기억으로부터 온 정보는 반복(리허설), 조직화, 숙고 등과 같은 전략적 통제를 사용하여 처리된다), 4) 장기기억, 5) 회상(retrieval; 검색) 등으로 구분한다.

나이에 상관없이 인간의 정보처리능력은 제한되어 있다. 10대와 성인의 경우 정보처리능력 한계는 7비트(bit)±2이다. 그러나 나이가 든 아동은 더 어린 아동보다 더 많이 기억한다. 이는 아마도 나이든 사람이 기억을 위하여 전략 통제를 더 효과적으로 사용하기 때문일 것이다. 일반적으로 사용되는 전략에는 리허설, 조직화(잘라 내거나 그룹화), 그리고 숙고(기억되어 있는 아이템과 함께 연결하기 위하여 상상과 같은 장치를 이용함)등 세 가지가 있다. 그러나 사람들은 이들 전략을 무차별적으로 사용하지 않고, 아동들이 기억하기 좋은 물질의 회상, 인식, 회고 등 아동이 가지고 있는 효과적인 전략사용 지식에 의하여 사용한다. 기억에 관한 이와 같은 지식을 메타메모리(meta-memory)라고 한다. 예를 들어 쇼핑리스트 5개가 있을 경우, 어떤 사람은 의식적으로 잘라내어, 이 목록을 기억하기 좋게 만들 것이다.

인지발달에 중요한 과정으로 자동화와 전략구성이 있다. 새로운 기술학습 초기단계에서 많은 정보를 처리하는 능력은 각각의 기술요소에 대한 아동의 관심에 달려있다. 반복을 통하여 각 구성요소들이 자동화되고, 여분의 능력이 기술을 개발하기 위한 전략을 개발하는데 사용되거나 더 좋은 기술이나 기법을 개발하는데 사용하게 된다. 예를 들어 자전거 타는 기술이 자동화된 아동은 여분의 능력을 새로운 사이클 루트를 개발하는 데 사용할 수 있을 것이다.

아동이 한 주제에 대하여 자세히 알고 있지 못할 경우, 아동은 기억회상에 크게 의존한다. 이 때 부활 메모리(reconstructive memory)가 회상을 위한 하나의 대안이다. 여기서 아동은 스키마와 스크립트로 코드화된 정보를 바탕으로 그들이 기억한 것을 부활시킨다. 아동의 기술(또는 특정 측면에서의 지식바탕)이 좋으면 좋을수록 부활메모리사용은 더욱 더 효과적이다. 왜냐하면 그들이 학습한 새로운 것을 부활시키기 위한 풍부한 관련 네트워크를 가지고 있기 때문이다. 기초지식은 스키마와 스크립트를 의미한다. 스키마는 친숙한 경험의 전형적인 구조적 표현이다. 그리고 스크립트는 전형적인 일련의 사건 표현이다. 즉, 차 한 잔 타는 방법을 알고 있는 일이다. 이와 같은 스키마와 스크립트는 새로운 것을 배우는데 도움을 준다.

정보-처리 접근법에서 단기기억력, 문제해결 상황에 코드화된 정보의 량, 자동화비율, 사용 전략, 그리고 메타인지기술(meta cognitive skills) 등은 나이에 따라 발달된다는 것이 입증되었다. 그러나 문제가 발생한 내용과 문제해결과제의 내용에 대한 익숙한 정도에도 크게 영향을 받는다는 점도 밝혀졌다. 예를 들면 행상을 하는 아동은 물건을 팔 때, 복잡한 수치계산은 잘하지만, 수업에는 보잘것없는 성적을 보일 수 있는 것이다.

자전적 메모리(autobiographical memory)는 자신과 아이덴티티가 나타나 있는 특별한 스크립트의 집합이다. 유아 기억상실(infantile amnesia: 생후 2세 정도까지 자신의 생활을 기억하지 못하는 것) 현상은 이 기간 중 자전적 메모리의 부족 때문으로 보이며, 이는 전 언어기(pre-linguistic period)에 부모 아동간의 대화가 없는데 원인이 있을 것이다. 이는 Freud(1905)가 말한 것과는 상당한 차이가 있는데, 프로이트는 이 유아시절 기억상실 현상을 부모에 대한 억압된 성적욕구 때문인 것으로 보았다.

정보-처리접근법은 치료전문가가 새로운 의사소통과 문제해결기술개발을 위하여 부모와 아동을 교육할 때 사용하기 위한 프레임워크로서 매우 가치가 있다.

제 6 절 비고츠키의 사회 인지 발달

앞서 언급한 인지발달은 주로 인지기술과 문제해결능력에 대하여 개별적인 접근법을 사용한 것이었다. 그런데 비고츠키(Vygotsky, 1962)는 이와는 달리 지능발달을 사회적 관점에서 개념화하였다.

그는 유사한 문제 해결기술을 가진 아동을 그냥 둘 때와, 어른이나 또래에 의하여 지도를 받을 경우를 비교할 때 현저한 개인적 차이를 보인다는 점을 발견하였다. 그는 아동이 도움을 받고 도움을 받지 않은 것 간의 이들 차이를 근접발달대(近接發達帶, zone of proximal development)라고 하였다.

이 근접발달대에서 부모, 교사 또는 또래가 아동의 실제 능력수준에 맞춰 제대로 지도할 경우, 최적의 학습이 이루어진다. 비고츠키는 이를 비계(飛階, scaff-olding)이라 하였는데, 이와 같은 교육방법으로 교사는 아동에게 충분한 경험을 갖도록 도움을 줄 수 있다. 치료에서, 교사가 부모와 아동을 도울 때 근접발달대를 정의하여 주고, 비계를 마련하도록 하여 줄 경우, 부모/교사가 학습장애나 사회적응장애 아동을 지원하는 데 유용할 것이다.

제 7 장

언어와 정서발달

제 1 절 언어발달

정신지체인도 2-4세에 이르면, 언어기술이 비교적 발달된다. 이와 같은 결과로 보면 언어발달은 대체로 지능발달에 의하지 않는다는 것을 알 수 있다. 따라서 언어발달은 인지발달과 분리하여 생각하는 것이 좋다.

그러나 피아제 이론을 따르는 인지 발달론자들은 언어와 인지발달은 상호작용한다는 점을 계속 강조한다. 예를 들어, '모두 갔다'라는 말을 이해하였다는 것은 아동이 사물 영속성 개념을 이해한 경우만 가능하다는 것이다.

1. 언어습득

임신 중 태아는 엄마의 목소리를 인식할 수 있고, 갓 태어난 유아는 서로 다른 소리에 서로 다른 소리로 반응한다. 생후 3-4개월 되면, 아동은 옹알이를 시작하고, 7개월이 되면 사회 상호작용과 개인호감에서 자기 취향을 가진다. 청각장애아동은 이 시기에 옹알이를 점차 줄여 가는데 사실로 미루어 볼 때, 생후 6개월에 하는 옹알이는 감각수용에 영향을 미친다는 점을 알 수 있다. 언어에 문제가 있는 아동은 생후 1년경에 말과 같은 억양을 보이지 않고, 정상아동이 보이는 것과 같은 방법으로 손가락 지적에 의한 의사소통이나 이해하였다는 의사표시를 하지 않는다. 일반아동은 보통 11개월과 18개월 사이에 간단한 단어사용을 시작한다. 2살이 되면 대부분의 아동은 200단어를 알고, 3세 이전에 2단어 문장과 과거와 현재 같은 문법적인 형태소(形態素; morphemes)를 사용한다.

3세와 5세 사이에 아동은 개념을 나타내는데 사용되는 어휘, 문법, 단어들을 정확하게 사용한다. 단어의미를 과다확장(overextentions, 예; 말을 개라고 부르는 것)하거나 과잉축소(underextentions; 예; 푸들을 개라고 부르지 않는 것), 그리고 신조어를 만들기(coining)등이 이 시기에 아주 일반적인 특징이다. 이는 아동이 아직 어휘력이 부족하기 때문이다. 또한 단·복수 처리를 제대로 하지 못하는 등의 부정확한 문법을 사용한다.

표 7.1 아동의 언어발달

시 기	언어발달
태아	어머니의 목소리 인식한다.
신생아	서로 다른 목소리를 인식한다.
3-4개월	옹알이를 시작한다.
7개월	사회 상호작용과 개인호감에서 자기 취향을 가진다.
11-18개월	간단한 단어를 사용한다.
2세	200단어정도를 습득한다.
3세 이전	2단어 문장과 과거와 현재 같은 문법적인 형태소(形態素: morphemes)를 사용한다.
3-5세	개념을 나타내는데 사용되는 어휘, 문법, 단어들을 정확하게 사용한다.

아동이 언어이해와 표현에 지체를 보이는 경우 단순한 표현언어 지체보다 더 나쁜 예후를 보인다. 그리고 장기적으로 언어발달이 지체된 아동은 일시적인으로 언어발달이 지체된 아동보다 예후가 더 나쁘며, 보다 더 심각한 심리-사회문제, 학습 문제 등을 보일 수 있다.

언어발달이 유전에 의한 것인지 환경에의 한 것인지에 대한 논쟁은 Skinner와 Chomsky간의 논쟁이 대표적인데, 그 결과로 일부 해답을 얻게 되었다. 즉, 아동이 유전적 메커니즘을 지닌 경우 에는 언어발달이 빠르고, 타고난 창조적인 능력으로 언어규칙을 도출하며 적용한다.

2. 생득설

Chomsky(1959)는 언어습득장치(Language Acquisition Device; LAD)를 주장하면서 생득설(生得說)을 주장하였다. 반대론자들은 이 주장에 맞서 유아기 내내 다락에 잠겨 있었던 것과 같은 심각한 환경상실의 경우에는 완전히 언어발달을 막을 수 있었음을 주장하면서 이 아동을 정상적인 환경에 계속 둘 경우, 수년 내에 정상적인 언어발달이 될 수 있음을 보여주었다. 이와 같은 결과는 언어발달에 있어 환경의 중요성을 말해주는 것이다. 그러나 언어 생득설이 외국어를 제대로 배우지 못하는 것을 설명하지는 못하였다.

3. 학습설

환경학자들은 부모-아동 간 상호작용이 언어발달을 촉진시킨다는 점에 주목하고 있다. 언어발달에 있어 상호작용이 중요한 첫 번째는 생후 4개월까지 아동은 주의와 부주의상태를 반복한다. 이때 어머니는 점차 유아가 주의하고 있는 동안 아동과 얼굴을 맞대고 정서적인 상호작용을 하면 아동은 집중하는 법을 배우게 된다. 이와 같은 상호작용을 통하여 아동은 관심 끄는 방법을 알게 되고, 이를 통하여 아동은 처음으로 의사소통을 배우게 된다.

따라서 우울증 어머니와 함께 있는 유아는 이와 같은 상호작용 공유를 하기 어려우며, 그 결과로 이후 조정에 손상을 유발시킬 수 있을 것이다.

언어발달에 있어 환경 역할이 중요하다는 두 번째는 관찰결과, 어떤 문화에 있든지 어른은 유아어(motherese)라고 불리는 독특한 언어를 사용하여 아동에게 말한다는 것이다. 이 유아어는 표 7.2와 같은 속성을 보인다.

표 7.2 유아어의 속성

유아어의 속성
· 유아어를 사용하는 어른은 말을 단순하게 한다.
· 어른이 사용하는 언어보다 문장이 짧다.
· 어른이 말하는 것보다 구체적이다.
· 아동이 말하는 내용을 반복하는 모습을 보인다.
· 어른은 아동이 말한 것을 확장해 준다.
· 어른은 자주 말한다.
· 어른의 어조에 의미를 둔다.

언어발달 상 부모-아동 상호작용이 중요한 세 번째는 구어 의사소통을 구조화된 사회적 상호작용이나 일련의 형식으로 한다는 것이다. 예를 들면 책 보기, 물건이름대기, 단어, 행동게임과 리듬 등이 이것이다. 이들 형식화된 상호작용 내에서 부모는 행동을 단순화하고, 수차례 실수를 반복하고 교정한다.

따라서 이들을 종합하면, 결국 이들 포맷은 언어지원시스템(language support system)이 된다(LASS: Bruner, 1983). 즉, 이와 같은 시스템으로 언어를 가르치는 것이 가장 좋은 방법이라는 것이다.

4. 비고츠키의 언어

언어는 아동이 자신의 행동을 통제하고, 행동을 말하기 위하여 사용한다. 아동은 말을 통하여 다른 사람에게 영향을 미치도록 하려 한다는 것이다. Vygotsky (1962)는 언어를 개인언어(private speech), 내부언어(internal speech), 사회언어 (social speech)로 구분하였다.

1) 개인언어

개인언어는 아동자신이 자신의 행동을 통제하기 위하여 큰소리로 말한다. 예를 들어 볼을 가지고 놀면서 아동은 '위로-아래로, 위로-아래로'라고 말한다.

표 7.3 개인언어, 내부언어, 사회언어

언어	내용
개인언어	아동 자신이 자신의 행동을 통제하기 위하여 큰소리로 말하는 언어를 말한다.
내부언어	내부언어 또는 자기언어(self-talk)는 말은 하지 않는다. 이는 자신의 행동을 가이드하거나 통제하기 위하여 사용하는데, 7세 이후에 나타난다.
사회언어	다른 사람과 상호작용을 하기 위하여 사용하는데 3세경에 나타난다.

2) 내부언어

내부언어 또는 자기언어(self-talk)는 말은 하지 않는다. 이는 자신의 행동을 가이드 하거나 통제하기 위하여 사용하는데, 7세 이후에 나타난다. 이 내부언어를 통한 훈련법이 자기교시훈련(self-instructional training)인데 이 방법은 아동이 학습이나 사회기술을 향상시키기 위하여 내부언어(internal speech)를 사용하여 스스로 코치를 받는 절차이다. 이 방법은 보통 인지-행동치료사가 주의력 결핍 장애아를 치료하는 데 사용한다.

3) 사회언어

사회언어(social speech)는 다른 사람과 상호작용을 하기 위하여 사용하는데 3세 경에 나타난다. 사회언어는 아동이 초기에 아빠에게 '물'을 달라는 요구로 '아빠! 무무'와 같은 식으로 언어행동을 한다.

표 7.4　수용언어, 표현언어

언어	내용
수용언어	타인 말의 의미를 알아듣는 언어 능력을 의미한다.
표현언어	자신의 능력을 발성하여 타인에게 말하는 능력 수용언어가 가능해야 표현언어가 가능하다.

제 2 절　정서발달

정서발달은 출생 후 수년에 걸쳐 점진적으로 이루어진다. 태어나면서 유아는 먼저 이상한 맛이나 냄새에 호감이나 불쾌감으로 관심을 보일 수 있다. 사람 목소리에 반응하여 기분이 좋아 웃는 모습은 생후 4주 후에 나타난다. 젖꼭지를 뺐다고 슬퍼하거나 화를 내는 일은 생후 4개월경에 나타난다. 엄마와 떨어지는 것에 두려운 얼굴표정을 짓는 것은 생후 9개월에 나타난다.

화, 두려움, 슬픔 등은 치료전문가에게는 매우 중요한 정서다. 화는 행동장애와 관련한 중요한 감정이기 때문이다. 그리고 정서장애는 보통 두려움과 슬픔을 보이는 특징이 있다.

아동이 사물이나 동물의 위협에 두려움을 최고조로 느끼는 때는 약 3세경이다. 아동은 모두 슬픔을 경험하지만, 우울한 생각(depressive cognition)과 신체화 문제(somatic) 특징을 보이면서 극도의 슬픔을 나타내는 시기는 청소년기에 일어난다.

분노를 자주 그리고 극도로 폭발하는 시기는 생후 2세경이다. 그래서 이 시기를 서양에서는 '무서운 2살'이라고 말한다. 아동이 양육이나 관심을 끌고자 분노를 폭발하거나 신체공격을 하는 행동은 2살부터 7살 사이에 점차 줄어든다. 그러면서 양육관심을 유도한다기보다는 보복을 목적으로 말이나 신체공격을 하는 일이 증가한다.

취학한 아동은 전형적으로 보복적 분노(만일 두려움에 의하여 억압되지 않았다면)로 또래나 부모의 위협에 반응한다. 그런데 미취학 아동의 경우는 그렇게 하지 않는다. 공격국면에서 아동이 발달상 이와 같은 보복을 선호하게 되면, 부모는 강압적인 상호작용 패턴을 사용할 수 있는데 이렇게 되면 공격적인 행동과 품행문제가 발생할 수 있다.

표 7.5 아동의 정서발달

정서발달	내 용
신생아	호감이나 불쾌감(맛, 냄새)
4주	기쁨(사람목소리에 기분 좋은 반응)
4개월	슬픔, 분노(젖꼭지를 뺐다고)
9개월	두려움(엄마와 분리되는 것에 대한 두려움 등)
1년말경	상황에 맞는 정서(희노애락)파악능력
2세경	분노, 폭발(무서운 2살)
2세-취학전	타인의 정서 흉내 가능(같이 울고 웃어줄 앎)
3세	상상놀이를 통하여 정서표현
5-7세	타인의 정서에 공감(타인의 견해로 세상을 보는 능력)
6세경	정서를 숨길 수 있음(시쁨 슬픔을 숨김)
7세경	분노통제가 가능해짐, 시기, 당황이해
9세경	고의적인 것과 우연적인 것의 구별
아동중반-청소년	행동표준을 만듦(승인받을 수 있는 일과 그렇지 못한 일의 구분)- 도덕발달

아동이 약 9세가 되면, 고의적인 일과 우연적인 일을 구별하게 되고, 고의적인 공격을 하는 아동에게는 공격적인 의도를 보이기 시작한다.

아동의 정서범위는 신체 능력과 인지 능력에 따라 각 발달단계에 결정되는데 이때 정서강화, 모델링, 그리고 명칭붙임(labeling) 등으로 부모는 아동에게 정서표현을 학습시키는 사전 심리사회적 과정을 사용하게 된다. 생후 1년 이상 아동의 어머니는 아동이 보이는 정적인 정서표출에 사회적으로 잘 반응해 주는 경향이 있다. 그래서 아동의 부정적인 정서표출을 줄이고 이들을 강화하게 된다. 이는 아마도 유아가 보이는 부정적인 정서표현은 생후 1년이 지나면 줄어들고 정적인 정서표현이 증가하기 때문일지도 모른다. 생후 1년 말경에, 모호한 사회상황에서 유아는 활발하게 어머니의 얼굴을 살펴서 상황에 맞는 정서가 무엇인지를 알아낸다. 이와 같은 모델링을 통한 정서학습을 사회참조하기(social referencing)라고 부른다. 2세부터 취학 전까지 아동은 다른 사람이 보이는 정서를 흉내 내는 경향이 있다. 그래서 한 아동이 울면, 그 친구 역시 같이 운다.

아동이 정서적 공감을 경험하고 표현하려면 아동이 다른 사람의 견해로 세상을 볼 수 있어야 한다. 이는 피아제가 설명한 능력의 경우 5-7세에 나타나는 구체적 조작기가 되어야 나타난다. 시기(猜忌)와 당황과 같은 더 복잡한 정서도 공감처럼 인지가 발달되어 아동이 다른 사람의 견해로 세상을 보는 법을 상상할 수 있을 만큼 충분히 성장을 하여야 가능하다.

부모는 아동에게 명칭붙임(labelling)과정을 통하여 이들 정서를 발달시키고, 아동 스스로 확인할 수 있도록 돕는다. 예를 들어 어떤 부모는 '재는 울보야!, 진땀 흘리네!'라고 부모가 말하면 아동은 이를 자기모습으로 이해하게 된다.

발달단계별 정서상 특징은 치료에 상당한 의미가 있다. 약 3살이 되면 아동은 상상놀이를 통하여 정서를 표현한다. 아동은 또한 취학 전에 정서를 규제하기 시작한다. 취학 전 아동은 스스로 상황을 변화시키면 정서를 변화시킬 수 있다는 것을 안다. 예를 들어, 슬픈 아동은 자신이 TV로 만화영화를 보면서 기분을 전환시킨다. 중간나이쯤 되는 아동은 상황을 변화시킬 뿐만 아니라, 생각을 바꾸어 정서를 규제한다. 그래서 보다 나이가 든 아동은 슬픔에 대한 대처를 다가오는 생일 파티를 생각하여 이를 해소하고자 한다.

6세경이 되면 아동은 어떤 정서표출이 사회적으로 받아들여질 수 있는지를 알게 되어, 사회적으로 받아들여질 수 없는 정서를 숨길 수 있다. 예를 들어, 남자아이는 자기가 다쳤을 때 슬픔을 숨기는 법을 배운다. 취학 전 아동은 자기감정에 대하여 혼동을 일으키고 모호하지만, 아동기 중반이 되면 이제 정서적인 모순에 대한 통찰을 할 수 있게 된다.

아동기 중반부터 청소년기에 이르기까지, 아동은 어떤 행동이 부모로부터 승인을 받을 것인지, 승인을 받지 못할 것인지에 대한 지식과 다른 중요한 애착을 통하여 행동표준을 내현화(internalization)시킬 수 있다. 이와 같은 행동표준 내현화 과정으로 아동은 자긍심, 수치심, 죄의식과 같은 복잡한 정서경험을 할 수 있다. 이와 같은 정서는 특히 도덕발달과 관련이 깊다.

제 3 절 보울비의 애착이론

Bowlby는 아동은 세상에서 생활하면서 위협을 받을 때 가까운 양육자로부터 보호를 받고자 하는 본능적 행동이 작동하여(생존 보호 반응) 이것이 진화되어 애착 행동으로 발전하게 된다고 한다(애착기제; attachment mechanism). 이와 같은 애착은 이후 사회적, 정서적, 인지적 발달의 기초가 된다는 점에서 많은 관심을 끌었다. 그리고 보울비의 이론을 근거로 하여 이후 애착이론은 Bowlby는 아동의 애착행동이 발달하는 과정을 4단계로 제시하고 있다.

표 7.6 보울비의 애착이론

애착단계	내 용
1단계: 애착전기(비선택적인 반응단계)	• 생후 3개월까지의 시기. 울기, 쳐다보기 등의 행동을 통해 성인의 반응을 이끌어내기는 하지만 애착대상과 낯선 사람과의 구분이 명확하지 않은 시기.
2단계 : 애착형성기(선택적인 반응단계):	• 생후 3개월에서 6개월까지의 시기. 사회적 미소, 옹알이, 쳐다보는 반응들을 특정 애착대상에게 지속적인 선호를 표현하지는 못한다. 낯선 사람에 대해서는 경계를 하게 된다.
3단계 : 애착기(능동적인 접근단계):	• 생후 6개월에서 3세의 시기. 적극적으로 애착대상에게 다가가서 안기려는 행동을 추구하는 시기로서 "안전기지"행동이 가장 명확히 나타난다. 또한 인지 능력의 발달로 인해 애착 대상에 대한 이미지를 마음속에 새길 수 있게 된다.
4단계 : 생후 3세 이후의 시기(동반자적 반응단계):	• 3세 이후의 시기 애착대상의 목표와 계획을 추론하기 시작하고, 자신의 행동을 계획할 때 다른 사람들의 감정과 동기들을 통합하기 시작. 아동은 보호자의 목표나 감정, 입장을 이해하여 자기의 행동을 그에 맞추기 시작한다. 그리하여 보다 복잡하고 풍부한 관계가 성립된다.

1단계: 애착전기(비선택적인 반응단계): 생후 3개월까지의 시기로서 울기, 쳐다보기 등의 행동을 통해 성인의 반응을 이끌어내기는 하지만 애착대상과 낯선 사람과의 구분이 명확하지 않은 시기이다. 이 시기에는 아동의 애착 대상이 따로 고정되어 있지 않다. 아동은 어떠한 얼굴에 대해서도 미소를 지으며, 누구라도 곁에서 떠나가 버리면 운다.

2단계 : 애착형성기(선택적인 반응단계): 생후 3개월에서 6개월까지의 시기로, 사회적 미소, 옹알이, 쳐다보는 반응들을 익숙한 사람과 낯선 사람에게 다르게 보이기는 하지만, 특정 애착대상에게 지속적인 선호를 표현하지는 못한다. 낯익은 사람에게 초점을 맞추지만, 아동의 애착행동은 몇몇 익숙한 사람에게만 한정되며, 낯선 사람에 대해서는 경계를 하게 된다.

3단계 : 애착기(능동적인 접근단계): 생후 6개월에서 3세의 시기로 걷기 등의 이동성이 발달함에 따라 적극적으로 애착대상에게 다가가서 안기려는 행동을 추구하는 시기호서 "안전기반"행동이 가장 명확히 나타난다. 또한 인지 능력의 발달로 인해 애착 대상에 대한 이미지를 마음속에 새길 수 있게 된다. 아동은 보다 활동적이 되어 이리저리 기어 다니게 되고, 애착대상을 가까이 하는데 좀더 적극적인 역할을 한다.

4단계 : 생후 3세 이후의 시기(동반자적 반응단계): 아동은 애착대상의 목표와 계획을 추론하기 시작하고, 자신의 행동을 계획할 때 다른 사람들의 감정과 동기들을 통합하기 시작된다. 따라서 어머니와의 분리에 대한 계획이 서로 타협이 가능한 협동적인 관계에 들어서게 된다. 아동은 보호자의 목표나 감정, 입장을 이해하여 자기의 행동을 그에 맞추기 시작한다. 그리하여 보다 복잡하고 풍부한 관계가 성립된다. 이 애착이론은 Ainsworth(1978) 등에 의하여 더욱 발전되었다. 낯선 상황실험이 그 예이다.

Ainsworth(1978) 등은 실험적으로 모자를 인위적으로 분리한 후에 나타나는 일시적인 유형과 관련한 모자 상호작용 패턴을 세 가지로 설명하였다. 이들은 실험적인 인위적 분리과정을 낯선 상황이라고 하였다. 여기에서 안정애착아동(securely attached children)은 부모와 분리되었다가 다시 만나자 부모에 아주 가까이 근접하였다.

그리고 어머니가 상담사와 대화를 하는 중에 아주 활발하게 어머니 존재를 확인하였다. 즉 그들은 어머니를 새로운 환경을 탐색하는데 있어 안전기지로 취급하였다. 불안정애착아동(anxiously attached children)은 예측할 수 없는 방법으로, 어떤 때는 엄마와 근접하고자 하고, 어떤 때는 엄마에게 근접하는 것을 피하거나 저항하였다. 이런 아동은 어머니와 접촉하기를 원하나 접촉하여 위안 받지는 못하였다. 그래서 아동이 안전기지경험을 제공받지 못하였다. 애착회피아동(anxious avoidant children)은 분리 후 다시 만나도 어머니와 가까이 하지 않았다. 이들은 분리 후에도 어머니에게 되돌아가려 하지 않았다. 그리고 분리되었을 때 우울하지도 않았다.

연구결과 부모에 대한 안정적인 애착은 하나의 예방요인이라는 점이 밝혀졌다. 애착이 형성되면 아동은 안전의 원천을 제공받아, 이후 대인관계에서 지지관계형성을 발달시키는 모델이 된다. 안정적인 애착이 형성되면 자존감, 긍정적인 정서, 좋은 또래관계, 성인과 좋은 인간관계, 좋은 개인 자율감 등을 발달시킨다.

제 8 장

성 및 도덕 발달

제 1 절 도덕발달

콜버그는 도덕 발달에 관하여 도덕적 딜레마를 제시하였다(Kohlberg, 1963). 그가 제시한 딜레마는 아래와 같다.

유럽의 하인즈씨 부인이 특수한 종류의 암을 앓아 거의 죽어가고 있었다. 그리고 하인즈씨 부인의 병을 치료하는 데는 오직 한 가지 약밖에 없는 것으로 알려져 있었다. 그 약은 같은 마을에 사는 약사가 최근에 발명한 라듐 종류의 약이었다. 그런데 약사는 그 약을 만드는 데는 원가가 상당히 비싼 데다가, 약사는 원가의 10배가 되는 금액으로 약값을 정하였다. 즉, 라듐을 200달러에 구입해 가지고 간단한 제조를 거쳐 그 약을 2,000달러에 팔고 있는 것이었다.

하인즈씨는 아내를 살리기 위하여 돈을 구하려고 백방으로 찾아 다녔으나 하인즈씨는 약값의 절반밖에 안 되는 1,000달러밖에 마련하지 못했다.

할 수 없이 하인즈씨는 약사에게 가서 자기 부인이 죽어가고 있다고 설명하고 그 약을 1,000달러를 받고 싸게 팔거나, 아니면 외상으로라도 자기에게 팔아주면 다음에 그 돈을 갚겠다고 간청했다. 그러나 그 약사는 "내가 발명한 약이고 돈을 벌어야 한다면서 이를 거부하였습니다.

하인즈씨는 그날 밤 할 수없이 아내를 위하여 약국을 부수고 약을 훔쳐내었다.

피아제와 콜버그(Kohlberg)의 도덕발달 단계이론에 따르면 아동의 도덕적 판단기초는 아동이 나이가 들고 인지적으로 성숙해지면서 변한다고 한다.

표 8.1 도덕판단기준

나 이	내 용
5-6세	행동의 잘잘못을 해를 입힌 양의 관점에서 평가한다. 그리고 부도덕한 행동도 그 행동으로 벌을 받지 않거나 들키지 않았으면 정당한 일이라고 믿는다.
7세	행동에 의하여 발생한 해(害)의 량과 행위자의 의도 모두에 의하여 잘못을 판단한다. 그리고 행동의 도덕성을 행위자가 규칙을 따른 정도로 판단한다. 그리고 규칙은 절대적인 것으로 본다.
10세	특정행동의 잘잘못을 평가하는 1차적인 준거를 행위자의 동기로 생각한다.

5-6세 아동(전 조작기 중: pre-operational period)은 행동의 잘잘못을 해를 입힌 양의 관점에서 평가한다. 그리고 부도덕한 행동도 그 행동으로 벌을 받지 않

거나 들키지 않았으면 정당한 일이라고 믿는다.

그러나 구체적 조작기에 도달한 7세경 아동은 행동에 의하여 발생한 해(害)의 량과 행위자의 의도 모두에 의하여 잘못을 판단한다. 그리고 행동의 도덕성을 행위자가 규칙을 따른 정도로 판단한다. 그러나 규칙은 협상에 의한 사회계약이라기보다는 하나의 독단적이고 엄격하고 절대적인 것으로 본다.

약 10세경에, 공식적 조작기에 들어가면서 아동은 특정행동의 잘잘못을 평가하는 1차적인 준거를 행위자의 동기로 생각한다.

한편 보상물 배분에 대한 공정성 개념 또한 인지성숙도와 관련이 있다. 4살 아동에게 팀 과제를 부여하고 이 과제를 완수하였을 때 보상 물을 주면서 나누라고 하면, 아동은 보상 물의 대다수를 자기 것으로 생각한다. 그러나 5-6세가 되면 아동은 팀 구성원 모두가 동일하게 나눈다. 그리고 7세가 지나면 아동은 보상물과 결과를 서로 연계한다.

표 8.2 공정성 개념의 발달(팀에게 보상을 한 경우)

나 이	내 용
4세	아동은 보상 물의 대다수를 자기 것으로 생각한다.
5-6세	팀 구성원 모두가 동일하게 나눈다.
7세	보상물과 결과를 서로 연계한다.

도덕적 추리경향도 성에 따라 차이가 있는 것으로 나타났다. 즉, 남자아동은 사회규칙에 따르는 정도로 도덕성을 판단을 하는 경향이 있는 반면에 여자아동은 도덕적 행동과정을 개인관계 속에서 의무를 충족시키는 정도로 보는 경향이 있다.

도덕적 판단을 잘 한다고 하여, 반드시 협동, 공유, 도움과 같은 도덕적 행동과 친사회적행동을 잘 하는 것은 아니다. 따라서 도덕적 행동은 좋은 행동 표준이 내현화되어 있을 때 나타나는 것이다. 도덕적인 행동을 개발시키고, 내현화 표준 설정을 잘 하도록 하기 위한 양육조건은 표 8.3과 같다.

표 8.3 도덕적 행동개발 양육조건

도덕적 행동 개발 양육조건
· 부모-아동간 안전한 애착관계 · 도덕적 표준을 정하는 분명한 규칙 · 지속적인 용인사용 · 체벌보다는 근심을 불러일으키는 용인, 철회 사용 · 추리와 설명 사용 · 나이에 맞는 책임부여 · 자기표현의 절제

아동에게 이들 양육조건이 부족할 경우, 아동은 다른 요인과 결부되어 품행문제로 발전될 수 있다.

제 2 절 정체성 발달

Harter(1983)는 인간의 정체성문제에 관련하여 자기-시스템 구성 요소로서 자기지식기능, 자기평가기능, 자기규제기능 등 세 가지를 통하여 설명하였다. 이는 앞서 이미 언급한 바 있다.

자기지식은 사회에서 아동이 기능하는 방법에 대한 아동의 통찰력을 의미하고, 자기평가는 아동이 발달단계에서 스스로에 대하여 그리고 다른 사람에 대하여 판단하는 방법을 의미한다. 자기규제는 경쟁하는 내·외 자극이 산만하여도 독립적으로 집중을 유지하고, 목표지향행동을 하는 능력을 의미한다.

Erikson(1968)은 자기 정체성 발달을 성장단계마다 설명하였다. 이 모델에 따르면, 사람은 사회발달 각 단계마다 개인적인 딜레마에 직면하게 된다. 이를 설명하면 아래와 같다.

표 8.4 정체성 발달

구 분		내 용
영아기(0-1)	신뢰감 대 불신감	양육자에 대한 신뢰감 발달이나 불신감 발달.
유아기(2-3)	자율성 대 부끄러움	작용감(作用感)을 찾으려 애를 쓰며, 세상에 자기 의지를 부여하고자 하여 자율성을 증대시키거나 부끄러움을 발달시킴.
유치기(4-6)	주도성 대 죄의식	여러 가지 탐색을 통하여 주도성을 얻거나 탐색에 대한 잘못 등으로 죄의식을 발달시킴.
아동기(6-11)	근면성 대 열등감	심리사회적 기술을 발달시키고 생활에 의미 있는 일을 하게 되거나 열등감을 갖게 됨.
청소년기(11-18)	정체감 대 정체감혼미	또래관계유지, 자신에 대한 정체성 확립을 하거나 자기 정체성에 대한 회의를 갖게 됨.
청년기(19-30)	친밀성 대 고립감	상호 친밀한 관계를 유지할 것인가 아니면 혼자 고립될 것인가.
중년기(30-65)	생산성 대 침체감	생산적인 사람은 이전세대보다 더 세상을 좋게 하는데 자신의 정력을 사용한다. 그러나 욕구와 능력에 맞는 환경을 선택하고 구성하지 못한 사람들은 한편으로는 스트레스, 불만, 우울, 냉소적이 되고, 한편으로는 탐욕과 집착을 보인다.
노년기(65 이상)	통합성 대 절망	인생의 완성과 절망.

1. 영아기(0-1세): 신뢰감 대 불신감

이 단계는 프로이트의 구강기에 해당되는 시기로서, 출생에서 약 1세까지를 가리킨다. 이 시기에 아동이 해결하여야 할 주요 심리사회적 딜레마는 신뢰감 대 불신감(trust versus mistrust)이다. 그리고 이 시기에 유아가 맺게 되는 사회적 관계는 주로 돌보아 주는 사람인 어머니와의 관계이다. 이 때 만일 부모가 이 시기에 민감하게 유아의 욕구에 제대로 반응한다면, 유아는 심리적으로 부모나 주위환경에 대하여 신뢰감을 발달시킬 것이다. 그러면 아동은 장기적으로 어떤 역경 속에서도 희망을 갖고 해결하고자 하는 능력을 갖게 되고, 어른이 되어서도 여러 가지 도전에 감당할 수 있게 된다.

그러나 반대로 아동이 부모로부터 안정감 바탕 위에서 세상을 탐구하는 경험을 하지 못한 경우, 아동은 타인을 불신하고 세상을 위협적인 것으로 보게 된다. 이렇게 되면, 아동은 후에 고립된 입장이 되어 또래관계를 형성하고 유지하는데 어려움을 겪게 된다.

에릭슨은 이 시기를 인생에서 가장 중요한 시기로 보았는데, 그 이유는 이 시기에 신뢰감을 형성하게 되는 것이 생의 후기에 맺게 되는 모든 사회관계에서의 성공적인 적응과 밀접한 관련이 있기 때문이다.

2. 유아기(2-3세): 자율성 대 부끄러움(자기효용감 의심)

이 단계는 2-3세 유아기를 의미하는데 이 단계의 유아들이 겪는 주 사회심리 딜레마는 자율성 대 부끄러움(autonomy vs shame) 또는 자기효용감의심이다. 이 시기 아동은 자신이 분리되어 있는 독립적인 사람임을 알게 되고, 개인적인 작용감(作用感)을 찾으려 애를 쓰며, 세상에 자기의지를 부여하고자 한다. 이 시기 아동은 모든 일을 스스로 하고자 하고 부모는 이를 말리려 한다. 왜냐하면 무엇이든 사고뭉치기기 때문이다. 스스로 걸을 수 있고 스스로 화장실을 사용할 수 있으며 스스로 올라갈 수 있다는 생각을 갖는다.

이시기 후반기에 들어서면 아동은 이제 사회적인 질서 속에서 생활하게 됨을 알게 된다. 그래서 잠자고 일어나는 시간, 밥 먹고 노는 시간 등의 일상적인 일을 이해하고 따르게 된다. 그러면서 스스로 이 과정에서 발생하는 일에 대하여 자율성을 강조하고자 한다. 예를 들어 운동화 끈을 매거나 단추를 채우는데 '나 혼자 할 수 있어'라고 말하여 자율적이고자 하는 욕망을 보여준다.

따라서 이시기에 부모가 아동이 해야 할 과제나 일상적인 일을 잘 만들어준다면, 아동은 자율성과 자존감을 잘 발달시켜 어른이 되었을 때 스스로를 잘 견디고 도전을 해결할 수 있다는 능력에 대한 확신을 갖게 해줄 수 있을 것이다. 또 높은 자존감, 강한 자기의식과 자기 효능감(self-efficacy)을 갖게 해줄 수 있을 것이다.

그러나 반대로 부모가 아동에게 적대감을 보이거나 아동의 욕구에 부응하여 주지 못하고 도리어 잘못한 것에만 혼을 내거나 면박을 줄 경우 아동은 자기 스스로에 대한 의심이나 부끄러움을 발달시킨다. 부모가 아동에 대하여 인내를 보이지 않고 혼내게 되면, 이것이 결국 내현화되어 아동은 스스로를 과도하게 비판하게 되고 자신의 능력에 대한 확신을 갖지 못하게 된다. 이렇게 되면, 아동은 문제해결을 위해 계속해서 노력해야 한다는 강박관념을 갖게 되어 자기가 한 일을 망치고, 실패한 것에 대한 부끄러움을 가지게 된다. 그러면서 그는 자신에 대한 효용감에 의심을 가지게 된다.

3. 유치기(4-6세): 주도성 대 죄의식

취학연령대가 된 초기의 주요 사회 심리적 딜레마는 주도성 대 죄의식(initiative vs. guilt, 4~5세)이다. 앞서 언급한 유아기 중에 아동이 자율성을 감을 제대로 발달시켰을 경우 아동은 이제 관심을 신체, 사회세상으로 돌리게 된다. 그리고 이와 같은 세상에 대한 인지체계를 확립하고자 아동은 자기 주도성을 사용하는데 주도성의 핵심은 탐색이라 하겠다.

여기에서의 탐색이란 사회시스템에 대한 탐색으로서 학교와 가정에서 무엇이 허락 받은 것이고 무엇이 허락받지 못한 것인지를 탐색한다. 그리고 세상이 어떻게 돌아가는지에 대하여 스스로에게 많은 질문을 하게 된다.

예를 들면 아동은 여러 가지 실험과 탐구활동을 하게 되는데 거울이나 플래시를 통한 빛의 반사, 장난감 분해조립, 부부놀이, 병원놀이 등이 그것이다. 이때 아동은 자기 중심적으로 이 세상을 끌고 가게 된다.

이 단계는 프로이트의 남근기에 해당하는 시기로서, 성인의 활동에 열정을 보이고 성인의 일에서 자기의 능력을 평가해 보려는 시기이다.

그러나 아동이 이 단계에 뭔가를 하려하는 것은 번데기 앞에서 주름을 잡는 격 또는 하룻강아지 범 무서운 줄 모르는 행동인 것이다. 그럼에도 불구하고 부모가 이와 같은 행동들에 대하여 문제행동으로 인식하지 않고 호기심행동으로 이해하여 아동의 호기심에 공감을 보여주기는 하지만 한계가 있음을 명백하게 그러나 따뜻하게 알려주게 되면 아동은 세상이 그리 호락호락한 것이 아님을 알고 지속적으로 목적(꿈)을 가지고 노력하여야 하는 것이고 그러면 성공할 수 있다는 자신감을 가지게 된다. 즉, 주도성 대 죄의식 딜레마를 해결하여 이후 어른이 되었을 때 목적의식과 비전을 가지고 행동하게 되는 것이다.

그러나 부모가 아동 호기심에 대한 욕구에 공감을 보여주지 않고, 탐색을 막았을 경우, 아동은 어른이 되었을 때 그와 같은 호기심이 죄의식을 불러일으킬 것이기 때문에 이전에 자신이 시도한 경험이 없는 것에 대해서는 탐색을 꺼리게 된다.

4. 아동기(6-11세): 근면성 대 열등감

아동기를 지나고 청소년기로 들어설 때쯤이 되면 아동은 근면성 대 열등감(industry vs. inferiority, 6~11세)이란 심리 사회적 딜레마에 빠지게 된다.

이 단계는 6세부터 11세까지를 말하며, 프로이트의 이론으로는 잠복기에 해당된다. 에릭슨은 이 단계를 자아성장의 결정적인 시기라고 보았다.

아동은 신뢰, 자율, 주도성을 점차 발달시키면서 심리사회적 기술을 발달시키고 생활에 의미 있는 일을 하게 된다.

그러면서 아동은 새로운 기술을 습득하면 누구한테든 결국 보상을 받을 것이며, 공부와 일을 많이 하면 할수록 보상은 많을 것이라는 사실을 알게 된다(친구에게든, 사회에게든 부보에게든). 사람은 노력한 만큼의 대가를 받는다는 원리를 알아가는 것이다. 이 원리를 알게 되는 스스로의 근면 성실성이 동기가 되어 더욱 근면하고 부지런하게 노력하게 된다. 이와 같이 보상받는 기술을 습득한 아동은 자기적성을 잘 개발하고 높은 자기효능감을 보인다.

그러나 불행하게도 모든 아동이 사회에서 평가받을 만한 소질을 가지고 있지는 못하다. 그래서 문학, 스포츠, 사회성 등에 대한 소질이 부족한 아동은 출발부터 약점을 보인다. 예를 들어 공부를 못하거나 운동을 못하면 쉽게 다른 가족 아이와 비교된다. 이와 같이 실패하고, 조롱받고, 면박받는 일이 거듭되면 아동은 열등감을 갖게 되고, 성인이 되면 성취동기를 잃게 된다. 이것이 바로 열등감의 발생인 것이다.

5. 청소년기(11-18세): 정체감 대 정체감혼미

청소년기에 들어서면 이제 정체성 대 정체성 혼란(identity vs. role confusion) 딜레마에 직면한다. 에릭슨은 이 시기를 신뢰감이 형성되는 시기인 제 1단계에 못지않게 중요한 시기라고 한다. 이 시기에 긍정적인 자아정체감을 확립하면 이후의 단계에서 부딪치는 심리적 위기를 잘 넘길 수 있지만, 그렇지 못하면 다음 단계에서도 방황을 계속하고 때로는 부정적인 정체감을 가지기 때문이다.

이 시기 청소년은 친한 또래그룹을 찾아 이에 소속되고픈 욕구를 가지고 있다.

만일 어린 청소년이 또래그룹에 의하여 받아들여지지 않으면, 그는 소외를 경험하게 된다. 그러면 장기간 친구관계를 형성하지 못하게 되고 건강과 안녕에 매우 중요한 사회지원네트워크를 개발하는데 어려움을 겪는다.

그룹 정체성을 확립시키기 위해서 부모와 학교는 또래관계 유지하기와 사귀기를 억제하지 말아야 한다. 그러나 과잉허용과는 균형을 맞추어야 한다. 왜냐하면, 이에 관련한 감독을 소홀히 하면, 품행문제나 약물중독을 유발할 수 있기 때문이다.

청소년기 초기 관심사는 집단구성원관계와 친밀 관계이지만, 청소년기 후기에는 확실한 자기정체성－내가 누구인가 하는 것－이 주된 관심사이다.

청소년이 정체성에 대하여 혼란이 있을 경우, 그는 자기신념, 사회신념, 정치신념, 직업 신념이나 계획을 제대로 하지 못하게 된다. 그러면 즐거움 추구나 조정을 제대로 하지 못하고 자존감이 낮아지게 된다. 청소년에게 닥친 문제(직업, 정치, 종교적 결정 등)를 부모나 어른이 일방적으로 정해줄 경우 청소년은 조건 없이 그냥 받아들이게 된다. 그러면 정체성 혼란(moratorium)이 되어 버리는데 그렇게 되면 청소년은 이후 너무나 많은 대가를 치르고 나서 비로소 정체성을 찾게 된다. 이들 중 일부는 비행이나 일탈행동(낙오, 떠돌이)을 보일 수도 있다.

청소년이 성공적으로 정체성혼란을 거치고 나면 이제 분명한 정체성을 찾게 되어 강력한 직업적, 사회적, 종교적 가치를 가지게 되며, 보통 성인기에 좋은 심리 사회적 조정을 가지게 된다. 높은 자존감, 이상목표 그리고, 강한 독립심을 가지게 되고, 스트레스 상황에 보다 탄력적이게 된다.

청소년이 정체성 혼란 때 많은 역할을 탐색한 후 정체성을 얻게 되면 이제 청소년은 목표 없는 문제들을 피하게 된다. 따라서 부모는 청소년이 모라토리움을 경험하고 나서 정체성을 찾아갈 수 있도록 시간과 공간을 허용하여야 할 것이다. 이 시기는 매우 힘든 과정으로 심리상담이 필요할 수도 있다.

6. 청년기(19-30세): 친밀성 대 고립감

청소년기를 막 지낸 사람들이 갖는 주요 심리 사회적 딜레마는 상호 친밀한 관계를 유지할 것인가 아니면 혼자 고립될 것인가 하는 것이다(intimacy vs. isolation, 18～24세). 보통 친밀한 경험을 하지 못한 사람은 고립된다. 그리고 고립된 사람은 특이한 성격을 보인다. 특히, 이들은 사회접촉에 대하여 가치를 과다하게 부여하고, 사회에서 누구를 만나도 부정적인 결과일 것이라고 생각한다. 이들은 또한 친밀한 관계유지에 필요한 사회기술이나 정서적인 자기노출 등의 능력이 부족하다. 이와 같은 문제는 보통 불신, 부끄러움, 죄의식, 열등감, 소외 그리고 역할혼동 등을 경험하여 생겨난다. 이 때 여러 가지 사회적, 정황정도에 따라 고립감 정도가 달라진다.

개별성을 강조하는 현대문화에서 개인은 더욱 고독감이나 외로움이 많다. 경쟁에 가치를 두는 우리현대 문화(특히 남성 간)로 인하여, 사람은 자기노출을 꺼리게 되고, 남자는 여자보다 자기노출을 덜 한다. 그래서 대화가 더 경쟁적이고 공감하는 능력이 약하게 된다.

7. 중년기(30-65세): 생산성 대 침체감

친밀성대 고립감을 슬기롭게 거쳐서 가정을 구성하게 되면 이제 가정적으로는 자녀를 낳아 키우고 교육하게 되며, 사회적으로는 다음 세대를 양성하는 데에 관심과 노력을 기울이게 된다.

또 직업적인 성취나 학문적, 예술적 업적을 통해서도 생산성이 발휘된다. 자신의 2세가 없는 경우에는 다음 세대들을 위한 사회적인 봉사 등을 통해서도 생산성을 발달시키게 된다.

이시기 심리사회적 딜레마는 생산성 대 침체(generativity vs. stagnation)이다. 욕구와 능력에 맞는 가정과 직업 환경을 형성한 부모는 생산적인 방법으로 이 딜레마를 쉽게 해결할 수 있을 것이다. 여기서 생산성이라 함은 출산, 일 중심의 생산성 또는 예술적인 창조성 등 모두를 의미한다.

생산적인 사람은 이전세대보다 더 세상을 좋게 하는데 자신의 정력을 사용한다. 그러나 욕구와 능력에 맞는 환경을 선택하고 구성하지 못한 사람들은 한편으로는 스트레스, 불만, 우울, 냉소적이 되고, 한편으로는 탐욕과 집착을 보인다.

8. 노년기(65세 이상): 통합성 대 절망

노년기 딜레마는 통합 대 절망(integrity vs. despair)인데 이 문제는 조부모가 된 사람의 주된 관심사이다. 한사람의 통합감은 자신의 생활사건을 받아들이는 사람에 의하여 만들어진다. 이 통합감은 죽음에 대한 두려움 없이 죽음을 맞는 방식으로 통합되었을 때 생겨난다. 이를 내관적(內觀的; introspective)과정이라고 하는데 이를 제대로 하지 못하는 사람들은 절망감을 가지게 된다. 자기 고유의 인생에서 실망, 갈등, 무력감, 그리고 덧없음을 가지게 되면 매우 심각해지고, 초기 신뢰 대 불신 심리 사회적 위기가 신뢰 쪽으로 해결되지 않았을 경우 이 시기에 매우 문제가 된다. 절망감보다 통합감으로 이 딜레마를 해결하게 되면 지혜로운 능력이 생겨난다.

인생의 마지막 수개월 동안, 고령기 사람들이 딜레마에 직면하는 것은 영혼불멸(immortality) 대 사멸(extinction)이다. 영혼불멸감은 자기 자식을 통하여 생명이 이루어질 수 있다는 것인데, 이는 사후(死後)에 대한 개인의 신념, 자기성취의 영원성(물질적 기념물이나 한 사람이 다른 사람에게 영향을 미치는 방법), 자기 자신을 자연에 의한 연결 고리로 보는 것(죽은 자신의 몸은 지구의 일부가 되어 새로운 생명을 만든다), 경험에 의한 초월(영원존재의 신비감) 등을 통하여 이루어진다. 영혼불멸이 받아들여지면, 인생이 덧없음에도 불구하고 죽음을 받아들이고 생활이 즐거워진다. 이 분들에게 사회지원 네트워크를 통하여 인생 무상함, 무력감, 고립감을 돕게 되면 매우 도움이 된다. 사회적 지원을 받지 못하고 그들의 생활을 의미 있는 것으로 통합하는데 실패한 사람들은 사망에 대한 두려움을 갖고 신체의 사멸을 받아들이는 방법을 찾지 못하면서도 동시에 영혼 불멸감을 갖는다.

Erickson 모델은 많은 연구자들에게서 지지를 받았다. 그러나 이들 단계가 언제나 이 순서로 나타나는 것은 아니며, 심리사회 딜레마가 해결되는 방법에도 변화가 일어날 수 있다.

제3절 성 역할 발달

1. 성 정체성

아동이 정체성을 얻어가는 국면에서 특히 중요한 것 중의 하나가 성 역할이다. 출생에서 5세까지 아동은 성 역할을 배워 간다. 먼저 남성과 여성 중에서 자신이 속해있는 쪽을 구분한다. 그리고 성은 영원한 것이며, 언제나 변화하지 않는다는 것을 알게 된다.

마지막으로 성 차이는 결정적인 차이(유전인자 차이와 같은)가 있으며, 성에 영향을 미치지 않는 우연적인 차이(의복과 같은)도 있음을 알게 된다. 이 기간에 아동은 성 스크립트(script)를 발달시키는데 이 성 스크립트는 성 역할에 관련한 일상적인 일의 표현이다.

2. 아동의 성별 행동 차이

여러 가지 연구결과 성 역할에서 볼 때, 장난감, 놀이, 또래 그룹행동, 인지발달 등에서 남녀간에 차이가 있음이 발견되었다. 남아는 트럭과 총을 선호하고 여아는 인형과 접시를 선호한다.

남아는 밖에서 더 거칠고 심하게 놀며, 관계중심의 대화를 여아보다 덜 한다. 남아는 전사, 영웅, 소방수와 같은 어른 성인역할을 흉내 낸다. 반면에 여아는 관계형성 의사소통에서 남아보다 성숙한 놀이를 한다. 그리고 가정꾸미기와 같은 다양한 성인여성 역할을 흉내 낸다.

아동이 5세에 가까워지면 성 역할을 벗어난 놀이를 덜 하게 된다. 상대 성 놀이는 중간정도 나이아동까지 하고, 청소년기가 되면 다시 줄어든다. 남아는 대그룹으로 놀고 여아는 2-3명의 제한된 그룹으로 논다.

남녀간 능력 차이는 비교적 분명하다. 여아는 남아보다 빠른 언어발달을 보인다. 그리고 셈하기가 더 빠르다. 그러나 청소년기가 되면 남아의 수학(數學) 능력은 여아의 능력을 추월하고 언어능력 차이는 없어지게 된다. 남성은 여성보다 인생 전반에서 공간 과제를 더 잘 수행한다.

3. 성역할 행동의 영향

인지과제(cognitive tasks)에 대한 성 차이에 관하여 적절한 설명을 할 수는 없지만, 성 역할 행동이 아동에 대한 부모의 태도에 영향을 받고(다른 기대와 다른 강화), 부모에 대한 아동의 반응(평가와 모방)에 의하여 영향을 받는다. 여러 가지 연구결과, 부모는 성이 다른 아동에게는 다른 성 역할 기대를 하고 아동이 이 행동기대에 부응할 경우 강화가 된다. 부모는 대개 남아에게 경쟁적이고 활동적인 것에 격려를 하고 여아에게는 화합하고 관계를 유지하는 것에 격려를 한다. 성인에 있어 전통적인 성 역할이 가지고 있는 문제점으로 인하여 이들에게 결혼 후 힘의 불균형을 가져올 수 있게 하고, 부부간의 불만을 증가시키며, 양 부부간 고립감을 주고, 아동을 돌보는데 아버지 역할을 줄인다.

그러나 현대는 성 역할을 엄격하게 정하는 것에 반대하고 있으며, 남녀 공히 라는 생각이 현재 지지를 얻고 있다.

제 4 절　우정과 또래관계발달

1. 또래관계의 중요성

또래우정은 매우 중요하다. 왜냐하면 이것이 사회적 지지를 구성하는 중요한 자원이기 때문이다. 그리고 이를 통하여 관계형성 네트워크관리법을 배울 수 있기 때문이다. 친구를 사귀거나 유지할 수 없는 아동은 특히 중간아동기와 청소년기에 심리발달 문제를 겪게 할 위험이 있다. 부모로부터 안정적인 애정을 받은 아동은 또래관계를 잘하는 경향이 있다. 이는 아마도 부모와의 경험이 또래와 교류를 하는데 기초가 되는 인지모델을 제공하기 때문일 것이다. 조직 밖에 밀려 있는 아동은 10대에 또래관계를 유지하는 데 특히 어려움을 겪는다.

2. 또래관계발달

5세 이후, 타인과 교류할 기회가 많아지고 언어발달이 증가하면서, 아동은 다른 아동과의 교류가 증가한다. 협동놀이를 통하여 다른 아동의 정서이해를 점차 하게 되고, 보통 중간아동기 경이면 이것이 충분히 발달한다.

경쟁적인 라이벌의식(종종 신체적, 말다툼 또는 조롱)은 특히 남아의 경우 또래 관계에서 중요한 부분이다. 이는 아동에게 또래그룹 계층 속에서 자신의 위치를 확립하게 하여준다. 동성 간 놀이에서 남자는 경쟁적이고 활동적이며 여자는 화합적이고 관계 중심적이라는 점은 이미 앞서 언급하였다. 남아는 대그룹과 어울려 노는 반면, 여아는 정서적으로 친하고 배타적 우정을 가진 소그룹과 어울려 노는 경향이 있다. 성에 따라 다르게 노는 것은 중간아동기에 보편적인 특징이다.

3. 인기아동과 거부아동

어느 발달단계에서든 또래들에게 인기 있는 아동이 인기가 있는 이유를 물으면 '그가 협조적이고 사려가 깊으며, 게임에 룰을 따르고, 상상놀이를 한다'고 말한다. 인기아동은 지적이고 신체적으로 더 매력적인 경향이 있다. 그들은 정확히 사회상황을 해석하고, 또래그룹 활동에 필요한 사회기술을 가지고 있다.

그런데 전체아동 중 10-15% 정도는 또래그룹에 의하여 거부를 당한다. 중간아동기에 인기가 없는 아동의 중요한 두 가지 특징은 공격적인 아동과 희생적인 아동이다. 희생적인 아동은 매우 민감하고, 근심스러우며, 낮은 자존감을 가지고 있으며, 또래그룹 계급에서 위치를 확보하지 못하고, 스스로를 방어할 수 있는 기술이 부족하다. 그들은 종종 집단 따돌림의 표적이 된다. 공격적인 아동도 인기가 없는데 그들에 대해 아동은 '그가 산만하고, 과잉행동을 하고 충동적이며, 게임의 룰을 따르지 않는다'고 말한다. 이들이 공격성을 보이는 것은 계급의 우위를 점하고자 하는 것보다는 어떤 도구 목표, 예를 들면 다른 아동으로부터 장난감을 빼앗으려 이런 행동을 한다.

인기가 있는 아동은 또래그룹 활동에 효과적으로 참여한다. 그들은 주위를 맴돌다가 그룹 활동에 조화를 맞춰 주의 깊게 그들 속에 통합될 기회를 택한다. 인기가 없는 아동은 특히 공격적인 형태의 경우, 그룹 활동에 조화가 되지 않는다. 그들은 다른 아동을 비난하고 다른 아동의 말을 듣기보다는 자기가 말을 하는 경향이 있다. 사교 기술이 있는 아동의 특징은 따스함, 유머, 그리고 사회적 단서에 민감함 등이다. 인기 없는 아동의 경우, 특히 공격적인 아동의 경우, 모호한 사회단서를 부정적으로 해석하고, 부적 사회 상호작용 소용돌이를 만든다.

인기가 없는 아동은 장시간동안 마찬가지다. 즉, 올해 인기가 없는 아동은 내년에도 그러한데, 인기가 없다 하여 전적으로 평판이 좋고 나쁨이 결정되는 것은 아니다. 이때 공격성으로 인기가 없는 아동은 관계에 대하여 부적절한 인지모델, 모호한 사회상황에 대한 해석의 어려움, 낮은 사회기술이 인기가 없게 되는 주된 요인이다. 반면에 희생으로 인기가 없는 아동의 경우는 낮은 자존감, 사회 상호작용 기회의 회피, 친사회성기술의 부족 때문일 것이다.

두 가지 타입의 인기 없는 아동은 모두, 화합, 팀워크, 우정네트워크 관리기술을 배울 중요한 기회를 잃은 것이다. 인기 없는 것이 장기간 문제를 유발하는 것과는 전적으로 일치하지 않지만, 그러한 아동은 학습문제, 학교탈락, 청소년기 품행문제, 성인기 정신건강문제와 범죄 등에 위험이 있을 수 있는 것으로 나타나고 있다.

4. 사회기술훈련

인기 없는 아동은 사회기술 훈련을 받으면 효과가 있다. 효과적인 사회기술 프로그램의 주요 특징에 관하여는 Malik과 Furman(1993)이 설명하였는데 이들에 따르면 첫째, 아동을 그룹으로 교육한다. 그룹은 참여자에게 준비된 사회실험실(laboratory)을 제공하는 이점을 가지고 있다. 이곳에서 습득된 기술을 연습하고 피드백 할 수 있는 것이다.

둘째, 프로그램을 제공한다. 여기서는 듣기기술, 자기노출기술, 조롱에 대한 처리와 전환방식에 초점 두고, 눈 맞춤과 같은 구체적인 행동기술에는 초점을 두지 않는다.

셋째, 공격성으로 인기 없는 아동을 위한 사회기술 프로그램을 제공한다. 이 프로그램에서는 분노관리훈련을 시키고 있다. 여기에서 아동은 덜 위협적인 방법으로 모호한 사회상황을 해석하는 법을 배우고 비폭력적인 방법으로 공격충동을 해결하는 법을 배운다.

인기 없는 아동과 학교에 있는 일반 또래 그룹 간에 서로 화합적으로 구조적인 게임이나 활동을 시키기 위한 프로그램을 전개하면 비인기를 줄어들게 하고, 새로이 습득한 사회기술을 사용할 기회를 만들어주어 도움이 될 것이다.

집단 따돌림방지 프로그램에서는 그 원인이 희생으로 인기가 없어 따돌림 받는 것인지, 공격적이어서 인기가 없어 따돌림을 받는 것인지를 먼저 확인한다.

제 9 장

사회적 위축

사회적 위축 행동은 아동기에 발생할 수 있는 사회적 부적응 행동 중 하나이다. 그런데 이와 같은 사회적 위축의 원인은 아직까지 완전히 밝혀지지 못하였으나 여러 가지 원인이 복합되어 있는 것으로 보인다. 사회적으로 위축된 아동은 만족스러운 인간관계를 발달시키지 못하기 때문에 사회적 기술을 발달시키지 못하고 이로 인하여 다시 또래관계를 형성하지 못하여 사회성 측면에서 빈익빈부익부(貧益貧富益富)현상을 가중시킨다. 따라서 가정에서나 학교에서 이들에 대한 각별한 관심이 필요할 것이다.

사회적 위축은 어떤 사람이 사회접촉을 회피하거나 탈피하고자 하는 일련의 행동을 의미한다(Kalkins et al., 2002; Kerr & Nelson, 1989). 연구자들은 사회적 위축행동을 보통 아동기에 나타날 수 있는 사회 부적응 행동 중 하나로 보고 있으며, 임상 현장에서는 이를 내면화된 장애 범주에 두어 신경증적인 행동 특성의 한 부분으로 인식한다(Younger & Daniels, 1992). 사회적 위축행동을 보이는 아동에게서 발견될 수 있는 문제는 행동장애, 억압, 낮은 자존감이다(김명희, 1997).

제 1 절 사회적 위축의 원인 및 출현율

1. 원인

Black(1997) 등에 의하면, 사회적 위축의 원인은 생리적 요인, 가족 관계 요인, 생활 속에서의 긴장 요인, 통제 불가감 요인, 행동 억제요인 등과 같은 아동 특성 등이 복합되어 있는 것으로 보인다. 예를 들면, 생리적 요인의 경우, 일부는 유전 소인으로 인하여 심각한 분기 상태에 이르게 되고, 그에 따라 사회적 위축/불안 상태를 일으키게 된다는 것이다. 그러나 이와 같은 유전 요인은 특정 장애에서뿐만 아니라 일반적으로 존재하는 부적 정서경향일 수도 있다(Black et al., 1997).

Sue(2001)는 182명의 아동을 대상으로 인기아동, 거부아동, 고립아동, 일반아동 등으로 구분한 후 아동의 성, 사회적 상황, 기질간의 관계를 분석하였는데, 그 결과 거부아동의 경우 사회적 활동부분에서 인기아동에 비하여 힘든 기질 군에 속하고, 산만성이나 지구력에서 약한 모습을 보였다. 또한 거부아동과 고립아동 모두 인기아동보다 적응력이 낮았으며 부정적인 정서상태를 많이 보였다. 이는 기질적 차이가 사회적 또래관계에 영향을 미침을 보여주는 것이다.

따라서 현재까지는 사회적 위축이 생리적 요인이라고 단언하기는 어렵지만, 불안감을 가진 부모에게서 불안감을 가진 아동이 길러진다고 하는 것처럼, 사회적 위축도 부분적으로는 생리적 요인이 반영된 것으로 보인다. 실제로 일반적인 가족관계 요인들이 아동의 사회 불안이나 위축에 강하게 영향을 미치고 있는 것으로 여겨진다. 예를 들어, 불안감을 지닌 아동은 환경이 주는 두려움을 자신의 부모에게서 그대로 이어 받는 경향이 있다고 한다(Ginsburg, Silverman, & Kurtines, 1995). 다시 말하면, 불안감을 지닌 아동은 부모가 보여주는 조심성과 경계심, 회피 등의 모습 등을 지켜본 후, 그것을 자기 자신이 처한 상황 속에서 그대로 모방하려는 경향이 있다는 것이다. 아동의 사회적 불안/위축과 관련된 기타 가족 관계 요인에는 과보호, 부모 애정 결핍 등이 있다고 한다(Albano, Chorpita, & Barlow, 1996). Martin(2002) 등은 이와 같은 결과를 뒷받침하는 연구로서, 유아초기 모자간의 상호작용이 사회적 위축을 유발할 수 있다고 주장하고 이들 간의 관계가 결국 사회적 위축의 원인이 된다고 하였다.

한편 사회적 위축의 원인을 연구하는데 있어 인지적인 측면에서 접근한 연구자들도 있었다. Shure(1980; 1985)는 사회적으로 위축된 아동은 수단과 목적에 대한 생각(Means-ends thinking)이 부족하여 자기의 권리를 내세우지 못하고 소심하며 타인에 대한 두려움을 보인다고 하였다. 그에 의하면 수단과 목적에 대한 생각은 대인관계 상호작용에서 안정적인 관계를 형성할 수 있는 하나의 기술인데, 이 기술을 통하여 사람들은 단계별로 상호작용 계획을 하고 단계별로 수단을 사용하여 목적에 도달하게 된다고 한다. 그런데 이와 같은 기술에 문제가 있을 경우, 목표에 도달하거나 주어진 문제를 해결하는데 시간이 필요하다는 사실을 이해하지 못하여 사회적 상호작용을 제대로 할 수 없게 된다는 것이다(Shure, 1985).

또 Shure와 Spivack(1974; 1982)은 유아용 대인관계 문제해결 검사(Preschool Interpersonal Problem Solving: PIPS)를 사용하여, 한 아동이 다른 아동이 가지고 있는 장난감을 가지고 같이 놀기 위한 문제 해결능력을 검사하여 본 결과, 사회적으로 위축된 아동은 이러한 문제해결 기술을 제대로 구사하지 못함을 발견하였다. 또한 이들은 하네만 유아행동평가척도(Hahnemann PreSchool Behavior: HPSB)를 이용하여 행동적으로 적응적이고 사회적으로 유능한 아동과 반사회적이고 적응적이지 못한 아동 간 장난감 상호 교환 놀이 방식을 비교한 결과, 사회적으로 위축된 아동의 경우는 시나리오에 의한 장난감 공유해법을 제대로 찾지 못하였다. 또 부모가 시나리오를 제시하여주었는데도 제대로 따르지도 못하였고 전략의 창조성도 보이지 못한다는 점을 발견하였다.

결국, 사회적 위축행동은 여러 요인들이 복합적으로 작용하여 발생하는데(김수미 외, 2000), 그와 같은 문제는 민감하면서도 위축적인 기질, 고도의 자각적 상황에 대한 높은 생리적 취약성 등이 함께 존재하는 상태에서 시작된다고 볼 수 있다. 즉, 사회적으로 위축상태에 있는 사람이 성장과정에서 일련의 부정적인 사회적 상황을 맞이하게 되면, 자신의 환경과 관련하여 학습된 무기력이나 통제 불가감을 갖게 되는 경향이 있을 수 있다.

2. 출현율

한편 사회적 위축아동의 출현 율은 연구자에 따라 매우 다양하다. 그 이유는 사회적 위축이라는 표준적 정의가 없기 때문인데 사회적 위축 출현율은 사회적 위축행동 어떻게 보는가 하는 기능적 방법에 따라 매우 다르게 나타난다. 즉, 일반학교에서 직접 관찰한 방법에 의한 결과는 12.5%-13.7% 정도였다(Coie, Dodge, & Coppotelli, 1982; Dodge, 1983; Dodge, Coie, & Brakke, 1982). 그러나 사회적 위축아동 출현율을 전체의 1-3% 정도라는 연구도 있다(Hops & Greenwood, 1981).

우리나라의 경우, 사회적 위축아동의 출현율에 관련한 연구는 출현율에 목적을 두어 연구한 경우는 없으나, 사회적 위축아동을 대상으로 하는 연구를 위하여 사회적 위축아동을 선별하기 위한 과정으로 사용한 방법에서는 사회적 위축정도를 검사하여 이들 중 1표준편차 이상에 해당하는 아동을 사회적 위축집단으로 선정하였다(윤명렬, 2002).

이상에서 살펴본 바와 같이 사회적 위축의 원인은 여러 가지 아동 특성 등이 복합되어 있는 것으로 보이며, 아동이 지닌 기질적 차이 요인이 또래관계에 영향을 미치고, 가족 관계 요인도 아동의 사회적 위축에 영향을 미치는 것으로 보인다. 또 사회적 위축행동은 아동이 성장하고 사회접촉이 많아지면서 없어진다는 연구결과를 볼 때, 사회·문화적 요인에 기인하는 것임도 알 수 있다. 반면에 본 연구에서 알아보고자 하는 바대로 사회적 위축의 원인이 마음이론의 결손 요인이라는 주장도 있으나 이에 관련한 연구는 매우 부족하다.

한편, 사회적 위축아동의 출현율은 연구자에 따라 매우 다양하였는데, 우리나라의 경우는 사회적 위축아동의 출현율에 초점을 두어 연구한 경우는 발견하지 못하였다.

제 2 절 사회적 위축 평정방법

1. 교우도(sciometric)접근법

사회적 위축아동 선별에서 많은 연구자들(예: Kalkins et al., 2002; 윤명렬, 2002; Asher & Hymel, 1997)이 교우도검사 기법을 사용하였다. Leslie(1999)는 사회적 행동과 또래수용간 관계를 40명의 아동을 대상으로 부모, 교사, 관찰법을 통하여 연구하였는데, 또래 간 관계형성을 제대로 하지 못하는 아동의 경우 또는 부끄러움이나 사회적 위축을 지니고 있는 아동의 경우, 이들에 대한 또래아동의 평정과 교사의 평정 간에는 상호 관계가 있는 것으로 나타났다. 즉, 사회적 위축에 대한 또래아동의 평정이나 교사의 평정이 매우 의미 있음을 보여주는 것이다.

교우도 검사법은 그 시행 방법 유형으로 또래 지명법, 또래 평정법, 짝 비교 접근법 등이 있다. 첫째로, 또래 지명법은 가장 일반적으로 사용하는 방법으로서(McConnell & Odom, 1986), 또래아동에게 특정 활동에 같이 참여하고 싶은 사람(같이 공부하고 싶은 사람, 같이 놀고 싶은 사람, 같이 앉고 싶은 사람 등)의 이름을 묻고(보통 3명), 또 그들에게 같이 놀고 싶지 않은 급우의 이름을 물어, 특정아동이 좋아하거나 좋아하지 않는 사람으로 지명된 횟수를 적고, 가장 많이 지명 받은 사람과 가장 적게 지명 받은 사람을 비교한다.

둘째로 또래 평정법은 아동에게 전 학급 학생 명렬(이름표)을 제공하고, 이들에게 또래 점수를 리커트 척도를 사용하여, 하나 또는 2개 이상의 변수에 응답하도록 한다(예: 놀기, 공부하기, 옆에 앉기 등). 그리고 숫자 점수에 그 값을 각각 매겨 둔다(예: 5= 매우 좋다, 3= 보통이다, 1= 매우 좋아하지 않는다). 교사는 아동 각각에 대해 매겨진 점수를 가지고 합계를 구하여, 사전에 모든 아동들에 적용할 표준과 비교한다.

셋째로 짝 비교접근법은 그 효과에 비하여 시간소요가 많아 연구자가 사용하기에는 매우 어렵다. 이 방법은 학급아동 개인에게 그 학급 아동 중 두 명의 사진(또는 이름)을 제시하고 이들에게 질문(예: 둘 중에 누구와 같이 공부하고 싶니?)을 하여 한 명을 선택하게 한다.

이와 같은 방법으로 모든 가능한 짝의 조합을 보여주고, 각 아동별로 선택된 합을 구하여 또래관계 정보를 얻는다(McConnell & Odom, 1986).

본 연구에서는 사회적 위축아동의 평정에 있어 또래 평정법을 한 가지 방법으로 선택하였는데, 그 이유는 그 사용의 편의성과 사회적 위축아동 판별에 가장 잠재력이 높기 때문이다(McConnell & Odom, 1986).

2. 관찰법

사회적 위축아동 선정을 위한 다른 방법으로, 아동이 또래와 상호작용 하는 비율을 관찰하는 방법이 있다(Sue, 2001). 이는 아동을 관찰하여 또래와 계속 상호작용 하는 비율이 낮은 아동을 사회적으로 위축된 아동으로 보는 방법이다. 이를 위하여 연구자는 먼저 직접 관찰을 통하여 상호작용 율을 측정한다. 이 때 측정은 일반적으로 비구조화된 놀이나 수업시간 중에 측정한다. 사회 상호작용 데이터 수집은 1) 분당 상호작용률, 2) 표준관찰 샘플당 상호작용 총 빈도 수, 3) 상호작용 발생간격 비율 등의 관점에서 수집하게 된다(Odom & DeKlyen, 1989).

이 때 관찰 데이터의 수집은 문제가 있는 특정 아동과 문제가 없는 아동 중에서 무작위로 선택한 아동을 대상으로 수집하게 된다. 그리고 문제가 있는 아동과 무작위로 선택된 아동 간 상호작용 비율에서 유의미한 차이가 있는지를 검증한다. 이 때 사회적 행동 표준 또는 지역 규준율과 해당 아동의 상호작용률을 비교할 수 있다(Odom & DeKlyen, 1989).

Greenwood와 Todd, Hops, Walker(1982)는 상호작용 비율법을 통한 취학 전 아동 중 사회적 위축아동 선별법에 관한 연구를 하였다. 먼저 그들은 전체 상호작용률을 고, 중, 저 상호작용 집단으로 구분하고(상호작용평균율: 고(1.0), 중(.46), 저(.14)), 이들 아동의 사회행동에 관한 질적 측면을 살펴보고자, 이들에 대하여 정밀분석을 하였다.

그 결과, 상호작용이 낮은 아동은 1) 낮은 수준의 긍정적 상호작용, 2) 또래로부터 낮은 수준의 사회모방, 3) 또래 모방에 대한 부족한 반응, 4) 또래보다 상대적으로 적은 언어사용 등을 보이는 점을 발견하였다. 또 저 상호작용 아동들은 관찰결과 혼자 노는 시간이 많았고, 그룹 활동에 자주 참여하지 못하였으며, 또래 아동 간보다는 어른과 더 많이 상호작용 하는 것으로 나타났다.

흥미로운 것은 저 상호작용 아동은 중, 고 상호작용 아동보다 더 부정적으로 상호작용 하였다. 즉, 사회적 위축아동이 상호작용 전략에서 문제가 있다는 것이다.

3. 평정법

사회적 위축아동을 판별하는 방법에는 먼저 교사행동 평정표에 의한 방법이 있다. 예를 들면, McDowell과 David(2003), Martin(1999) 등이 이에 속한다. 또한 사회적 위축이나 불안, 심리에 관련한 교사와 부모 평정표는 아동행동 프로화일과 아동행동 프로화일-교사보고서 버전(Child Behavior Profile: Achenbach et al., 1987; Achenbach & Edelbrock, 1979), 문제행동 선별 체크리스트(Walker Problem Behavior Identification Checklist-Revised; WPBIC, Walker & McConnell, 1988) 등이 있다.

일반적으로 평정표에 대한 응답자는 주요관계자, 즉, 부모, 교사 등이 응답한다. 그리고 이들 점수를 가지고 특정 한계치를 정하여 학생의 점수가 사전에 정해져 있는 규준을 넘을 경우, 이들을 사회적 위축아동으로 선정한다. 이와 같은 평정법은 신뢰성, 타당성, 그리고 정규 샘플 일반화에서 매우 의미 있는 것으로 나타나고 있다(Odom & DeKlyen, 1989).

한편 Achenbach(1983; 1991)가 제작한 아동·청소년 행동평가 척도(Child Behavior Checklist: CBCL)는 부모 혹은 아동 청소년과 함께 생활하는 어른이 아동·청소년의 문제 행동과 사회적 능력을 표준화한 형태로 기록하는 행동 평가 도구인데, 이는 부모가 아동의 능력과 문제 행동에 대해 가장 중요한 정보제공자가 될 수 있다고 보기 때문이다. 즉, 보호자에 의한 평가는 아동의 경우는 성인과 달리 스스로 정신건강 기관을 찾아오는 일이 없고, 보통 부모나 친지와 함께 정신 건강 기관을 방문하기 때문에 평가 및 치료과정에서도 아동자신보다는 부모나 친지가 중요한 정보제공자가 되며. 방문 사유 역시 아동 스스로 설명하기보다는 임상자의 직접관찰에 의해 파악되거나 부모나 친지가 보고하는 경우가 많기 때문이다(오경자 외, 1997).

아동 청소년에 대한 부모 평가 유용성을 기초로 제작된 아동·청소년 행동평가척도(CBCL)는 그 제작과정에서 다음과 같은 몇 가지 특징이 있다(오경자 외, 1997). 첫째, CBCL은 다수의 임상 집단의 자료를 요인 분석하여 경험적 방법으로 구성된 임상척도를 사용하였다. 둘째, CBCL은 광범위한 정상집단의 자료를 체계적으로 수집·분석하여 이를 기초로 CBCL 규준을 작성함으로써 이를 실제로 적용하여 아동을 평가하는데 중요한 지침을 마련해 주고 있다. 셋째, 정서행동문제 평가와 동시에 사회능력 척도를 제작하여 문제 행동 증후군 척도와 유사한 과정을 통하여 표준화 규준을 마련함으로서 정서 행동문제 뿐만 아니라 아동 청소년의 적응능력 평가도 병행하고 있다. 넷째, 기본적으로 CBCL은 경험에 기초한 다면평가를 전제로 하고 있다.

한편, K-CBCL(Korea-Child Behavior Checklist)은 미국판 CBCL을 토대로 하여 행동 평가 척도를 표준화하였으며, 각 문제 행동 증후군 척도에 대한 크론바하의 내적 합치도 계수(α)는 .62에서 .86까지로 비교적 양호하게 나타났으며, 변별 타당도의 경우도 $p<.01$ 수준에서 유의미한 수준이었다(오경자 외, 1997). 사회적 위축의 경우 K-CBCL에서 사용한 사회적 위축 요인은 “혼자 있는 것을 좋아한다”, “말을 하지 않으려고 한다”, “숨기는 것이 많고 남에게 속을 털어놓지 않는다”, “수줍거나 소심하다”, “멍하니 허공을 응시하곤 한다”, “자주 뾰루퉁해진다”, “비활동적이고 행동이 느리며 기운이 없다”, “불행하다고 생각하거나 슬퍼하고 우울해 한다”, “위축돼서 남들과 어울리지 않으려 한다” 등이다.

4. 다수준, 다방법적 사정접근법

Odom과 DeKlyen(1989)은 사회적 위축아동 선별법을 포괄적 접근법으로 발전시켰다. 이 방법에서는 사회적 위축 아동을 선별할 때, 교사평정점수, 부모평정점수, 또래 평정점수, 그리고 학생 상호작용패턴에 대하여 직접 관찰하는 방법을 모두 사용한다.

연구자(예: Gresham, 1983; Hops & Greenwood, 1981; McConnell & Odom, 1986)들은 사회적 위축아동 선정을 위하여 또래 지명법, 주요 사회행동에 대한 직접관찰(예: 사회 모방률, 또래 모방과 또래 구어에 대한 반응)법, 부적 사회행동과 정적 사회행동을 포함한 교사평정표 등의 세 가지 정보변수를 이용하여 장애 행동여부를 확인할 것을 권장하였다.

Odom과 DeKlyen(1989)은 사회적 위축에 대한 정확한 선별을 위하여, 이들 세 가지 척도 중 적어도 두 가지에서 문제가 있음이 밝혀져야 한다고 하였다. 즉, 사회적으로 위축된 아동은 낮은 율의 정적 상호작용, 또래와의 부정적 상호작용, 또래 지명정도에서 낮은 사회영향점수, 학습평가에서 낮은 사회적 상호작용 점수, 또는 높은 정도의 사회적 위축을 보여야 한다는 것이다.

이상에서 살펴본 바와 같이, 사회적 위축아동의 선별은 평정법, 관찰에 의한 방법, 평정에 의한 방법 등이 있는데, 본 연구에서는 또래평정법과 교사 행동평정법에 의한 방법을 동시에 사용하고자 한다. 그 이유는 또래평정법과 교사 평정법은 경제적 측면 외에도 상당한 정확성을 가지고 있기 때문이다(예: Greenwood, Walker, & Hops, 1977; Greenwood et al., 1979).

제 3 절 사회적 위축의 하위유형

Sue(2001)는 사회적 위축아동을 구분하는데 있어 아동을 인기아동, 거부아동, 고립아동, 일반아동 등으로 구분하였고, Buss(1986)는 사회적 위축의 하위 유형으로 두려움에 의한 수줍음 유형과 자의식에 의한 수줍음 유형으로 구분하였다.

Bergen과 Doris(2001), Alastair(2000) 등은 또래 지명법에 의한 사회적 위축아동을 2가지 타입 즉, 억제/신중타입과 자의식/불안 타입으로 구분하여 연구하였고, Asendorpf(1991)는 사회적 위축아동을 비사교적인 아동, 회피적인 아동, 부끄럼(또는 억제)아동으로 구분하였는데, 비사교적인 아동은 또래보다는 사물을 가지고 노는데 더 흥미를 보이는 반면, 회피적인 아동은 타인을 회피하고 타인과의 접근 동기를 보이지 않으며, 부끄럼(또는 억제)아동은 부끄럼을 타는 동시에 회피를 보인다고 하였다.

Younger(2000) 등도 위 분류들 중에서 사회적 위축 하위분류에서 명백한 유형은 두 가지가 있다고 하면서 그 두 가지 형태를 억제/신중타입과 자의식/불안타입으로 구분하였다. 이들은 Buss(1986)의 하위분류에 동조하면서 억제/신중 타입은 행동적, 심리적으로 비교적 안정적인 프로파일을 보인다고 하였다. 억제타입은 친숙하지 않은 사람과의 상호작용을 피하나, 새로운 장난감은 잘 가지고 노는 모습을 보이며 이런 형태의 억제는 아동중기가 되면 매우 감소하게 되나 일부의 경우는 고립-수동적인 모습을 보인다는 것이다. 반면에 자의식/불안 타입의 위축은 아동이 사회 평가에 대하여 걱정을 하는 것인데, 아동중기에 자신의 사회적 유능감에 대한 걱정으로 사회적 위축이 가속화된다고 한다.

한편, Rubin(Rubin, 1993; Rubin & Mills, 1988) 등은 사회적 위축아동구분을 수동적-불안타입과 적극적-고립타입으로 분류하였다. 수동적 근심타입 아동은 조용하고 수동적이며 또래 상호작용보다는 혼자 노는 놀이를 즐기는데, 이 타입은 아동기 초기에는 정상적인 모습을 보이나 초등학교시기에 또래관계에서 사회적 위축을 보이고 나이가 들면서 점차 또래에게 거부당하며, 이로 인하여 아동은 수동적 불안, 사회적 위축, 외로움과 같은 내면화 문제가 발생한다는 것이다.

반면에, 적극적 고립타입 아동은 인지적으로 미성숙하고 행동적으로 난폭하며 놀이에 성숙한 모습을 보이지 않아 또래들로부터 거부당함으로써 사회적인 상호작용에서 위축을 보이게 된다고 하였다. 그러나 이들은 불안관련 요인은 관련이 없다고 하였다.

그런데 이 중 수동적 불안 타입의 경우 과묵-수동 타입과 고독-수동타입으로 구분한 연구도 있는데(Coplan, Rubin, Fox, Calkins & Stewart, 1994), Rubin(1982) 등은 대인관계의 부족에 의한 고립, 거부 등은 사회적 부적응의 원인이 된다고 하였다. 또한 Bowker(1998) 등과 Younger와 Daniels(1992)는 사회적 위축아동 분류에서 아동 스스로가 자발적으로 위축을 보이는 자발적인 위축유형과 또래아동의 수용과 거부로 인한 또래에 의한 고립유형으로 구분하였다.

반면에, Bowker(1998) 등은 이 두 가지 분류 차원이 동질적인 것이 아니라 서로 다른 구조를 가진다고 하였다. 즉, 또래 수용, 거부, 공격 등은 자발적인 위축보다는 또래에 의한 고립과 관련이 있다고 하면서, 자발적 위축 유형의 경우는 내면화 장애와 관련이 있고, 또래에 의한 고립은 외현화 장애와 관련이 있다고 주장하였다.

강위영(1999) 등은 과거에는 사회적 위축아동의 특성을 단일 특성으로 보았으나 사회적 위축에는 질적으로 다른 하위유형이 존재함을 밝히면서, 첫째로 다른 아이들과 어울려 놀기보다는 단지 혼자 놀기를 더 좋아하는 집단, 둘째, 사회적 상호작용에 대한 두려움 때문에 또래와의 놀이를 적극적으로 피하는 집단, 셋째, 사회적 상호작용을 원하기는 하지만 사회적 참여를 시작하거나 유지하는데 필요한 사회적 행동이나 기술이 결여되어 다른 아이들을 방해하는 방법으로 참여를 시도함으로 다른 아이들에 의해 거부되는 집단 등 세 가지 유형으로 구분하였다.

이상에서 살펴본 바와 같이 사회적 위축아동의 하위 유형은 연구자에 따라 다양하게 유형구분을 하고 있다.

제10장

아동심리 발달 요인

제 1 절 개인별 위험요인

아동의 심리문제에 영향을 미치는 요인에는 여러 가지가 있을 수 있는데, 이를 분류해 보면 크게 위험요인(risk factors: 문제를 나타나게 할 수 있는 요인), 촉진요인(precipitating factors; 문제를 악화시키는 요인), 유지요인(maintaining factors: 일단 발생된 제를 존속시키는 요인), 그리고 보호요인(protective factors; 더 심한 악화를 예방하고, 치료 예후와 반응에 의미가 있는 요인)으로 구분지을 수 있을 것이다.

또 이와 같은 위험요인, 보호요인, 유지요인 등은 아동의 생물학적, 심리학적 성격과 같은 개인 요인과 가족, 학교, 또래그룹, 관련 처방기관을 포함한 아동의 정신 사회적 환경 특성과 같은 상황 요인 등으로 구분할 수 있을 것이다. 이를 설명하면 아래와 같다.

아동 발달에 영향을 미치는 요인에는 유전적 취약성, 태아기 및 육아기상 문제, 아동기 초기손상 및 질병 등을 들 수 있다. 이들은 생물학적 요인에 해당하는데 그 외에도 여러 가지 아동의 심리적 특성과 이에 관련한 신념시스템도 아동의 심리 문제에 위험을 일으킬 수 있다. 또한 낮은 지능, 힘든 기질, 낮은 자존감, 외적통제소재(external locus of control) 등도 중요한 변수가 된다. 이들 생물학적 위험요인과 심리적 위험요인들에 대하여 설명하면 아래와 같다.

1. 유전요인

연구결과, 아동의 기질과 지능과 같은 심리적 특성은 부분적으로 유전 요인에 영향을 받는다는 점이 밝혀졌다. 이 영향의 크기는 전체 영향 중에서 30-60% 정도이다. 물론 자폐성장애, 다운증후군, 인격장애 등은 예외지만, 아동의 심리문제는 유전요인으로 발생될 수 있다. 그러나 아동의 심리 문제가 확실히 유전 요인에 의한 것이라는 확실한 증거는 아직 없다.

2. 태아기 및 육아기상 문제

태아의 건강은 자궁상태로부터 영향을 받을 수 있다. 자궁환경에 부정적인 영향을 미칠 수 있는 요인에는 산모의 나이, 혈액형 불일치(RH⁻), 영양실조, 흡연, 음주, 약물사용 등이 해당한다.

예를 들어, 임신 중인 여성이 음주를 할 경우 자궁에 치명적인 알코올 중독을 일으켜, 태아가 소두증(小頭症), 정신장애, 그리고 안면이상 등이 될 수 있다.

풍진(rubella), 매독, 에이즈(AIDS) 등도 산모로부터 태아에 전이될 수 있다. 보통 자궁환경이 나쁜 상태에서 자란 태아는 출생 시 체중이 임신기간에 비하여 현저하게 평균이하가 된다(2kg 이하). 이를 의학적으로 미숙아라고 한다.

임신 중 두뇌손상을 입은 아동은 출생 후 두뇌손상을 입은 아동과 비교할 때 특정분야에서의 결함을 보이지 않고 학습이나 지적능력 등 전반적인 저하를 보인다.

그 이유는 아동 발달상 중추신경시스템 발달이 아직 이루어지지 않아 기능 분화가 되지 않기 때문이다. 산소결핍증 또는 대뇌피질손상으로 인하여 유아가 임신 중 두뇌손상을 입게 되면 그 유아는 인지 측면에서 손상을 보일 수 있다.

출산 시 병원에서 집게로 끄집어내는 일이나, 머리가 거꾸로 나오거나, 난산이었을 경우, 또는 탯줄이 꼬인 경우와 같은 출생 시 발생할 수 있는 문제들로 인하여도 유아는 신경 손상을 입을 수 있다.

유아의 출생 직후 건강상태 평가는 보통 아프가(Apgar)점수로 매긴다. 아프가 점수는 0점부터 10점까지 매기는데, 4 이하는 매우 안 좋은 상태를 의미하므로 이 경우는 주의 깊은 양육을 필요로 한다. 아프가 점수는 유아의 피부색(푸른색이면 산소결핍증으로 본다), 호흡, 심장박동률, 근육상태, 자극에 대한 반응 등 평가에 의한다.

미숙아는 특히 출생 중 두뇌손상을 입을 가능성이 높다. 10개월을 다 채운 유아는 출생 중 보호 받는 반면, 미숙아는 두개골이 아직 충분히 발달되지 못하였기 때문에 보호받지 못한다. 임신 중 미숙아가 신경 손상을 받으면, 보통 생후 주의집중 문제나 과잉행동 문제를 보일 수 있다.

대부분의 미숙아는 발달지체를 보이지만, 적절한 의료 상 치료와, 부모의 정성

스런 양육, 그리고 적절한 자극을 주게 되면, 취학연령 이전에 같은 또래아동들을 따라잡게 된다.

3. 신체적 손상, 상처 및 질병

아동기 후 두뇌손상을 입으면 사후조치 적절성과 손상위치, 심각성 정도에 따라 인지손상, 참을성 부족, 행동문제 등이 발생할 수 있다. 예를 들어, 아동이 아동학대나 다중양육으로 인하여 두뇌손상을 입어 전반적으로 심리 문제가 발생한 경우와 교통사고로 유사한 손상을 입었으나 안정적인 가정환경에서 회복하고 있는 아동 간에는 상당한 차이가 있을 것이다.

천식이나 당뇨병과 같은 만성적 질환과 암이나 담낭 섬유 증(cystic fibrosis)과 같은 생명을 위협하는 질병 등은 이들 질병이 아동과 가족에게 계속하여 생물학적으로, 정신적으로, 사회적으로 스트레스를 주기 때문에 가족의 심리상태에 영향을 미칠 수 있다

4. 지능, 자존감, 통제소재

아동은 여러 가지 개인의 심리적 특성들로 인하여 심리 문제를 발생시킬 수 있다. IQ검사 결과 지능이 낮으면 품행장애위험이 있으며, 자존감이 낮으면 품행장애나 정서장애위험이 있다.

또한 주요 강화원천과 자기상황에 대한 중요한 측면에 대하여 통제할 필요가 없다는 신념을 가지게 되면 품행문제와 정서문제를 일으킬 수 있다. 이와 같은 신념을 외적통제소재라고 한다.

제 2 절 개인별 유지요인

일단 심리문제가 발생되면, 그 심리문제의 정도는 심리적, 생물학적 요인에 따라 그리고 개인 수준에 따라 다르게 유지될 것이다. 이때 자기규제에 대한 신념

과 자기규제 기술 등이 중요한 심리문제 유지요인이 된다. 특히 아동 심리문제는 자기효용신념, 역기능적 귀인스타일, 인지왜곡, 미성숙한 방어기제, 그리고 역기능적인 대처전략으로 유지될 수 있다.

1. 자기규제신념

예를 들어 아동이 과제완수에 성공하고, 이 성공이 자신의 능력으로 성공하였다고 생각하면, 아동은 자기 효용감이 생겨난다. 즉, 아동이 미래에 유사한 과제에도 잘 할 수 있을 것이란 믿음이 생기는 것이다. 따라서 아동이 높은 수준의 자기 효용감을 갖게 되면 과제완수를 더 효과적으로 할 수 있다. 그러나 낮은 자기 효용감을 가진 아동은 문제를 해결하고자 지속적으로 노력하지 않는 경향이 있다. 그래서 낮은 자기 효용감으로 심리문제를 유지시키게 되는 것이다.

아동이 학습, 사회문제처리 또는 만성질병처리에 실패하고, 부모나 교사로부터 실패가 능력부족 때문이라는 말이나 피드백을 받을 경우, 또는 (노력보다는)어쩔 수 없는 질병으로 인한 것이라고 피드백을 받게 되면, 아동은 절망을 배우게 되고, 그로 인하여 우울한 속성스타일 즉, 아무리 노력해도 성공할 수 없다는 신념을 배우게 된다. 그리고 실패의 탓을 능력부족과 같은 내적(자신은 원래 못하는 사람)이고 포괄적이며(이걸 못하니 다른 것도 전부 못할 것이라고 생각) 고정된(이는 항상 그럴 것이라는 생각)요인으로 돌리는 경향을 보이게 된다.

또 이들이 성공하였을 경우 그 성공은 운과 같은 외부적이고(능력으로 한 것이 아니라 어쩌다가 성공한 것), 특별한 것이며(이것만 성공한 것이지 다른 것은 그렇지 않을 것이란 생각), 일시적인(항상 성공하는 게 아니라 이것만 성공한 것일 뿐)요인인 것으로 돌린다. 이와 같은 우울 귀인 스타일을 갖게 되면 아동은 무기력해지고 이로 인하여 심리문제 특히 낮은 무드, 학교실패, 약물처방 지침에 따르는 것에 대한 의지부족 등을 유지시킬 수 있다.

보통 학교에서 발생한 학습된 무력함은 중간아동기에 나타난다. 그런데 이는 남자보다는 여자에게 더 많이 나타난다. 그러나 이는 학습과제를 아동능력수준에 맞추어 주고 성공에 대하여 정적 피드백을 제공하여 주며, 능력 탓이라기보다는 실수를 줄이려는 노력 부족 탓으로 돌리는 교정 피드백을 제공하여 주면 교정할 수 있다.

학습된 무력감의 반대는 학습된 낙관주의인데, 낙관주의에 의한 사고방식에서는 아동이 성공한 경우 이를 능력이나 기술과 같은 내적(능력에 의한 것, 노력하면 되는 것)이고 포괄적이며(다른 무엇이든 이번처럼 하면 성공할 수 있는 것) 고정된(언제나 성공할 수 있다고 보는 것)요인으로 보고, 반면에 실패한 경우, 이를 기회와 같은 외부적이고(자신의 능력 탓이라기보다는 다른 환경 탓), 특별한 것이며(이번의 실패에 한한 특별한 경우), 일시적(이 실패는 일시적인 것일 뿐 다른 경우는 그렇지 않을 것)요인으로 보는 귀인스타일을 보인다).

아동이 학습된 낙관주의를 가질 경우 그렇지 않은 경우보다 더 좋은 적응을 할 수 있다.

부모가 아동을 훈육하면서 일관성이 없이 또는 예측 불가능하게 말이나 체벌을 하게 되면, 아동은 부모에게 반대의견을 말하지 못하고 부모가 보여준 것 같이 타인으로부터도 예측할 수 없는 벌(그들 부모가 보여준 것과 같은)을 받을 수 있다는 점을 배우게 된다. 즉 이런 아동은 자신이 지닌 적대적 의도를 타인 탓으로 돌리는데 특히 타인의 행동이 애매할 때 더욱 그러하다. 이와 같은 적대적 귀인성향은 공격성 규제에 문제를 유지시킬 수 있다.

우울 귀인 속성 스타일이나 적대적 귀인속성 외에 아동이 상황에 대하여 확실치 못한 해석을 하는 경우 즉, 여러 가지 인지왜곡문제도 아동에게 정서문제를 유지시킬 수 있다. 예를 들어, 아동이 어떤 상황의 잠재적 위협에 대하여 인지왜곡을 하고 있을 경우 불안을 유지시킬 수 있다.

2. 방어기제

방어기제는 아동이 갈등을 수반하는 부정적인 정서상태를 스스로 규제하기 위하여 사용한다. 갈등은 보통 어떤 사람이 하나의 행동을 하고는 싶으나 그 행동의 결과에 대하여 두려워할 때 생겨난다. 이와 같은 결과에는 부모의 분노반응과 같은 부정적인 외부 사건일 수도 있고, 죄의식 경험과 같은 내부 사건일 수도 있다. 예를 들어 아동이 어머니에게 화를 낼 경우 이 아동은 자신의 분노를 어머니에게 직접 표현하는 것일 수도 있고 어머니의 보복에 대한 두려움 또는 죄의식을 표현하려는 것일 수도 있다. 만일 부모가 아동에게 집안일을 시켰는데 이를 하기 싫을 경우, 아동이 수동적 공격인 원시적 방어기제를 사용한다면, 아동은 집안일을 한다고 하면서도 일을 천천히 또는 불충분하게 할 것이다. 반면에 만일 그가 신경질적인 방어기제를 사용한다면, 그는 자신의 분노를 형제자매에게 떠넘기거나 형제자매와의 싸움으로 분노를 해결할 것이다. 또 만일 아동이 승화(sublimation)와 같은 성숙한 방어기제(mature defence mechanism)를 사용한다면, 그는 집안일을 한 후에 부정적인 정서상태와 관련한 신체긴장을 풀기 위하여 축구를 할 수 있을 것이다.

표 10.1 성숙수준별 방어기제

성숙수준	방어	갈등과 관련한 정서적 불만 규제방법
성숙한 방어기제 (mature defence)	자기성찰 (self-observation)	· 어떤 상황이 갈등을 일으키거나 어떻게 부정적인 영향을 미치는가를 찾고, 이를 새롭게 이해함. 내 탓이오
	유머 (humour)	· 갈등이나 부정적인 효과를 일으키는 상황을 재구성하여 즐거운 방법으로 또는 반어적인 방법으로 만듦. 집이 불났어- 다시 시작하라네.
	자기주장 (self-assertion)	· 갈등과 관련 생각이나 감정을 직접 표현함. 솔직하게 자기 생각을 주장해.
	승화 (sublimation)	· 갈등을 일으키는 부정적인 정서를 일이나 스포츠와 같은 사회적으로 용납되는 활동으로 바꿈. · 열받았지만 운동으로 풀어. 청소로 풀어
신경증적인 방어기제 (neurotic defence)	억제 (repression)	· 알고 있음에도 불구하고 원치 않는 생각이나 정서 희망 등을 강제로 추방시킴. 과거 괴로운 기억은 아예 잊어버려. 기억상실.
	부정 (denial)	· 다른 사람에게는 분명히 있는데 자신에게는 고통스런 그런 상황이나 경험이 있는 것을 부정함. · 빵점 맞고도 창피하지 않은 척 해.
	반동형성 (reaction formation)	· 갈등으로 일어나는 받아들일 수 없고 원치 않는 행동 또는 생각을 반대인 받아들일 수 있고 원하는 생각 감정으로 대체시킴. 미운 놈 떡 하나 더 줘. 아들에게 나가 죽어! 방귀뀌고 성내.
	전가 (displacement)	· 한사람에 대한 부정적인 감정을 덜 위협적인 또 다른 사람에게 전가시킴. 종로에서 뺨 맞고 한강에서 눈 흘겨. 엄마에게 혼나고 동생을 때려. 넘어지고 나서 돌부리를 걷어차.
	합리화 (rationalization)	· 갈등으로 일어난 받아들일 수 없는 생각, 행동, 느낌을 자기 정당화, 자기만족 등으로 만듦. 우화중에 여우와 포도이야기, 대학은 왜가? 돈 많어?. 인생에 공부가 다냐?
미성숙한 방어기제 (immature defence)	분열 (splitting)	· 자기와 타인에 대한 긍정, 부정에 대한 통합 실패, 타인과 자기를 모두 좋거나 모두 나쁜 것으로 봄. 모든 일을 흑백논리로 본다. 부모라도 좋은 부모 아니면 나쁜 부모다. 좋아 아니면 나빠!.

	투사 (projection)	· 자기 자신이 받아들일 수 없는 생각, 느낌과 희망을 타인의 탓으로 돌림. 투사는 전형적으로 분열과 연계되어 나타남. 모든 일이 네 탓.
	수동적인 공격 (passive aggression)	· 저항하면서도 타인의 희망을 따르기는 하되 그 타인에게 자기주장 없이 보이는 소극적 공격성. 즉, 화가 났을 경우 직접 화를 내는 대신, 그 사람이 하는 일을 훼방 놓거나 골탕을 먹이고 적극적으로 방해하지는 않지만 소극적으로 저항 또는 방해를 한다. 즉, 일을 하는데 비협조적이거나 늑장을 부린다.

출처: Conte and Plutchik(1995)

자기-성찰, 유머, 자기주장 그리고 승화는 성숙한 방어기제에 해당하는데, 아동이 이런 방법을 사용할 경우 생산적인 방법으로 불안과 관련한 갈등관리를 할 수 있다. 아동이 우울, 부정, 떠넘기기 등과 같은 신경질적인 방어나 분열, 투사, 수동적 공격 등과 같은 미성숙한 방어기제를 사용할 경우 그 아동은 단기간 동안은 불안 또는 기타 부정적인 정서를 규제할 수 있으나, 장기적으로는 문제가 될 수 있다.

즉, 신경질적이거나 미성숙한 방어기제를 사용하면 심리문제를 유지시키게 되는 것이다. 예를 들어, 아동이 부모에 대한 분노를 형제자매에게 전가시키게 되면 형제자매와의 관계에 문제를 입히게 된다. 표 10.1은 성숙수준에 따른 일반적인 방어기제를 제시한 것이다.

3. 대처전략

방어기제 구조는 정신분석 이론에 의한 것인데 이에 따르면 보통 사람은 부정적인 정서를 자기스스로 무의식적으로 규제한다. 반면에 대처전략은 의식적으로 사고를 사용하는 것이다.

반면에 대처전략 구조는 스트레스와 인지행동 관련 이론에서 개발되었다. 대처전략은 사람이 스트레스 받는 요구와 가용자원(可用資源)간에 차이가 있음을 인지하고 이 상황을 관리하기 위하여 사용하는 것이다. 대처전략 구분은 문제중심(problem focused)대처전략과 정서중심(emotion focused)대처전략으로 구분한다.

표 10.2 기능적, 역기능적 문제중심대처전략과 정서중심대처전략

타입	목적	기능적	역기능적
문제중심	문제해결	정확한 정보 찾음 믿을 만한 충고나 도움을 구함 현실적 행동계획 개발 계획에 의하여 실시	부정확한 정보 찾음 문제 있는 충고 구함 비현실적인 계획개발 계획에 의한 실시 안함
정서중심	무드규제	사회적 지지와 동조적인 친구사귀기 및 유지 카다르시스와 정서적 과정 재구축 및 인지 재구조화 이완의 일반화 신체 운동	파괴적인 관계 형성 및 유지 문제의 회피 비생산적인 희망적인 생각 약물 및 알코올남용 공격

출처 : Zeider and Endler(1996)

후자는 가족사망(bereavement)과 같은 통제할 수 없는 스트레스 대처에 해당하고, 전자는 학교시험과 같은 통제할 수 있는 스트레스에 해당한다. 그 대처전략이 어느 전략이든 간에 이들 간의 차이는 전략이 기능적인가 아니면 역기능적인가에 따라 문제가 달라질 것이다. 표 10.2는 일부 공통적으로 사용하는 대처전략을 제시한 것이다.

1) 문제중심 대처전략

(1) 기능적 문제중심 대처전략

기능적 문제 중심 대처전략(functional problem-focused coping strategies)은 문제에 대한 정확한 정보를 찾고, 현실적인 행동 계획을 개발하며, 타인으로부터 지지와 충고 찾기, 혼자 또는 다른 사람의 도움으로 계획수행을 하는 것이다.

(2) 역기능적 문제중심 대처전략

반면에 역기능적 문제 중심 대처전략(dysfunctional problem-focused coping strategies)은 부정확하고 관련이 없는 정보를 찾고, 복권에 당첨되는 것과 같은 비현실적인 계획을 개발하며, (점성가 말과 같은)부적절한 원천으로부터 지지자 또는 충고를 구하거나 거부하는 것 등이 이에 해당한다.

2) 정서중심대처전략

아동이 스스로 스트레스 요인을 통제할 수 없을 경우, 아동은 믿을 수 있는 사회지지 친구 망 형성 및 유지와 같은 정서중심대처전략을 사용하는 것이 좋다. 그런데 이와 같은 대처전략을 개발하기 위해서는 안정적인 애착에 기초한 내적 작동모델(internal working models)과, 타인에 대하여 공감하는 능력이 있어야 한다. 또 재구축과 인지 재구조화(cognitive restructuring)도 정서중심 대처전략(emotion-focused coping strategies)에 해당하는데 이는 상황에 대하여 다른 방법으로 생각함으로써 스트레스를 줄이고자 하는 전략이다.

(1) 기능적 정서중심대처전략

이와 같은 재구축 및 인지 재구조화(cognitive restructuring)는 카타르시스(catharsis: 감정의 정화)의 한 과정으로 일어난다. 기분전환(예를 들면 고통스런 아픔에 직면하였을 때 현명한 방법 사용), 이완 습관, 신체적 운동 등은 매우 긍정적인 방법으로서 무드규제를 위하여 사용할 수 있는 기능적 정서중심 대처전략이다. 카타르시스, 재구축, 기분전환, 이완, 그리고 운동 등은 스트레스의 원천을 거의 바꾸지 않는 대처전략이다. 오히려 이들은 스트레스 노출이 증가시켜 부정적인 무드 상태를 규제하게 하여주는 것이다.

(2) 역기능적 정서중심 대처전략

역기능적인 정서중심 대처전략에는 지원적인 인간관계 형성보다는 파괴적인 관계를 유지하고, 카타르시스보다는 거부적인 생각을 하며, 건설적인 재구축보다는 막연한 희망에 몰입하고, 이완의 일반화보다는 약물이나 알코올을 남용하며, 신체운동을 하기보다는 공격성을 보인다. 역기능적 대처전략은 단기간에는 해결이 될 수 있으나 장기간으로는 아동문제 해결보다는 문제를 유지시키는 경향이 있다.

4. 생물학적 유지요인

심리적 특성 외에 생물학적 요인들도 심리문제를 유지시킬 수 있다. 예를 들면 생리자각수준 이상, 신경전달물질시스템 규제이상, 순환주기리듬이상, 그리고 기타 신체시스템 이상 등이 일부 심리문제 유지와 관련이 있음이 밝혀진 바 있다. 대개 생물학적 유지요인은 아동의 신경학상 특정 문제와 관련이 있다. 예를 들어, 과다결장(過多結腸)은 유분증 유지와 관련이 있고, 신경내분비 결핍은 신경성 거식증과 관련이 있다.

제3절 상황적 위험요인

사람이 지니고 있는 개인적 특성으로 인한 심리문제 유발 및 유지뿐만 아니라, 상황적 요인 역시 아동에게 심리문제를 유발시킬 수 있고, 문제를 유지시키는데 매우 중요한 역할을 담당할 수 있다.

상황요인은 심리문제요인 중 약 50%를 담당한다. 아동은 부모-아동관계, 여러 가지 가족문제에의 노출, 특정스트레스 등에 의하여 심리적 문제를 일으키게 된다.

1. 초기 부모-아동 요인

연구결과 부모-아동 간 애착의 질, 부모가 제공하는 지적자극 정도, 통제와 양육스타일 등은 아동의 심리적 조정에 중요한 영향을 미치는 것으로 밝혀졌다.

그러나 이 개념은 이 분야에서 일반시민에게 많은 오해를 일으켜 왔다. 따라서 이들 요인에 대한 오해를 줄이고 보다 정확한 이해를 하여야 할 것이다.

1) 모자간 유대

Klaus와 Kennell(1976)은 부모-아동관계형성은 매우 밀접해야 한다고 주장하면서, 유아가 출생하면 즉각 어머니 살을 맞대는 접촉을 하여야 한다고 주장하였다. 그러나 모자간 유대이론(bonding theory)은 실제 연구결과에서 지지받지 못하였다. 안정적인 모자간 애착유대는 산후 즉시 살을 맞대는 접촉 없이도 형성될 수 있다는 것이다. 이처럼 실증적 지지를 받지 못하였음에도 불구하고, 모자간 유대이론은 미국, 유럽 등 여러 지역에 걸쳐 병원에서 산모와 신생아 처치에 크게 영향을 미쳤다. 그로 인하여 산모와 유아 건강상 신체접촉이 부적절한 상황에서도 밀접하고 빈번한 산모-신생아 접촉을 권장하고 있는 것이다. 이는 모자간 유대에 실패하면, 아동의 심리문제에 영향을 미치고, 아동 성장을 저해하며, 부모가 아동을 학대할 수 있다는 유대이론 때문인 것이다. 그러나 이들 견해들은 이미 많은 연구로 지지 받지 못하는 상태이다. 반면에 출생 후 즉각적인 아동접촉이 이후 생활에 중요한 것이 아니라 생후 2년간 아동과 일차 양육자간, 특히 아동-부모간 애착의 질이 아동의 정신건강 발달에 매우 중요한 것으로 나타났다.

Mary Ainsworth(1978) 등은 실험적으로 모자를 인위적으로 분리한 후에 나타나는 일시적인 유형과 관련한 모자 상호작용 패턴을 세 가지로 설명하였다. 이들은 실험적인 인위적 분리과정을 낯선 상황이라고 하였다. 여기에서 안정애착아동(securely attached children)은 부모와 분리되었다가 다시 만나자 부모에 아주 가까이 근접하였다.

그리고 어머니가 상담사와 대화를 하는 중에 아주 활발하게 어머니 존재를 확인하였다. 즉 그들은 어머니를 새로운 환경을 탐색하는 데 있어 안전기지로 취급하였다. 불안정애착아동(anxiously attached children)은 예측할 수 없는 방법으로, 어떤 때는 엄마와 근접하고자 하고, 어떤 때는 엄마에게 근접하는 것을 피하거나 저항하였다. 이런 아동은 어머니와 접촉하기를 원하나 접촉하여 위안 받지는 못하였다.

그래서 아동이 안전기지경험을 제공받지 못하였다. 애착회피아동(anxious avoidant children)은 분리 후 다시 만나도 어머니와 가까이 하지 않았다. 이들은 분리 후에도 어머니에게 되돌아가려 하지 않았다. 그리고 분리되었을 때 우울하지도 않았다.

연구결과 부모에 대한 안정적인 애착은 하나의 예방요인이라는 점이 밝혀졌다. 애착이 형성되면 아동은 안전의 원천을 제공받아, 이후 대인관계에서 지지관계형성을 발달시키는 모델이 된다. 안정적인 애착이 형성되면 자존감, 긍정적인 정서, 좋은 또래관계, 성인과 좋은 인간관계, 좋은 개인 자율감 등을 발달시킨다.

이와 같은 발견 사실은 아일랜드와 영국 사람들이 믿고 있는 문화적 신념과 정 반대되는 사실인데, 영국 사람은 부모가 아동에게 너무 반응을 보이고 아동중심으로, 안정적인 모자간 애착관계를 형성하여 양육하면, 아동이 불안해지고 의존성이 높아진다고 생각한다. 애착회피아동(anxious avoidant children)과 불안정애착아동(anxiously attached children)은 심리적 문제로 발전할 위험이 있다.

애착회피아동은 이후 양육소홀이나 아동학대 형태로 발전한다.

그리고 아동기 애착경험은 성인이 되어 자기아이를 가진 경우 그 양육에서 자기 어머니의 애착을 본뜨는 것으로 보인다. 그리고 부모로부터 안정적인 애착을 경험한 사람은 자식에게 안정적인 애착을 발달시키는 경향이 있다. 또한 애착패턴은 사회적 지지수준과 양육자환경에서 받는 스트레스 양에 영향을 받는다고 한다.

2) 지적자극

부모가 유아에게 제공하는 감각운동과 지적자극은 아동 지적발달에 매우 중요하다고 한다. Caldwell과 Bradley(1984)의 연구에 따르면 부모가 유아에게 다양한 장난감을 제공하고 여러 가지 지적자극 기회를 제공하면, 아동의 지적수준과 IQ에 공헌한다고 한다.

3) 양육스타일

양육에 관련한 여러 가지 문헌을 종합적으로 검토하면, 4개 분면에 부모의 온정과 통제차원을 조합하여 4가지 양육스타일을 만들 수 있다. 그런데 이들 양육스타일은 아동발달에 특히 관련이 있다고 한다.

(1) 신뢰적 스타일

신뢰적 스타일 부모는 아동을 온정적이고 아동 중심적으로 양육한다. 이 스타일 부모는 아동에게 적절한 통제를 하면서도 나이에 맞은 책임성을 갖도록 하여 최대한 아동발달을 자율과 신뢰로 베풀어 주는 환경을 제공한다. 그래서 신뢰적인 스타일로 양육받는 아동은 우호적이고 협상을 통한 환경에서 타인의 견해를 받아들이면 갈등을 효과적으로 관리할 수 있다는 점을 배우게 된다. 이와 같은 기술을 통하여 아동은 공동문제해결, 원만한 또래 관계형성 등을 할 수 있게 되어 좋은 사회적 네트워크를 형성할 수 있게 된다.

(2) 권위적 스타일

권위적 스타일 부모는 온정적이지 못하고 통제를 강조한다. 이런 부모로부터 양육된 아동은 성인이 되어도 수줍음을 잘 타고, 솔선하기를 꺼리는 경향을 보인다.

(3) 허용적 스타일

허용적 스타일 부모는 온정적이지만 훈육에서 느슨한 모습을 보인다. 이 허용적 스타일에 의해 양육된 아동은 이후 성장한 뒤 계획에 따라 일을 추진하는 능력에 결함을 보이고, 충동통제능력에도 부족함을 보인다.

(4) 방관적 스타일

방관적 스타일은 지나칠 정도로 통제에서 느슨한 모습을 보이면서도 온정에 있어서도 그 정도가 매우 낮은 모습을 보인다.

(5) 양육스타일 결과

이상 부모의 양육스타일에서 부모로부터 사랑(온정)을 받지 못한 아동과 가혹하게 훈육을 받은 아동, 일관성 없이 훈육을 받은 아동 등은 조정상의 문제를 보인다. 이는 특히 체벌의 경우에 더욱 그러하다. 아동이 체벌을 경험한 경우 이 아동은 공격하는 방법이 문제를 해결하는 방법이라고 생각하게 되어 또래와의 갈등을 해결하는데 공격을 사용하는 경향이 있다. 따라서 부모로부터 체벌을 받으면서 자란 아동은 품행문제를 일으킬 수 있고, 싸움꾼이 될 수도 있다.

2. 아동초기 가정문제

부모에게 중대한 개인 조정상의 문제가 있을 경우 그 가족은 가족와해, 부부불화, 형제자매탈선 등이 있게 되어 아동에게도 심리 문제가 발생할 수 있다.

1) 양육상 문제

부모의 우울증, 알코올 남용, 범죄와 같은 양육조정 문제 등은 다음 두가지이유로 아동에게 심리 문제를 일으키기 쉽다. 첫째로, 이와 같은 문제로 부모는 아동에게 안정적인 애착관계, 적절한 지적자극, 신뢰적인 양육환경을 제공하는 능력을 떨어뜨릴 것이다. 예를 들어 우울한 어머니는 자녀가 보이는 불만 신호를 제대로 해석하지 못한다. 그래서 어머니는 안정적인 애착을 형성하기 위해 빠르고 적절한 반응을 보이지 못하게 된다. 그리고 알코올 문제가 있는 아버지의 경우는 자녀에게 양육환경을 제공하지 못한 채, 대개 가정생활에서 매우 말초적인 역할만을 담당할 것이다.

둘째로 모델링과 부적절한 모방과 강화를 통하여 아동이 부모와 유사한 신념 시스템과 행동패턴, 방어기제 그리고 대처전략을 배우게 될 것이다.

2) 부부불화

보통 부부만족은 아이를 낳기 이전과 자녀가 분가한 이후에 높은 수준의 만족을 보이고, 학령기 아동을 가진 가정이 되면서 가장 낮은 만족을 보인다.

이와 같은 결과로 볼 때, 아동 양육과 아동 문제가 부부만족을 줄이는 것으로 보인다. 부부 불만족과 불화가 존재하는 가정에서는 아동의 심리문제, 심각한 품행문제 등이 발생할 수 있다고 한다. 아동이 부부불화나 부부폭력에 노출되면 여러 가지 방법으로 심리문제를 발생시킬 수 있는데 이는 첫째로 아동이 부부싸움이나 부부갈등 또는 부부폭력을 아동이 목격하여 스트레스를 받는다. 이는 특히 불화가 아동문제(안정과 양육, 아동생활 통제에서 부부갈등)와 관련이 있을 경우 더욱 그러하다.

둘째로 부모가 불화를 보일 경우 아동은 부모에 대하여 강한 충성심을 가지고 있음에도 불구하고, 부모 중 한사람에게 보내는 정적인 제스처가 다른 부모에게 불충(不忠)으로 보여, 혼이 나거나 버림받을까 두려워하게 된다.

셋째로, 아동은 그 스스로가 부부불화에 책임이 있다고 느낄 수도 있다. 그리고 아동자신이 부부갈등이나 폭력을 예방하는 역할을 담당해야 한다고 생각할 수도 있다.

넷째로, 부부불화로 인하여 부부간 협력으로 적절한 아동양육환경을 제공하지 못할 수 있다. 부부협력은 부부가 별거중이거나 이혼을 한 경우에 특히 중요하다. 일반적으로 부부이혼 후 2년간 아동의 20%가 처방해야 할 정도의 중대한 정서 행동문제를 보인다고 한다. 이때 가장 심각한 문제는 부부갈등을 아동에게 분풀이하는 유형과 아동을 호되게 양육하는 문제이다. 그러나 부부간에 상호 협력적인 양육을 하게 되면 부모가 이혼한 후에도 좋은 조정이 될 수 있다.

3) 가족 와해

와해된 가정은 일관성 있지 못한 규칙, 불명확한 역할, 일상 일의 부재로 인한 혼란스런 가정환경인데, 이때 아동은 심리문제, 특히 품행문제를 일으킬 위험이 있다. 이와 같은 경우 아동은 의사소통 기술과 문제해결기술을 배우지 못한다. 보통 이 같은 가정(家庭)은 다양한 문제를 가지고 있는데 하나의 위기문제가 발생하면 또 다른 위기문제로 발전한다.

그와 같은 환경으로 인하여 아동이 생활에 대하여 예측할 수 없는 상황이 되어 스트레스가 매우 높게 되고, 이런 가정환경으로 안정적인 애착을 제공받지 못하며, 아동이 필요로 하는 신뢰적인 양육을 제공받지 못하여, 아동은 심리문제를 일으키게 될 것이다.

4) 형제자매 탈선

품행문제가 있는 손위 형제자매가 있을 경우 아동 그 자신도 품행문제를 보일 위험이 있다. 탈선한 형제자매들로 인하여 아동은 부적절한 역할 모델을 제공받을 수 있는 것이다.

3. 초기 스트레스

아동이 적절한 지원을 받지 못하고 안정적인 양육, 또는 지적자극 욕구를 충족받지 못한 경우, 아동은 심리문제를 유발할 수 있다. 이들 초기스트레스 중에서 가장 중요한 것은 가족사망, 부모-아동 간 별거, 아동학대, 사회적 불이익 그리고 시설양육 등이다. 이와 같은 아동의 초기 스트레스는 아동애착을 통한 관계형성을 방해하는 요인이 된다.

1) 별거와 가족사망

아동이 부모와 별거하거나 부모사망으로 부모 중 한 명을 잃는 중대한 손실을 경험하게 되면 아동은 다양한 문제 특히 우울증과 같은 문제를 일으킬 위험이 있다. 아동초기 부모사망을 겪은 아동은 후에 다른 사망을 겪을 경우 우울증에 걸리기 쉬운 경향이 있다.

2) 아동학대

아동이 초기에 신체적, 성적, 정서적 학대를 받게 되면 아동은 후에 정서문제와 품행문제로 발전할 수 있다. 학대받은 아동은 계속하여 학대관계에 몰입되어 있을 수 있고 타인을 학대할 위험도 있다.

3) 사회적 불이익

아동초기에 만성적인 사회적 불이익과 가난을 경험하게 되면, 아동은 후에 아동 심리문제를 일으킬 위험이 있다. 신체적 건강이상, 부적절한 영양공급 등은 아동건강에 불리하게 영향을 미칠 수 있고, 그로 말미암아 심리적 안녕에도 영향을 미칠 수 있다.

또한 부모가 사회적 불이익문제를 이리저리 대처하다 보면, 부모가 여러 가지 스트레스를 받게 되어, 아동이 필요로 하는 안정욕구, 양육욕구, 통제와 지적자극 욕구 등을 제대로 충족시키지 못할 수 있다.

4) 시설양육

아동이 시설에서 양육 받거나 여러 양육자로부터 양육 받을 경우, 아동은 후에 심리문제 특히 관계형성 및 유지 등에서 문제를 보일 위험이 있다.

왜냐하면 이와 같이 스스로 안정적인 애착을 경험하지 못한 아동은 후에 사회적으로 지지를 받는 관계형성의 기초가 되는 모델이 부족해지기 때문이다.

제 4 절 상황적 유지요인

일단 아동에게 심리문제가 발생하면, 그 아동은 그 아동이 가진 사회적 네트워크 구성원이 이 문제에 반응하는 방식에 의하여 문제를 지속한다. 아동문제는 가족 내 상호작용 패턴, 지속적인 양육 상 조정문제, 학교를 포함한 광범위 사회네트워크 내에서의 요인, 그리고 가족이 처방담당자와 관계하는 방식에 따라 다르게 유지될 수 있을 것이다.

1. 가정시스템요인

가정에서 아동은 부모와 형제가 심리문제를 지니고 있을 경우 이들과 상호작용 하는 패턴으로 문제를 유지시킬 수 있다. 이와 같은 상호작용 패턴의 예는 많이 있는데, 특히 언급할 만한 것으로서는 우연한 강화, 불안한 애착, 강압적인 상호작용, 과잉관여, 방관, 일관성 없는 부모 훈육, 혼란스런 의사소통, 그리고 삼각관계 등이다. 이와 같은 문제를 유지하게 하는 상호작용패턴은 혼란스런 가족구조, 부부불화, 그리고 아버지 부재 등이 있는 가정에서 보통 나타난다.

1) 우연한 강화

아동이 상호작용 하고자 할 때 부모나 형제가 이에 관심을 보이지 않거나, 계속 또는 간헐적으로 문제를 강화하는 방식으로 아동과 상호작용 한다면, 아동 심리문제는 계속 유지될 것이다. 이와 같은 무관심은 관심을 보이는 것만큼이나 단순하다. 부모와 형제는 아동의 문제행동에 대하여 강화시킬 의도는 없었지만 반복적으로 아동의 잘못된 무드나 잘못된 행동을 지적하여 무의식적으로 강화를 하게 된다.

이때 대부분 아동은 그 강화받은 문제 행동이 부모강화에 의하여 강화되었음을 알지 못한다. 우연한 강화는 지속적으로보다는 간헐적으로 제공될 경우 특히 강하게 유지된다.

2) 불안한 애착

아동이 세상을 경험하는데 부모를 안전기지로 사용하는 경험을 하지 못한 아동은 칭얼대거나, 부모로부터 떨어질 때 또는 잠잘 때 우는 등 다양한 형태로 부모와 떨어지기를 거부하는 행동을 보일 수 있다. 이때 부모가 아동을 위안하면서 타인에게 아동을 넘겨주면 아동은 더 강하게 부모와 떨어지기를 거부하는 행동을 보일 것이다. 이는 불안한 애착의 증표이다.

3) 강압적 상호작용

강압적 상호작용 패턴은 아동행동문제 유지의 주요요인이 된다. 이에는 상호간 부적 강화도 해당된다. 품행문제가 있는 아동은 부모와 부정적인 상호작용을 단계적으로 확대하는 패턴을 보인다. 즉, 아동은 부모의 비판과 꾸지람에 대하여 점차 공격이나 파괴행동을 하는 정도가 커지는 방식으로 반응한다. 그러면 부모는 이런 상호작용 교환에 위축이 되기도 한다. 이와 같은 위축으로 아동과 부모 모두는 휴전을 한다.

이와 같은 휴전 경험으로 부모와 아동은 모두 부적으로 강화된다. 아동측면에서는 높은 수준의 공격성과 파괴행동이 강화되고, 부모측면에서는 단계적인 확대 패턴에 직면하여 아동으로부터 위축되는 것이 강화된다. 이와 같은 강압적 상호작용 패턴은 권위적 양육스타일로 발생할 것이다.

4) 표출감정

표출감정(Expressed Emotion; EE)에 관련한 문제는 두 가지인데 이는 부모의 비난과 부모의 과잉관여다. 이는 정신분열증 재발률과 밀접한 관련이 있으며, 이후 아동기 심리장애에 영향을 미치는 것으로 알려져 있다.

표출감정을 구성하는 비난과 과잉관여는 모두 가족구성원이 아동의 문제행동에 대처하는 측면이다. 부모는 아동이 보이는 심리 문제를 불복종으로 볼 것이다. 그래서 이에 대한 대처로 아동을 혼낼 것이다. 또 부모는 아동의 행동을 타당치 못한 것으로 보고 아동문제에 과잉보호 또는 정서적 과잉관여로 반응할 것이다.

아동은 부모가 보이는 과잉관여를 보면서 부모가 자신을 매우 심각한 문제를 가지고 있는 아이로 본다고 생각할 것이다. 그래서 부모기대와 관련한 이와 같은 신념으로 아동심리 문제가 유지될 것이다. 또 과잉관여는 부모가 우연히 아동의 문제 행동을 강화하는 것과 관련이 있다. 과잉관여에는 극도로 허용적 양육태도도 해당할 수 있는데 이는 아동을 부모가 훈육하지 않고 그저 부모가 높은 수준의 온정과 낮은 수준의 통제를 보이는 경우에 해당한다.

5) 방관

부모-아동 간 상호작용이 빈번하지 못하면 아동의 심리문제가 유지될 수 있다. 일부 발달이 지체된 유아 및 아동의 경우, 낮은 빈도의 상호작용 패턴, 방관적 상호작용패턴이면 언어지체와 인지발달 지연을 계속 유지시킬 수 있다는 것이다. 또 중학교 학령기와 청소년기의 경우 부모-아동 간 상호작용관계가 방관적 상호작용일 경우 품행문제를 유지시킬 수 있다.

감독수준이 낮을 경우, 청소년은 탈선한 또래 그룹과 자유롭게 관여하게 되고, 비행을 하게 된다. 또한 부모-아동관계가 방관적일 경우 아동은 낮은 자존감을 유지시킬 수 있다. 왜냐하면 부모-아동간에 상호작용이 없는 것을 아동은 자신이 부모에 의하여 가치 있는 평가를 받지 못하고 있는 것으로 해석할 수 있기 때문이다.

6) 일관성 없는 훈육

부모가 용납할 수 있는 행동과 용납할 수 없는 행동을 규제하고, 그 후속결과를 규제하는 규칙이나 규칙위반에 대한 대처방식이 불분명하거나 분명하지만 일관성 없을 경우, 부모-아동 상호작용 패턴에 문제를 유지시킬 수 있다.

이 경우 아동은 순종이나 불순종 결과가 어떤 것인지를 정확히 알지 못하기 때문에, 부모의 요구에 따르기를 거부할 수 있다. 결국 아동은 용납할 수 있는 행동규칙을 습득하지 못하여 문제행동을 계속할 수가 있는 것이다.

7) 의사소통 문제

아동심리문제는 의사소통문제로 인하여 유지될 수 있다. 문제 있는 의사소통패턴은 부모가 아동의사를 듣는데 문제가 있거나, 부모가 아동에게 명확하지 못하거나 간접적인 메시지를 주어 나타날 수 있다. 부모가 아동의 의사를 제대로 들을 수 없고, 부모가 아동의 입장에서 아동이 이해할 수 있는 방식으로 명확하고 직접적인 패드백을 주지 못하면, 아동은 낮은 자존감과 심리문제가 유지될 수 있는 것이다.

부모와 아동 상호간에 의사소통을 제대로 하지 못하는 혼란스런 의사소통패턴의 경우, 여러 가지 품행문제, 정서적 문제가 유지될 수 있을 것이다. 예를 들면, 아동이 솔직히 말하길 부모가 아동에게 이점을 직접 말하기보다는 "나는 사람들이 솔직하길 바래"라고 말할 수 있다. 이는 간접적인 의사소통 방식인데 이 경우 '만일 우리가 서로 신뢰한다면, 우리는 서로에게 솔직히 말해야 해! 무슨 일이 있었지?'와 같은 직접적인 의사소통이 훨씬 더 효과가 좋다. 즉, 아동에게 보내는 부모의 메시지가 명백하지 못한 부모-아동 간 의사소통패턴으로 인하여 많은 심리적인 문제가 유지될 수 있는 것이다.

예를 들어, 부모가 아동에게 애매모호(曖昧模糊)한 메시지 즉, 말로 메시지를 표현하였으나 판단하기에 혼란스럽거나, 말로는 정확히 전달하였으나 함께 준 글 메모지에는 그 내용이 불명확할 경우가 있다. 이 경우 아동이 애매한 상황을 명확히 이해하지 못하거나, 부모 요구가 무슨 의도인지를 명확히 분류할 수 없을 경우에 부정적인 효과는 더 커질 것이다. 이 경우 아동입장에서 혼란스런 메시지가 지시적이거나, 불복종하면 벌을 받거나 부모에게 인정받지 못하게 되는 상황에서 발생한 것이라면 스트레스는 더욱 클 것이다. 즉, 아동은 올바른 지시가 무엇인지는 알 수 없고 그것을 알아내는 방법을 모르거나 달리 좋은 탈출구가 없다고 생각하여 자신이 이해한 방식으로 부모 지시를 수행할 경우 부모에게 불순종하는 것이 될 것이라고 생각한다.

이런 타입의 의사소통은 연구결과 정신질환의 원인이 되지는 않지만, 정신분열을 보이는 가족구성원에게서 발견된다. 그러나 치료경험에 따르면, 이런 타입의 이중적 의무가 담긴 의사소통은 아동의 품행과 정서장애에 상당한 유지요인인 것으로 나타났다.

8) 삼각관계

아동심리문제는 부모 중 한사람과 아동이 은밀한 연합을 하고, 다른 부모 중 한사람이 외곽에 있는 형태를 보이는 삼각 상호작용패턴으로 유지될 수 있다. 이 경우 일반적으로 어머니와 아동이 연합하고, 아버지는 외곽에 있게 된다. 분리불안 또는 품행문제 등에서 어머니는 무의식중에 문제행동을 강화하게 되고, 의도적이든 무의식중이든 아동문제행동 해결에 공헌하려는 아버지 행동을 무시하게 된다. 이런 상태가 되면 부모는 양육문제를 해결치 못하거나 인정받지 못하고, 그 결과로 인하여 부모가 아동문제로 서로 충동하게 되어 아동문제가 계속 유지되게 된다.

이런 문제는 부모가 별거중이거나 이혼상태에 있는 가정에서 특히 많이 나타난다. 삼각관계는 아동문제를 유지시키는 것이기는 하지만, 이 삼각관계가 언제나 문제유지요인이 된다는 것은 아니다. Jenkins와 Smith(1990)는 한 부모와 특히 밀접한 정적인 관계를 유지한 아동은 부부불화 영향을 덜 받고, 같은 부부불화를 경험하였지만 한 부모와 밀접한 정적 관계를 유지한 아동은 그렇지 못한 아동보다 심리적인 스트레스를 덜 받았음을 발견하였다.

9) 아버지 부재

남아의 경우 아버지 부재, 아버지와의 동일시가 부족할 경우 특히 품행장애와 관련이 있다. 이는 아마도 아버지가 없는 가정에서 양육자원이 부족하였기 때문일 것이다. 그리고 아버지가 없는 상태에서 앞서 언급한 어머니와 삼각관계 유지문제와 같은 것이 내포되었기 때문일 것이다. 아버지가 아동과 시간을 양적으로

나 질적으로 시간을 많이 가지면 가질수록, 장기간 아동의 전반적인 조정수준이 좋아진다. 아버지 관여가 높은 가정에서 자란 아동은 생활을 잘하고, 대인관계가 좋으며 유능감과 높은 자존감을 보인다. 가족치료연구에 따르면, 치료에 아버지가 관여하게 될 경우 성공가능성이 높아 아버지 관여정도가 좋은 결과에 대한 좋은 예측변수가 된다고 한다.

2. 부모요인

부모가 아동과 상호작용하는 패턴으로 인하여 문제가 더 유지되는 경우도 있을 것이다. 부모가 아동과 유사한 정서문제를 가지고 있어서 아동에게 모델 역할을 하여 아동행동문제를 유지시킬 수 있는 것이다. 또는 부모가 심리문제나 범죄로, 양육에 필요한 대처자원이 부족하게 되거나, 입원이나 투옥으로 인하여 아동을 돌볼 수 없는 상태로 아동 문제를 유지시킬 수도 있다. 또 부모가 아동발달에 대하여 정확한 지식을 가지고 있지 못하여, 아동행동을 오해하고 문제를 유지시키는 상호작용 패턴을 보일 수 있다.

예를 들어, 고통으로 울고 있는 아동을 보고 부모가 '자기아동이 의도적으로 자신을 힘들게 하려는 것'으로 오해하여 아동을 혼내거나, 반사회적인 공격행동을 우울 징조로 오해하여, 부모가 과잉 관여하는 것 등이 이것이다. 일차 양육자로부터 안정적인 애착관계를 경험하지 못한 부모는 안정적인 애착형성을 위한 내적 작동모델이 부족하여 아동에게 좋은 타입의 관계형성을 제공할 수 없게 된다. 즉, 안정적이지 못한 애착으로 인한 상호작용패턴 결과로 아동심리문제가 발생하고 유지되는 것이다.

또한 부모가 아동 정서규제에 필요한 신념과 기술을 가지고 있지 못하여, 부모가 아동에게 신뢰적인 양육환경을 제공하지 못하고, 아동에 대한 처방을 계획적인 반응보다는 즉흥적인 정서적 반응을 하게 되어, 낮은 자존감을 불러오고, 문제해결을 외적 통제소재에서 찾으며, 낮은 자기 효용감, 문제 있는 귀인 스타일, 인지왜곡, 미숙한 방어기제, 역기능적인 대처전략 등을 사용하여 결국 부모가 문제를 유지시키는 상호작용패턴으로 아이를 돌보게 된다.

3. 사회네트워크요인

가족사회네트워크 상 문제로 인하여 아동문제를 유지시키는 상호작용 패턴을 만들고 유지시킬 수 있다. 이런 요인에는 가족 스트레스와 사회 지원 수준, 아동 학교배치와 또래관계, 그리고 가족이 살고 있는 공동사회 타입 등이 해당한다.

1) 사회 지원부족

사회지원 네트워크가 부족하고, 대가족과 정적인 관계가 형성되지 못하며, 친구가 없이 사회적으로 고립된 가정의 경우, 부모와 아동은 문제를 유지시키는 상호작용 패턴을 가지게 될 가능성이 높다. 부모와 아동입장에서 사회적 지원은 개인의 안녕감을 증진시키고, 문제해결에 대한 충고를 받을 체제를 형성하게 하여준다.

사회적 지원을 효과적으로 하여줄 경우 내분비물, 심장혈관, 면역시스템기능을 활성화시키는 것으로 알려져 있다. 사회적 지원이 없으면 부모와 아동은 문제 대처능력을 위한 자원이 부족해져서, 문제를 유지시키는 상호작용패턴으로 빠질 가능성이 높다.

2) 높은 가정 스트레스

부모 실업, 중병, 또는 가족사망과 같은 중대한 스트레스 받는 인생사, 그리고 아동자신의 이동문제, 다툼과 같은 작은 스트레스 사건들이 축적되면 부모와 아동간의 대처자원이 침식되고, 가족 상호작용에서 문제를 유지시키는 상호작용패턴을 촉진시킬 수 있다. 이와 같은 타입의 스트레스는 가족이 사회적으로 불리한 상황에 있는 경우에 더 많이 나타난다.

부모의 직업 상황도 스트레스와 지원 모두에 영향을 미치는데, 이 상황에 따라 부모가 아동의 욕구에 부응하는 정도가 달라지기 때문이다. 일하는 부모는 그렇지 않은 사람들보다 우울과 같은 정신 건강문제에 덜 영향을 미친다. 재정적 욕구 해결뿐만 아니라, 일이란 부모에 대한 사회지원, 인생목표, 성취와 지위에 대한 부모의 욕구를 채워 주는 역할을 담당한다. 그러나 일이란 또한 스트레스의 원인이다.

직업상 스트레스는 책임, 자원, 작업환경에 대한 낮은 수준의 통제와 관련이 있음이 지속적으로 발견되었다. 과다한 작업부담뿐 아니라 반대로 과소한 작업부담 또한 스트레스를 유발한다. 후자는 지루함을 야기하고, 전자는 피로를 야기한다.

스트레스는 또한 개인책임이 불명확하고 애매한 상황, 시간 압박이 강한 상황, 그리고 직업상 과업이 너무 복잡하거나 극도로 단조로운 상황에서도 받는다. 신체적으로 불편한 작업환경, 동료작업자, 관리자, 부하직원간의 지원관계 부족 등도 스트레스를 일으키는 상황이다.

특히 여성의 경우 가정일과 직장일간의 역할 긴장은 스트레스의 중요한 원천이 된다. 근무자가 근무처 변경으로 인하여 사회적지지 네트워크를 잃게 된다면 특히 스트레스가 많다. 한 사람의 능력을 뛰어 넘는 승진이나, 승진을 기대하였는데도 승진에서 제외되는 것 모두 스트레스를 증가시킬 것이다.

3) 부적절한 교육배치

심리문제 아동을 위하여 적절한 자문과 자문훈련을 하지 못하여 지원을 제공치 못하고, 충분한 준비가 되지 못한 학교에 아동을 배치하면, 아동은 심리문제를 유지시킬 수 있다. 학습에 어려움이 있는 아동은 적절한 치료교사가 없을 경우 점점 더 뒤처지게 될 것이다.

이들 아동은 또한 실패경험을 많이 하게 되거나, ‘느림보’로 낙인찍히거나 교육적으로 부적절하다는 평가를 받아, 부정적인 자기 평가신념을 가지게 된다. 이들 아동은 또한 교사나 동료아동과 상호 작용하는데 문제를 유지시키는 상호작용 패턴을 만들 수 있다.

4) 탈선 또래그룹관계

품행문제나 약물남용문제 청소년은 대부분 비행이나 약물남용 또래그룹을 가지고 있는데, 이들이 이 또래와 계속하여 교류하게 되면 모델과 강화를 받아 결국 청소년 문제행동이 유지될 수 있다.

5) 공동사회문제

아동품행문제와 학교관련 심리문제는 여러 가지 공동사회문제에 의하여 유지된다. 여기에는 사회적 불이익, 높은 범죄지역 주거, 적은 고용기회, 공동사회폭력에의 노출 등이 해당한다.

4. 처방시스템 요인

아동이 지닌 심리문제는 아동과 가족이 처방기관과 건강, 교육, 청소년법원, 기타 관련 시스템 내에서의 전문가 등과 관계하는 방식에 의하여 유지될 수 있다. 심각한 심리조정문제가 있는데도, 아동이나 중요한 가족구성원이 전문가를 거부하거나, 가족구성원이 아동문제해결에 대하여 모호한 태도를 보일 경우 더 유지될 수 있다.

이는 교사, 사회사업가, 보호관찰자가 전문가를 거부하는 경우도 마찬가지이다. 가족이 아동에게 문제 있음을 부정하거나 아동 치료에 대한 애매모호(曖昧模糊)한 태도를 보이게 되면 아동과 가족간에 문제해결 상호작용 패턴을 제공하기보다는 문제를 유지시키는 패턴이 된다.

또한 가족이 전에 성공적으로 유사한 상황에서 대처한 경험이 없는 경우 더 지속적인 경향이 있다. 부모와 아동은 문제를 스스로 해결할 수 있는 능력이 있다고 믿어서도 안 되며, 어떤 문제 해결법을 종래 하던 대로만 하여서도 안 된다.

또한 대부분 부모나 아동은 전문가나 치료 팀과 좋은 관계를 만들고 유지하는 경험을 가지고 있지 못하다. 그리고 아동문제는 아동과 부모가 문제해결을 위하여 치료 팀이 제공한 문제해결공식과 이 치료계획을 거부할 경우 문제가 더 지속될 수 있다.

종학팀(multidisciplinary) 내부 전문가들 간의 협조부족 역시 아동문제를 유지시킨다. 특히 서로 다른 전문가들이 문제해결공식과 치료계획을 가지고 갈등할 때 더욱 그러하다.

제 5 절 촉진요인

자폐성장애와 같은 일부 심리 문제는 태어날 때부터 선천적으로 나타난다. 그리고 일차 유뇨증(primary enuresis)과 같은 기타의 심리 문제 아동은 발달지체를 보인다. 이 경우 아동은 나이에 적당한 특정 유능감을 발달시키지 못하게 된다.

대부분 심리문제 발병은 상당히 점진적이다. 예를 들어 섭식장애(eating disorders)아동은 수개월에 걸쳐 점차 신경성 거식으로 발전한다. 그러나 어떤 심리문제는 갑자기 그리고 외상 후 스트레스 장애와 같은 명백한 스트레스 요인에 의하여 발병하기도 한다. 촉진요인은 언제나 나타나는 것은 아니지만, 위험요인 유지요인을 구분하여 볼 필요가 있다.

왜냐하면 아동의 심리문제는 질병이나 손상, 아동학대, 난폭함, 새 가족 탄생 또는 가족손실과 같은 생활 스트레스에 의하여 촉진되기 때문이다. 또 심리문제는 청소년기에 들어가고, 학교가 바뀌며, 또래 친구를 잃고, 부모별거 또는 이혼 등과 같은 라이프사이클 전환기(transition)에 의하여 촉진될 수 있다. 부모실업, 가족이사, 재정문제 등과 같은 가족스트레스 등도 심리적 문제 발병을 촉진할 수 있다.

제 11 장

통합적 아동발달 관리 시스템

제 1 절 내부 시스템

통합적 아동발달 관리 시스템은 생태학적 이론(ecological theory)에 의한 접근으로서 인간행동을 이해하고자 할 때에는 한 사람의 생태를 시스템으로 종합하여 보는 것이다.

이들 생태학적 요인에는 내부시스템(ontogenic), 소 시스템(micro system), 중간시스템(meso system), 외부시스템(exo system), 대 시스템(macro system) 등이 있다. 그러나 아동의 경우 내부시스템과 소 시스템 그리고 중간 및 외부시스템이 더욱 중요할 것이다. 이들을 중심으로 설명하면 아래와 같다.

표 11.1 내부시스템

요 인	내 용
유전시스템	한 사람의 기질이나 지능 등과 같은 심리적 특성은 유전적인 요인이 강하다.
출산전후시스템	출산을 전후한 아동의 건강과 관련한 요인이 매우 중요하다.
신체건강 시스템	신체건강이 좋을 경우 아동은 좋은 조정을 보이는 경향이 있다.
인지심리시스템	인지 심리요인이 품행과 정서에 영향을 미친다.
생물학적 시스템	생물학적 요인이 정서문제와 일부 관련이 있다.

내부 시스템은 한 사람 내부에 관련한 시스템으로서 정신역동이론과 생물학적 이론(biophysical theory)과 밀접한 관련이 있는 시스템이다. 즉, 한 사람 개인의 정신세계와 신체적 능력 즉, 성격, 능력, 자질 등이 이에 해당한다.

사람들은 누구나 외부환경과 상호작용하기 위한 자신의 내부세계를 가지고 있고 신체적 특성을 가지고 있어 이와 같은 특성으로 개인의 세계를 형성한다. 이들 내부 시스템에 대하여 설명하면 표 11.1과 같다.

1. 유전 시스템

유전시스템은 내부 시스템의 중요한 부분을 차지한다. 즉, 한 사람의 기질이나 지능 등과 같은 심리적 특성은 유전적인 요인이 강하다는 것이다(Rutter, 1991).

그러나 아동의 정서장애문제가 유전요인에 의한 것이라는 확실한 증거는 아직 없다.

유전시스템에 관련한 중재법에 관해서는 이미 생물학적 중재법에서 언급하였는데 유전은 시스템에 의한 중재는 사후 처방시스템보다는 사전예방 시스템이 가장 효과적이다.

2. 출산전후 시스템

표 11.2 출산전후 시스템

요 인	내 용
출산 전 중재	산모의 연령, 혈액형 불일치(RH-), 영양실조, 흡연, 음주, 약물사용, 풍진, 매독, 에이즈 등.
출산 후 중재	미숙아가 두뇌손상을 받으면 주의집중 문제나 과잉행동 문제를 보일 수 있다.

1) 출산 전 중재

출산 전 태아의 건강은 산모의 자궁환경에 영향을 받는데 자궁환경에 부정적인 영향을 미치는 요인으로는 산모의 연령(age), 혈액형 불일치(RH⁻), 영양실조(營養失調; nutritional deficiency), 흡연(smoking), 음주, 약물남용, 풍진(rubella), 매독(syphilis), 에이즈(AIDS; acquired immune deficiency syndrome) 등이다.

그리고 임신 중 두뇌손상을 입은 아동은 특정분야에서의 결함을 보이지 않고 학습이나 지적능력 등 전반적인 저하를 보인다. 그 이유는 아마도 발달상 중추신경시스템 발달이 이루어지지 않아 기능 분화(specialization of function)되지 않기 때문일 것이다. 반면에 생후 두뇌손상을 입은 아동은 국부적인 기능저하를 보인다.

출산 시 병원에서 겸자분만(forceps delivery)이나, 머리가 거꾸로 나오거나, 난산이었을 경우, 또는 탯줄이 꼬인 경우와 같은 출생 시 발생할 수 있는 문제들로 인하여 유아는 신경 손상을 입을 수 있다.

출산 전 중재방법은 계획적인 산모교육과 출산 시 아동의 손상을 예방할 수 있는 의학적 조치일 것이다. 또한 산모가 풍진과 같은 질병에 감염되지 않도록 예방주사를 맞도록 하는 방법도 중요한 중재방법이 될 것이다.

2) 출산 후 중재

출산 당시 신생아가 미숙아일 경우 두개골이 충분히 발달되지 못하였기 때문에 출생 중에 두뇌손상을 입을 가능성이 높다. 그리고 이와 같은 미숙아가 두뇌손상을 받으면 주의집중 문제나 과잉행동 문제를 보일 수 있다고 한다(Hinshaw, 1994).

출산 後(postnatal) 신생아를 위한 중재는 주로 미숙아에 관련한 중재인데 미숙아 출산과정에서 두뇌손상을 예방하고 출산 후에는 세심한 주의를 기울여 양육하여야 한다.

보통 미숙아는 초기에는 발달지체를 보이지만 적절한 의료적 처방과, 부모의 세심한 양육, 그리고 적절한 지적, 신체적 자극을 주게 되면 일반아동과 다름없이 자라게 된다. 따라서 미숙아의 경우 출산 시부터 취학 이전기까지 의학적 처방과 부모의 정성스런 자극제공 등이 특히 더 중요하다 할 것이다.

3. 신체건강 시스템

1) 의의

마음과 신체는 함께 간다는 말이 있듯이 신체건강이 좋을 경우 아동은 좋은 조정을 보이는 경향이 있다(Rutter & Casaer, 1991). 아동 신체건강에 도움을 주는 요인에는 유전, 자궁, 순산(順產), 질병이나 손상, 영양보급, 운동, 스트레스, 성과 나이 등이다. 사춘기이전에 여아는 남아보다 스트레스를 더 잘 관리하나 사춘기 이후에는 남아가 여아보다 더 스트레스를 잘 관리한다. 그리고 어린 아동이 나이든 아동보다 스트레스 영향을 덜 받는다.

두뇌손상아동의 경우 사후조치, 손상위치, 심각성 정도에 따라 인지손상, 행동문제 등이 다르게 나타날 수 있다(Goodman, 1994; Snow & Hooper, 1994).

2) 중재

신체건강 시스템에 관련한 중재는 질병의 예방, 적절한 영양보급, 정기적인 운동, 안정적인 양육 등이 중요한 방법에 해당한다. 질병의 예방은 적기 예방주사, 두뇌손상 예방조치 등이 해당하고, 두뇌발달이 왕성한 3세 이전에 신체적인 운동을 제공하는 것이 중요할 것이다.

물론 아동의 영양 보급에 세심한 관심으로 양육하는 것도 중요하며, 아동이 스트레스를 받지 않도록 배려하는 일도 중요한 중재일 것이다.

4. 인지-심리 시스템

인지 심리시스템에 영향을 미치는 요인에는 지능지수[지능이 낮으면 품행장애(conduct disorders)위험이 있다, 자존감(self-esteem: 자존감이 낮으면 품행장애나 정서장애(emotional disorders)의 위험이 있다, 외적통제소재(external locus of control; 주요 강화원천과 자기상황에 대한 주요측면에 대하여 통제할 필요가 없다는 신념(entrenched belief; 외적 통제소재를 가지면 품행문제와 정서문제를 일으킬 수 있다(Rotter, 1966)], 기질 등이 있다. 이들에 대하여 설명하면 아래와 같다.

표 11.3 인지-심리시스템

요 인	내 용
자기규제신념시스템	아동이 높은 수준의 자기규제신념(효용감)을 갖게 되면 과제완수를 더 효과적으로 할 수 있다.
방어기제시스템	방어기제는 아동이 부정적인 정서상태를 규제하기 위하여 사용하는 것.
대처전략시스템	아동이 문제 또는 정서에 당면하였을 때 이를 해결하는 기술.

1) 자기규제신념 시스템

(1) 의의

아동이 과제완수에 성공하고, 이 성공이 자신의 능력으로 성공하였다고 생각하면, 아동은 자기 효용감이 생긴다(Bandura, 1981). 즉, 아동이 미래에 유사한 과제에도 잘 할 수 있을 것이란 믿음이 생기는 것이다. 아동이 높은 수준의 자기효용 감을 갖게 되면 과제완수를 더 효과적으로 할 수 있다. 그러나 낮은 자기효용 감을 가진 아동은 문제를 해결하고자 지속적으로 노력하지 않는 경향이 있다. 그래서 낮은 자기 효용감으로 정서문제를 유지시키게 되는 것이다.

이와 같은 낮은 자존감(self esteem) 외에도 정서발달에 영향을 미치는 요인으로서는 우울귀인스타일(depressive attributional style; 아무리 노력해도 성공할 수 없다는 신념; Abramson et al., 1978), 적대적 귀인스타일(hostile attributional style; 실패의 탓을 타인의 탓으로 생각하는 신념), 인지왜곡(cognitive distortions; 상황에 대한 확실치 못한 해석)등이 있다.

표 11.4 자기규제시스템 중재

요 인	내 용
자기효용감 증진 중재	자기규제 시스템에 관련한 아동중재방법은 아동이 과제완수에 성공한 경우 이 성공이 자신의 능력으로 성공하였다고 생각하도록 도와주는 일.
낙관적 귀인스타일 중재	과제에 실패한 경우 노력하면 성공할 수 있고, 실패원인이 이 과제 한 부분에 한정한 것이며 다음에는 그렇지 않을 것이라는 격려를 하고, 과제에 성공한 경우 아동의 능력으로 인한 것임을 알려주고 다른 경우도 성공할 수 있는 것임을 알려주어 무기력을 극복시켜 줌.
일관성 중재	아동을 훈육하면서 일관성 있고 예측 가능한 지시를 통하여 아동의 기대와 부모나 교사의 행동이 동일하도록 교육.
상황설명중재	아동이 어떤 상황에 대하여 확실치 못한 해석을 하지 않도록 충분히 설명하여 오해를 예방함.

(2) 중재

① 자기효용감 증진 중재

자기규제 시스템에 관련한 아동중재방법은 아동이 과제완수에 성공한 경우 이 성공이 자신의 능력으로 성공하였다고 생각하도록 도와주는 일이다.

예를 들어 아동이 무거운 물건을 들고자 할 때 아동을 도와 물건을 옮기도록 하고 아동을 칭찬하거나 아동이 넘을 수 없는 장애물을 도와 넘게 하고 잘 넘었음을 칭찬하는 일등이 바로 이것이다. 이와 같은 중재는 주위에서 매우 흔한 중재법이다.

② 낙관적 귀인 스타일(우울 귀인 스타일 예방)중재

아동이 자신의 과제에 실패한 경우 부모나 교사는 아동에게 그 실패가 능력부족이나 어쩔 수 없는 것이라는 반응으로 아동에게 절망을 가르치기보다는 노력하면 성공할 수 있고, 실패원인이 이 과제 한 부분에 한한 것이며 다음에는 그렇지 않을 것이라는 격려를 통하여 아동에게 새로운 과제에 도전할 수 있는 힘을 부여한다.

그리고 만일 아동이 과제에 성공한 경우 아동의 능력으로 인한 것임을 알려주고 다른 경우도 성공할 수 있는 것임을 알려주어 무기력을 극복시켜 준다.

③ 일관성(적대적 귀인스타일 예방)중재

부모나 교사는 아동을 훈육(discipline)하면서 일관성 있고 예측 가능한 지시를 통하여 아동의 기대와 부모나 교사의 행동이 동일하도록 교육한다. 만일 아동의 기대한 부모나 교사의 행동이 다르게 나타나면 아동은 그 원인을 타인의 탓으로 돌리는 적대적 귀인스타일(hostile attributional style)을 보이기 때문이다. 이와 같은 경우의 중재기법은 면담기법을 참조하는 것이 좋을 것이다.

④ 상황설명(인지왜곡예방)중재

아동이 어떤 상황에 대하여 확실치 못한 해석을 하게 되면 여러 가지 인지왜곡을 보일 수 있는데 이 경우 부모나 교사는 아동의 인지적으로 상황을 왜곡한 경우 이를 충분히 설명하여 오해를 풀도록 하여야 한다. 이때 아동이 판단한 생각을 충분히 듣고 하나하나 세심하게 설명을 하는 것이 좋다. 이와 같은 경우 중재방법은 앞서 언급한 면담기법이 좋다.

2) 방어기제 시스템과 중재

방어기제는 아동이 부정적인 정서상태를 규제하기 위하여 사용하는 것으로서 부모의 분노에 대한 반응과 같은 부정적인 외부 사건일 수도 있고, 죄의식과 같은 부정적인 내부 사건일 수도 있다.

표 11.5 방어기제 시스템

요 인	내 용
원시적 방어기제	부정적인 정서상태를 규제하기 위하여 수동적 공격.
신경증적인 방어기제	자신의 분노를 타인에게 떠넘기거나 싸움으로 해결.
성숙한 방어기제	자기성찰, 유머, 자기주장 등으로 분노 해결.

방어기제는 원시적 방어기제(primitive defence mechanism; 부정적인 정서상태를 규제하기 위하여 수동적 공격(passive aggression; 부모의 지시에 응하면서도 응하는 태도가 매우 미온적임)을 사용한다), 신경증적인 방어기제(neurotic defence mechanism; 자신의 분노를 타인에게 떠넘기거나 싸움으로 해결), 성숙한 방어기제(mature defence mechanism; 승화(sublimation), 자기성찰(self-observation), 유머, 자기주장(self-assertion) 등으로 분노를 해결) 등이 있다.

이 때 원시적 방어기제와 신경질적인 방어기제는 미성숙한 방어기제로서 우울(depression), 부정(denial), 떠넘기기, 분열(splitting), 투사(projection), 수동적 공격(passive aggression) 등과 같은 미성숙한 방법으로 갈등을 해결한다. 이와 같은 미성숙한 방어기제는 단기간동안은 불안(anxiety) 또는 기타 부정적인 정서를 규제할 수 있으나 장기적으로는 문제가 될 수 있다. 반면에 성숙한 방어기제는 승화와 같은 것이 이에 해당하는데 이를 사용하면 생산적인 방법으로 불안(anxiety)과 관련한 갈등관리를 할 수 있다.

방어기제와 관련한 중재에는 아동이 갈등관련 문제에 닥쳤을 때 문제를 해결하는 기술을 익히도록 하는데 중점을 둔다. 경우에 따라서 상담을 통하여 간단한 시나리오를 정하여 제공하고 이와 유사한 상황에서 어떤 갈등 방법이 유용한 것인지를 알려주는 것이다.

3) 대처전략 시스템과 중재

대처전략(coping strategy) 구분은 크게 네 가지로 즉, 기능적 문제 중심 대처전략(functional problem-focused coping strategies; 문제에 대한 정확한 정보, 현실적인 행동 계획, 타인으로부터 지지와 충고, 혼자 또는 다른 사람의 도움으로 계획수행), 역기능적 문제 중심 대처전략(dysfunctional problem-focused coping strategies; 부정확하고 관련이 없는 정보 복권당첨과 같은 비현실적인 계획, 점성가말과 같은 부적절하게 지지 또는 충고, 타인의 도움거부), 기능적인 정서중심 대처전략(dysfunctional emotion-focused coping strategies; 안정적인 애착에 기초한 내적 작동모델(internal working models), 타인에 대하여 공감(empathy), 재구축(reframing), 인지 재구조화(cognitive restructuring), 카타르시스(katharsis), 기분전환, 운동, 긴장풀기(relaxation)), 역기능적인 정서중심 대처전략(dysfunctional emotion-focused coping strategies; 지원적인 인간관계 형성보다는 파괴적인 관계유지, 카타르시스(katharsis)보다 거부적인 생각, 건설적인 재구축보다 막연한 희망에 몰입, 긴장풀기보다 약물이나 술에 의지, 신체적인 운동보다 공격) 등이 있다.

표 11.6 대처전략시스템 중재

요 인	내 용
기능적 문제중심 대처전략	문제에 대한 정확한 정보, 현실적인 행동 계획, 타인으로부터 지지와 충고, 혼자 또는 다른 사람의 도움으로 계획수행.
역기능적 문제중심 대처전략	부정확하고 관련이 없는 정보 복권당첨과 같은 비현실적인 계획, 점성가 말과 같은 부적절하게 지지 또는 충고, 타인의 도움거부.
기능적 정서중심 대처전략	안정적인 애착에 기초한 내적 작동모델, 타인에 대하여 공감, 재구축, 인지 재구조화, 카타르시스, 기분전환, 운동, 긴장풀기.
역기능적 정서중심 대처전략	지원적인 인간관계 형성보다는 파괴적인 관계 유지, 카타르시스보다 거부적인 생각, 건설적인 재구축보다 막연한 희망에 몰입, 긴장풀기보다 약물이나 술에 의지, 신체운동보다 공격.

정서중심이든 문제중심이든 역기능적 대처전략(dysfunctional coping strategies)은 단기간에는 문제나 정서를 해결할 수 있으나 장기간으로는 아동문제나 정서해결보다는 문제 또는 정서를 유지시킬 수 있다.

따라서, 대처전략에 관련해서는 앞서 언급한 방어기제와 마찬가지로 아동이 문제 또는 정서에 당면하였을 때 이를 기능적으로 해결하는 기술을 익히도록 하는데 중점을 둔다. 이 경우에도 경우에 따라서 상담을 통하여 간단한 시나리오를 정하여 제공하고 이와 유사한 상황에서 어떤 갈등 방법이 유용한 것인지를 알려주는 방법이 좋다.

5. 생물학적 시스템

생물학적 측면에서 볼 때, 생리자각수준 이상(abnormal levels of physiological self consciousness), 신경전달물질시스템 규제이상(dyeregulation of neurotrans-mitter system), 순환주기리듬이상(abnormal circadian rhythms), 신경내분비 결핍(neuroendocrine consequences of starvation) 그리고 기타 신체시스템 이상 등은 정서문제와 관련이 일부 있다고 한다(Binnie & Boyd, 1994).

이와 같은 경우 중재방법은 의학적인 진단과 처방이 주요 중재 수단이 될 것이다.

제 2 절 소 시스템

소 시스템(micro system)은 개인이 타인과 상호작용하면서 발생하는 심리상태이다. 이와 같은 시스템은 결국 하나의 내부시스템과 다른 사람의 내부시스템간의 관계로 볼 수 있다. 아동의 경우 학교에서 다른 아동과의 상호작용, 부모와의 상호작용 등이 이에 해당한다 할 것이다. 소 시스템에서의 각 하위 시스템과 중재방법을 설명하면 아래와 같다.

표 11.7 소 시스템

요 인	내 용
모자유대시스템	생후 2년간 아동과 일차 양육자간, 특히 아동과 부모 간 애착의 질이 아동의 정신건강 발달에 매우 중요.
지적자극시스템	감각운동 수준과 지적자극 수준은 아동의 지적인 발달에 매우 중요.
양육스타일 시스템	부모의 양육 스타일 시스템은 아동발달과 관련이 매우 깊다.
가족문제시스템	가족관련 시스템도 아동의 정서발달에 중요한 역할을 함.
스트레스 시스템	아동기 초기 스트레스는 아도 정서발달에 영향을 미침.

1. 모자 유대시스템

Klaus와 Kennell(1976)의 모자간 유대이론(bonding theory)은 유아가 출생하면 즉각 어머니 살을 맞대는 접촉을 하여야 모자간의 유대를 형성할 수 있다고 주장하였으나 실제 확인 연구결과 안정적인 모자간 애착유대는 출산 직후 살을 맞대는 접촉 없이도 애착(attachment)을 형성할 수 있고 생후 2년간 아동과 일차 양육자간, 특히 아동과 부모 간 애착의 질(quality of attachment)이 아동의 정신건강 발달에 매우 중요한 것으로 나타났다(Sluckin, 1981).

그리고 아동이 부모와 안정적인 애착을 형성하면 아동은 안전의 원천을 부모로부터 제공받아 이후 대인관계능력이 잘 발달된다. 그리고 안정적인 애착이 형성되면 자존감(self esteem), 긍정적인 정서, 좋은 또래관계, 성인과 좋은 인간관계, 좋은 개인 자율감 등을 발달시킨다고 한다(Belsky & Nezworski, 1988).

이와 같은 배경에서 모자 유대시스템에 의한 중재는 생후 2세까지의 아동과 부모간의 애착형성의 중요성을 강조하고 정서장애아동(children with emotional disability)의 경우 부모와의 애착형성을 도울 수 있는 방법으로 중재한다.

2. 지적자극 시스템

부모가 유아에게 제공하는 감각운동(sensorimotor)수준과 지적자극(intellectual stimulation)수준은 아동의 지적인 발달에 매우 중요하다고 한다. 그리고 가정에서 부모가 다양한 놀잇감을 제공하고, 지적 자극을 위해 여러 가지 기회를 제공하면, 아동의 현재 지적수준과 미래의 IQ에 공헌하는 것으로 나타났다(Bradley et al., 1989).

아동의 지적자극 중재는 출생 시부터 아동의 지각 능력에 따라 자극을 제공하는데 예를 들어 모빌을 걸어둔다거나, 모빌을 다리에 연결하여 아동이 다리를 움직일 때마다 모빌이 움직이도록 하는 자극도 도움이 된다고 한다. 또한 아동의 정서에 부모가 잘 반응하고 아동에게 다양한 미각, 청각, 시각, 촉각 자극을 제공하여 아동의 지적 자극을 돕는 것이 필요하다.

3. 양육스타일 시스템

부모의 양육 스타일 시스템(parenting style system)은 아동발달과 관련이 매우 깊다고 한다(Darling & Steinberg, 1993). 부모의 양육 스타일 유형을 요약하면, 신뢰적 스타일(아동에게 온정적이고 아동 중심적으로 양육. 부모는 아동에게 적절한 통제를 하면서도 나이에 맞은 책임성을 갖도록 하여 최대한 아동발달을 자율과 신뢰로 베풀어 주는 환경 제공; 바람직한 양육스타일, democratic style), 권위적 스타일(온정적이지 못하고 통제를 강조. 아동은 성인이 되어도 수줍음을 잘 타고, 솔선하기를 꺼리는 경향을 보인다. authoritative style), 허용적 스타일(온정적이지만 훈육(discipline)에서 느슨한 모습. 아동은 계획에 따라 일을 추진하는 능력에 결함을 보이고, 충동통제(impulse control) 능력에도 부족함을 보인다. permissive style), 방관적 스타일(온정적이지도 못하고 통제를 하지도 않음,

양육소홀의 형태로서 심각한 문제를 보일 수 있다. neglecting style).

양육시스템에서의 중재는 부모교육 등을 통하여 아동이 신뢰적인 스타일로 양육 받도록 함으로써 우호적이고 협상을 통한 환경에서 타인의 견해를 받아들이면 갈등(conflict)을 효과적으로 관리할 수 있다는 점을 배우도록 한다.

표 11.8 양육스타일 시스템

양육스타일	내 용
신뢰적 양육스타일	· 아동에게 온정적이고 아동 중심적으로 양육. · 부모는 아동에게 적절한 통제를 하면서도 나이에 맞은 책임성을 갖도록 하여 최대한 아동발달을 자율과 신뢰로 베풀어주는 환경 제공하는 바람직한 양육스타일.
권위적 양육스타일	· 온정적이지 못하고 통제를 강조. · 아동은 성인이 되어도 수줍음을 잘 타고, 솔선하기를 꺼리는 경향을 보인다.
허용적 양육스타일	· 온정적이지만 훈육에서 느슨한 모습. · 아동은 계획에 따라 일을 추진하는 능력에 결함을 보이고, 충동통제능력에도 부족함을 보인다.
방관적 양육스타일	· 온정적이지도 못하고 통제를 하지도 않음. · 양육소홀의 형태로서 심각한 문제를 보일 수 있다.

부모의 신뢰적인 양육스타일로 아동이 협상, 타인의견 종중, 갈등관리법을 익히게 되면 아동은 이후 문제해결능력 향상, 원만한 또래 관계형성 등을 통하여 사회적 네트워크를 잘 형성할 수 있게 된다.

4. 가족문제 시스템

가족문제 시스템을 요약하면 표 11.9와 같다.

표 11.9 가족문제 시스템

시스템	내 용
양육시스템	부모의 양육 능력과 관련한 시스템으로서 아동의 1차 환경인 부모의 내부 시스템이 아동에게 영향을 미치는 시스템이다.
부부시스템	아동부모인 부부문제는 아동의 정서에 중대한 영향을 미칠 수 있다.
가족시스템	가족 시스템이 구체화되어 있지 못하면 정서문제를 유발할 수 있다.

1) 양육시스템

양육시스템(parenting system)은 부모의 양육 능력과 관련한 시스템으로서 아동의 1차 환경인 부모의 내부시스템이 아동에게 영향을 미치는 시스템이다. 이를 하위 유형별로 설명하면 아래와 같다.

표 11.10 양육시스템

요 인	내 용
강화시스템	부모는 아동의 행동이 바람직한 경우에는 강화를 하고 바람직하지 못한 경우에는 강화를 하지 않음으로써 아동이 바람직한 행동을 할 수 있도록 도와야 한다.
의사소통시스템	부모가 아동의 의사를 제대로 들어야 하고 부모가 아동의 위치에서 아동이 이해할 수 있는 방식으로 아동에게 명확하고 직접적인 설명을 주어야 한다.
삼각관계시스템	아동이 부모 중 한사람과 연합 하고, 다른 한사람이 외곽에 있는 형태를 보이는 것. 이 경우 양육방식에 대해 서로 충돌하게 된다.
아버지관여시스템	치료에 아버지가 관여하게 될 경우 성공가능성이 높아 아버지 관여정도가 좋은 결과에 대한 좋은 예측변수가 된다.

(1) 강화시스템

부모는 아동의 행동이 바람직한 경우에는 강화를 하고 바람직하지 못한 경우에는 강화를 하지 않음으로써 아동이 바람직한 행동을 할 수 있도록 도와야 한다. 그러나 일부 가족의 경우 바람직하지 못한 행동에 대하여 강화시킬 의도는 없었지만 무의식적으로 강화를 하게 된다. 예를 들어 멸치를 먹지 않는 아동에게 얘는 멸치를 못 먹어!, 멸치를 싫어해!라고 말하여 멸치를 먹지 않도록 무의식적으로 강화하게 된다. 이와 같은 예는 흔히 가정에 발견되는데 강화시스템에서의 중재는 부모교육이나 가족 치료과정을 통하여 이와 같은 우연한 강화를 예방하고 바람직한 행동을 강화하는 방법을 제공하는 것이다.

(2) 의사소통시스템

부모 아동 간 의사소통이 원만하지 못할 경우 아동정서에 영향을 줄 수 있다. 예를 들어 부모가 아동에게 아이스크림을 그만 먹으라는 표현으로 '많이 먹어라!' 라고 말한 경우 아동이 이를 단순히 '많이 맛있게 먹으라!'는 표현으로 이해한 경우 부모의 분노를 유발하여 결국 아동이 혼란스럽게 된다. 이와 같은 예는 부모의 의사를 올바로 아동이 이해하지 못한 결과인데, 다른 예를 보면 아동이 학교에 가기 싫어 배가 아프다고 말한 경우, 부모가 실제로 아동이 배가 아픈 것으로 판단하여 의학적 중재를 선택하면 아동은 이후에도 학교에 가기 싫으면 배가 아프다고 말하고 그로인하여 의사소통에 문제가 발생할 수 있는 것이다.

따라서, 의사소통에서의 중재방식은 부모가 아동의 의사를 제대로 들어야 하고 부모가 아동의 위치에서 아동이 이해할 수 있는 방식으로 아동에게 명확하고 직접적인 설명을 주어야 하는 것이다.

(3) 삼각관계시스템

삼각관계(triangulation)는 아동이 부모 중 한사람과 연합하고, 다른 한사람이 외곽에 있는 형태를 보이는 것으로 일반적으로 엄마와 아동이 연합하고 아버지는 외곽에 있게 된다(Bosworth et al., 1999). 이 경우 어머니는 무의식중에 아동의 문제행동을 강화하게 되고, 아버지의 행동을 무시하게 된다. 그러면 부모는 아동양육에 관련하여 서로 충돌하게 된다. 따라서 부모는 아동문제에 관련해서는 삼각관계에 유의하고 은근히 자녀를 자기편으로 끌고자 하는 행동을 하지 않아야 한다.

예를 들어 부부싸움을 한 이후 '너는 누구 편이니?'와 같은 말이나 자녀 앞에서 배우자를 신랄하게 비난하면서 자녀의 동의를 구하고자 하는 행동은 지양하여야 한다.

(4) 아버지 관여 시스템

가족치료연구에 따르면, 치료에 아버지가 관여하게 될 경우 성공가능성이 높아 아버지 관여정도가 좋은 결과에 대한 좋은 예측변수가 된다고 한다(Carr, 1997).

이와 같은 연구들은 근래 언론에도 소개된 바 있는데 아동기에 아버지와 상호작용이 많았던 사람들은 그렇지 못하였던 사람들보다 이후 성장하여서 인생이 행복하다고 느끼는 사람이 더 많았다고 한다.

따라서 아버지 관여시스템에 의한 중재는 아동문제에 관련하여 아버지의 참여를 적극 유도하는 것이다.

2) 부부시스템

아동에게 영향을 미치는 부부시스템으로서는 부부간의 불화를 들 수 있다.

부부싸움이 잦을 경우 아동은 스트레스를 받을 수 있고(특히 부부불화(marital discord)가 아동양육문제인 경우 스트레스는 더욱 크다), 부부갈등으로 자신이 버림받지 않을까 걱정하며, 아동이 부부불화(marital discord) 책임이 없는데도 책임감을 가지고 문제를 해결하고자 노력하게 되고, 부부불화로 아동에게 적절한 양육환경을 제공하지 못하게 할 수 있다(Moffitt & Caspi, 1998).

또 부부의 이혼, 부부의 입원, 투옥, 부부의 심리문제 등도 아동의 정서에 중대한 영향을 미칠 수 있는데 이와 같은 요인들의 고려도 부부시스템에 의한 중재에서 고려하여야 할 요인이다.

3) 가족시스템

하나의 가족시스템에는 일관성 있는 가족 규칙, 가족구성원간의 명확한 역할, 일상적인 활동 등이 존재하여야 한다. 그러나 이와 같은 것들이 가족시스템에 존재하지 못할 경우 혼란스런 가정환경(chaotic family environment)이 된다.

혼란스런 가족환경의 경우 가족 내 의사소통 기술(communication skill)과 문제해결기술(problem solving skill)이 부족하다. 그리고 정서문제를 유발할 위험이 있다(Kazdin, 1995). 또 품행문제가 있는 손위 형제자매가 있을 경우 손아래 아동도 품행문제를 보일 위험이 있다고 한다(Kazdin, 1995). 이는 탈선한 손위 형제(deviant siblings)로부터 부적절한 역할 모델을 제공받기 때문이다.

따라서 가족 시스템에 관련한 중재에서는 부모와 아동이 안정적인 애착관계(secure attachment)를 형성하고, 부모가 신뢰적인 양육스타일을 가지고 분명하고 직접적인 의사소통을 하며, 가족 내 명백한 규칙, 역할, 일상적인 일을 정하여 보다 구조적인 가족구조를 형성하도록 하여 준다.

5. 스트레스 시스템

스트레스 시스템을 요약하면 표 11.11과 같다.

1) 별거-사망 시스템

아동에게 스트레스를 야기시킬 수 있는 요인 중에는 별거-사망(separation-bereavements)을 들 수 있다. 아동이 어떤 이유에서든 부모와 별거하게 되거나 부모 중 한명이 사망하거나 아동과 아주 가까웠던 친구나 애완동물 등과 더 이상 상호작용(interaction)할 수 없는 상황이 된 경우가 이것이다. 이 경우 아동은 특히 우울증과 같은 문제를 일으킬 위험이 있다(Harrington, 1996).

따라서 이 경우에는 별거-사망(separation-bereavements)과 관련한 스트레스를 중재하기 위한 상담기법 등이 필요할 것이다.

표 11.11 스트레스 시스템

요 인	내 용
별거-사망 시스템	아동이 부모와 별거하게 되거나 부모 중 한명이 사망하거나 아동과 아주 가까웠던 친구나 애완동물 등과 더 이상 상호작용 할 수 없는 상황이 된 경우 우울증과 같은 문제를 일으킬 위험이 있다.
아동학대시스템	아동이 학대를 받게 되면 이후 정서문제와 품행문제가 유발될 수 있다.

2) 아동학대 시스템

아동의 스트레스 요인 중 아동학대(child abuse)를 들 수 있다. 아동이 학대를 받게 되면 이후 정서문제와 품행문제가 유발될 수 있다고 한다(Briere et al., 1997). 따라서 아동학대와 관련한 증거를 확보하게 되면 아동학대의 고리를 끊는 중재를 신속하게 하여야 할 것이다.

제 3 절 중간 및 외부 시스템

중간 시스템은 소 시스템에서 조금 확대된 학교, 가정, 동아리, 공공사회 속에서 상호작용 하는 시스템 즉, 중간시스템은 결국 한 사람의 내부시스템과 다수의 다른 사람 집단간의 상호작용이다.

여기서는 아동의 경우 중간시스템 밖의 시스템은 크게 구분하여 볼 필요성이 적으므로 중간 시스템, 외부시스템, 대 시스템을 통합하여 설명하고자 한다.

표 11.12 중간, 외부, 대 시스템

요 인	내 용
사회지원시스템	사회적 지원이 부족하면 그 가족은 대처능력자원을 잃게 된다.
가정스트레스 시스템	가정 스트레스가 쌓이면 가정은 전반적으로 가장의 역동성을 약화시킬 것이다.
교육배치시스템	아동이 지원을 원만하게 제공받지 못하고, 충분한 준비가 되지 못한 학교에 배치되면, 아동은 정서문제를 개선하기 어렵다.
또래관계시스템	아동은 또래관계를 통하여 모방하고 상호작용을 통하여 발달하게 된다.
공공사회시스템	정서장애인에 대한 사회적 인식은 정서장애의 극복에 영향을 미친다.
처방시스템	아동과 부모가 처방 교사나 의료진, 사회복지사 기타 관련시스템 전문가와 긴밀하게 협조할 경우 정서장애동의 예후는 좋다.

1. 사회지원시스템

한 가족에게 있어 사회적 지원이 부족하면 그 가족은 대처능력자원을 잃게 된다. 즉, 네트워크가 부족하고 다른 가족과 정적인 관계가 형성되지 못하며, 친구가 없이 사회적으로 고립되면 정서적으로 안정을 기할 수 없게 되는 것이다(Garmezy & Masten, 1994).

따라서, 사회적 지원을 통하여 개인의 안녕 감을 증진시키고 문제해결에 대한 지원을 충분히 제공하는 방법으로 중재하여야 할 것이다.

2. 가정 스트레스 시스템

가정에서 스트레스를 받는 요인은 부모 실업, 중병, 친지사망(bereavement), 전학, 이사, 싸움 등이 있다(Goodyer, 1990). 이와 같은 요인으로 스트레스가 쌓이면 가정은 전반적으로 가정의 역동성을 약화시킬 것이다. 따라서 스트레스 관련 중재에서는 이와 같은 가정스트레스 요인을 최대한 줄이고자 하는 중재법을 사용하여야 할 것이다.

3. 교육배치시스템

만일 정서장애아동의 교육배치(school placement)는 아무리 강조해도 과언이 아니다. 실제로 우리나라엔 아직까지도 정서장애아동을 위한 교육이 미흡한 건 사실이다. 저자가 살고 있는 도시에는 특수학교가 한곳 있는데 이곳에는 정신지체아동과 자폐성 장애아동 그리고 뇌성마비(cerebral palsy: CP)아동이 모두 같이 같은 학급에서 공부한다. 이들의 장애 특성이 다르고 교수방법이 다른 데도 말이다.

또한 교사나 부모가 아동 문제에 관하여 상담을 하거나 자문을 구하고자 할 때에도 이에 응할 수 있는 전문가 팀이 부족하다. 그래서 아동이 지원을 원만하게 제공받지 못하고, 충분한 준비가 되지 못한 학교에 배치되면, 아동은 정서문제를 개선하기 어렵다(Rutter, 1985).

따라서 교육배치 시스템(school placement system) 측면에서의 중재는 아동의 장애 상태에 따라 적절한 교사와 적절한 지원을 할 수 있는 시스템을 마련하고 배치하는 것이 중요할 것이다.

또한 교육시설 환경의 경우, 물리적으로 안전한 공간, 예측할 수 있고 심리적인 안정감을 주는 환경, 주의집중과 학습촉진을 위한 구조화된 환경, 아동에게 반응하는 환경, 탐구활동을 촉진하는 환경확장, 발달에 필요한 충분한 영양제공 및 수면과 휴식 등의 요소가 고려되어야 한다(최은영, 2002).

4. 또래관계 시스템

부모는 가끔 '어디서 못된 것을 배워왔다'고 말한다. 그런데 역설적이지만 정서장애아동(children with emotional disability)의 경우 이런 '못된 것을 배워왔다'는 사실은 매우 긍정적인 일이 될 것이다. 왜냐하면 아동이 모방을 하고 있음을 증거하고 있는 것이기 때문이다.

이처럼 아동은 또래관계(peer relationship)를 통하여 모방하고 상호작용을 통하여 발달하게 된다. 따라서 또래관계 시스템에서의 중재는 적절한 또래관계발달 및 유지를 위한 노력이 필요할 것이다.

한편 품행문제나 약물남용 청소년들은 대부분 비행이나 약물남용 또래그룹(peer group)을 가지고 있다고 한다(Kazdin, 1995). 이는 아마도 또래관계 시스템에서 비행청소년 그룹(delinquency adolescent group)과 어울리면서 모방과 강화를 받아 나타나는 것으로 볼 수 있는데 또래관계 시스템 중재를 통하여 이 관계 고리를 끊어주지 않으면 청소년 비행은 계속될 것이다.

5. 공공사회시스템

정서장애인에 대한 사회적 인식은 정서장애의 극복에 영향을 미친다. 예를 들어 정서장애아동이 사회적응 위한 노력으로 여러 가지 실생활을 접할 때 주위의 시선은 음으로 양으로 영향을 미치기 때문이다. 따라서 공공사회시스템(community system)에서의 적극적인 홍보와 지원이 필요할 것이다. 그리고 아동의 행동문제와 사회적 병리(social pathology) 문제는 상호 밀접한 관계가 있다.

예를 들어 빈곤이나 문화적 지원부족으로 인한 사회적 불이익(social disadvantage), 범죄지역(criminal area), 낮은 고용기회(low opportunity of employment), 폭력노출 등은 이의 전형적인 예이다(Garmezy & Masten, 1994).

6. 처방시스템

아동과 부모가 처방교사(therapist)나 의료진, 사회복지사(social worker) 기타 관련시스템 전문가와 긴밀하게 협조할 경우 정서장애동의 예후는 좋다고 한다. 그리고 아동과 가족이 문제가 있음을 인정하고 이를 해결하고자 하며 이전에 유사한 대처 경험이 있어 전문가의 처방과 치료계획을 받아들이면 처방효과는 더욱 좋다고 한다. 또한 전문가간의 상호협력도 중요하다고 한다(Carr, 1995).

따라서 처방시스템에 관련한 중재는 이들 처방시스템간의 긴밀한 협조를 유도하도록 하는 노력이 필요할 것이다.

제 4 절　아동기 문제 사정

태어나면서부터 아동은 부모를 어렵게 한다. 그래서 '진자리 마른자리 갈아 뉘시며 손발이 다 달토록 고생하시네'란 노래가 나온 것 같다. 물론 부모는 이것을 어려움으로 생각하지 않고 즐겁고 기꺼이 받아들인다. 부모는 아이의 해맑은 미소를 보고 그간의 어려움을 한방에 보내는 것이다. 그래서 아이는 모두 예쁜가 보다.

그럼에도 불구하고 아동의 정서나 행동에 문제가 있는 경우가 있다. 배설에 문제가 있을 수 있고, 섭식에 문제가 있을 수도 있으며, 지나치게 과잉행동을 보일 수도 지나치게 소심할 수도 있다. 부모는 이와 같은 아동의 문제에 대하여 면밀히 관찰하고 조기에 대응하여야 한다. 왜냐하면 이 대응이 적절하지 못할 경우 호미로 막을 걸 가래로 막게 되어 아동 인생전반에 영향을 미치기 때문이다.

아동의 정서나 행동에 문제가 있을 경우, 부모나 교사는 먼저, 1) 어떤 행동이 문제행동인지를 파악하고, 다음으로 2) 왜 이 문제가 발생하는지를 생각하여, 마지막으로 3) 아동입장에서 이 문제에 대한 최선의 처방 법은 무엇인지를 찾아내야 한다.

이와 같은 단계는 언뜻 보기에 간단해 보이나 이는 매우 어렵고도 힘든 과정이다. 이를 각 단계별로 설명하면 아래와 같다.

1. 문제행동 및 원인

1) 문제행동

어떤 행동이 문제행동인지를 파악하기 위해서는 먼저 이 행동이 실제로 처방이 필요한 문제인지를 알아야 한다. 이 때 처방이 필요한 문제행동은 크게 두 가지 측면에서 알아볼 수 있을 것이다. 즉, 하나는 문제행동의 원인이 아동개인에 있는 것과 이 문제행동의 원인이 아동개인이 아니라 아동 주위환경에 있는 것이다.

또한 아동의 어떤 행동이 진짜로 아동의 문제행동인지 아니면 그 행동으로 부모나 교사가 귀찮거나 화가 난 것인지를 냉정하게 구분하여야 한다. 예를 들어 아동은 문제가 없다고 하고, 부모나 교사는 문제가 있다고 할 때 과연 이 행동이 문제행동인지를 알아내기란 매우 어렵다.

그럴 리야 없겠지만 간혹 발달수준에 맞는 아동의 행동에 대하여도 부모나 교사의 정서상 문제로 극히 정상적인 아동행동을 문제행동으로 볼 수 있는 것이다(실제로, 부모의 우울증과 같은 정서문제로 부모가 아동의 정상적인 행동을 문제행동으로 몰아간 사례가 있다).

한편 문제행동을 보이는 아동 중에는 여러 가지 증상이 복합되어 나타난다. 예를 들어 아동이 보인 단순한 돌발적인 행동도 불안이나 우울과 같은 보다 심각한 내면화된 문제를 숨기고자 그러한 행동을 하고 있을 수 있는 것이다.

2) 원인탐색

원인을 탐색하는 문제는 매우 중요하다. 원인을 모르고 처방을 한다는 것은 말이 되지 않기 때문이다. 예를 들어 기생충에 감염되어 항문이 가려운 것인데 항문만을 치료한다 하여 치료가 되겠는가? 따라서 아동의 행동에 대해서는 항상 그 행동의 배경을 찾고 그 배경이 되는 원인을 바탕으로 처방을 하여야 하는 것이다.

왜 문제행동이 계속해서 반복하여 발생하는가를 알아내는 방법은 아동이 보이는 문제행동이 어떤 요인에 의하여 유지되는가를 알아내면 된다. 이 문제행동 유지요인에 관련한 언급은 이후 절을 달리하여 설명할 것인데 강화, 관심 끌기, 상황 탈피, 물질적 보상, 기타요인 등이 해당될 수 있다. 예를 들어 아동이 짜증을 내거나 여동생에게 공격하는 것, 불복종 행동은 관심을 얻고자 하는 행동으로 볼 수 있을 것이다.

2. 문제행동 사정 및 처방

1) 사정

아동 문제행동 사정 법은 여러 가지가 사용될 수 있다. 예를 들면 상담, 자기보고, 자기평가, 인지사정, 물리적 의학적 사정, 역할극, 부모-교사평가, 소시오매

트릭, 직접관찰, 지능검사, 성취도 검사, 성격검사, 기타 등이 이에 해당한다.

이 때 아동의 문제행동이 동일한 영역이 아닌 여러 영역에서 나타날 경우(예, 사회성, 학습, 지능, 정서)에는 다차원적인 사정접근법이 필요하다.

2) 처방

위 언급한 문제행동 및 원인은 행동의 양상(문제행동파악)과 기능(문제행동의 이유)에 해당한다. 이와 같은 문제행동 양상과 기능을 부모나 교사가 정확히 알고 있을 경우 문제는 보다 쉽게 해결될 수 있다. 따라서 문제행동 처방 법은 앞서 언급한 문제행동의 파악과 문제행동의 이유를 통한 진단을 토대로 마련하게 된다.

예를 들어 아동의 문제행동이 집이나 학교에서 불복종이라면(양상) 이 행동을 없애면 다른 행동문제도 제거하는 데 도움이 될 것이다. 또 아동의 불복종이 관심 끌기로 강화되었고 학교에서는 짝 때문이라면(기능), 아동의 부모는 집에서의 불복종을 무시하게 될 것이고, 교사는 학교에서 불복종 하지 않도록 짝을 바꾸어 줄 수 있을 것이다.

3. 문제행동 이론

대부분 아동의 문제행동은 아동이 태어나 생활하면서 교류하는 여러 가지 상황에 의하여 발생한다. 이와 같은 문제행동의 원인을 연구한 이론들을 살펴보면 아래와 같다.

정신역동 관련 학자들은 성적충동과 유아기 이후의 정신적 특성을 강조한다. 이들은 아동의 양육욕구에 대한 충족을 제대로 하지 못하는 양육실패가 아동기에 영향을 미치게 된다고 한다. 그러나 이 이론은 청소년기에는 어느 정도 관련이 있을지 모르나 실제로 그 증거가 매우 미약하다.

행동주의자들은 아동의 문제행동은 학습되거나 강화되어 나타나게 된다고 본다. 예를 들면 부모가 부적절하게 보상을 하여 주거나, 아동의 우울한 행동에 대하여 가족이 동정심을 가져준다거나, 나쁜 행동을 또래집단이 보상하여 주어 문제행동을 매우거나 강화된다는 것이다. 비슷한 예로 사회학습이론가들도 아동이 타인의 부적절한 행동에 의하여 강화되거나 동기화된다고 한다. 이와 같은 예는 부모로부터 맞은 아동은 공격성을 보이고 부모가 술을 먹거나 약물을 남용하면 이를 배우고 약물을 남용하게 되는 점에서 일부 시사점이 있다.

한편 인지론자들은 인지과정이 왜곡되어 행동문제를 유발하고 유지 된다고 한다. 예를 들면 1) 불안이나 우울은 타인으로부터 부정적인 평가를 받고 있다는 잘못된 생각을 가짐으로써 발생하고, 2) 신경성 거식증은 몸매나 체중에 대한 잘못된 신념으로 발생한다고 한다.

생물학적 이론 역시 아동의 문제행동의 원인을 설명하는데 사용된다. 이 모델에 의한 원인 체계는 유전요인, 염색체이상, 중추신경계이상, 스트레스와 기질 등이다.

예를 들면 우울과 같은 장애는 유전요인에 의한 것으로 본다. 또 다운 신드롬과 같은 것은 염색체이상으로 보며 이는 정신지체의 원인이 된다. 마찬가지로 중추신경계 변화는 학습 장애나 자폐성장애와 같은 발달장애를 일으킨다. 신경계 화합물의 불균형과 스트레스 어려운 기질 등은 사회불안이나 ADHD 등 다양한 문제를 보인다.

마지막으로 가족시스템 모델은 아동기 문제행동장애는 지속적이지 못한 양육이나 가족 역기능으로 인하여 발생하는 것으로 본다. 즉, 부모가 보인 갈등이 여러 가지 방향으로 아동행동에 영향을 미칠 수 있다는 것이다. 예를 들면 가족 내 갈등 스트레스가 아동에게 우울, 위축, 고립감을 갖게 할 수 있다고 본다. 또 부모가 서로 위협하고 이혼하겠다는 말을 하여 아동은 미래에 대하여 걱정을 하게 될 수도 있다. 그와 같은 우울감이나 걱정으로 인하여 아동은 집중을 하지 못하게 되고, 동기가 부족해져서 학업성적이 떨어지게 되는 것이다. 부부싸움으로 부모는 아동을 훈육시키는 일을 소홀히 하게 되고 결과적으로 아동의 문제행동이나 산만한 행동이 나타나는 것이다.

앞서 설명한 이론들은 아동의 특정 부분에서는 설명이 가능한 이론일지는 모르나 하나의 이론이 아동의 모든 장애를 설명할 수는 없다. 따라서 아동장애는 복합적으로 이들 이론들을 상호 보완하여 사용하여야 한다.

이와 같은 다양한 접근법에 의한 접근법을 조합하기 위해서는 그 장애의 원인을 정확하게 알아야 한다. 또한 다양한 원인에 의하여 발생한 아동의 경우에는 하나하나 목표를 정하여 문제를 처방하여야 할 것이다.

4. 역학

역학에서는 장애에 대한 선행연구와 행동장애의 결과를 토대로 일반아동과 비교하여 이 장애가 어떻게 다른가를 알아낸다. 그리고 아동의 정상발달, 정신장애, 기타 좌절을 유발하는 요인을 찾아낸다. 예를 들어 발달병리는 어떤 아동과 가족 요인이 우울증을 유발하는지를 알아내고, 우울증을 예방할 요인과 우울환자가 정신건강을 찾을 요인이 무엇인지를 알아내며, 무슨 요인이 우울증을 계속해서 유발시키는지를 알아낸다.

역학의 주요 과제는 아동의 행동문제가 지속적인 것인지 아닌지, 또 그들이 성인기에도 문제를 일으킬지 여부를 찾아낼 것이다(예후). 어떤 아동의 행동문제는 호전이 없을 수 있다. 그래서 성인기에도 장애가 될 수 있다. 예를 들어 자폐성 장애, 심각한 정신지체, 공격적 형태의 정신분열증은 평생 동안 지속적인 장애가 된다. 품행장애나 약물남용 같은 청소년후반기의 심각한 문제는 성인기에까지 지속되고 더 심화될 수 있다.

일부 또 다른 아동 행동문제는 비교적 지속적인 상태로 남는다. 이들은 성인기에도 문제를 일으킬 수도 있고 그렇지 않을 수도 있다. 이는 장애의 심각성이나 초기중재가 어떻게 이루어졌는가 여부에 달려 있다. 예를 들어 ADHD, 학습장애, 공격성, 학교거부행동, 신경성 거식증, 소아장애, 학대 후유증 등이 그러하다.

기타 다른 행동문제는 비교적 덜 지속적이다. 즉, 아동이 자라면서 대부분 소멸되지만 이들 행동문제가 좋지 않은 환경사건에 의하여 악화될 경우 문제로 남을 수도 있다. 이들 문제에는 걱정, 불안, 배설장애 등을 들 수 있다.

그러나 아동의 행동장애가 지속적으로 나타난다 할지라도 이들 장애의 증상은 동일하게 남지 않는다는 점을 명심하여야 한다. 예를 들어 ADHD 아동은 처방할 경우 성숙하면서 행동문제가 매우 줄어든다. 그러나 행동을 처방하지 않으면 성인기에 다른 문제를 일으킬 수 있다.

마찬가지로 가족에게 어떤 일을 강요하였던 아동은 청소년 후반기에는 공격성으로 변화하고 성인기에도 가족에게 강제하는 모습을 보인다. 유치원생 시절에 금지를 당한 어린이는 아동기에 새로운 상황을 피하고자 하고, 성인이 되어서는 우울해진다.

5. 유지요인

아동 행동문제를 지속적으로 유지하게 하는 요인은 일반적으로 직접적인 요인과 간접적인 요인으로 구분한다. 직접적인 요인은 문제행동에 영향을 더 직접적으로 미치는 요인들로서, 1) 조기 장애, 특히 언어에 영향을 미치는 장애, 2) 아동의 두뇌나 신체상태에서의 중대한 변화, 3) 타고난 학습패턴, 4) 강력한 생물학적 유전요인, 5) 아동의 자존감이나 사회적 학습능력을 위협하는 지속적인 경험들, 6) 아동에게 부적절한 행동패턴을 유도하도록 한 장애물 등이 해당한다.

그리고 간접적 요인은 1) 가난/무주택 2) 양육갈등/비지속적 또는 소홀한 양육 3) 부모 중 한명 조기사망, 4) 가족의 심각한 부적절한 기능, 5) 전반적으로 조직화되지 못한 커뮤니티 등이 해당하는데 가족갈등이나 성폭력 같은 문제들은 청소년기 장애나 음주사용을 증가시킬 수 있다.

제 12 장

선천적인 원인에 의한 문제

제 1 절 주의력결핍과잉행동장애

주의력결핍과잉행동장애(ADHD)는 일반 아동보다 빈번하고 심각한 부주의, 과잉행동/충동성을 보인다. 주의력결핍과잉행동의 증상은 아래와 같다.

1) 부주의.
2) 지시 따르기를 하지 않음.
3) 일관된 정신적 노력 회피.
4) 물건을 자주 잃어버림.
5) 산만함.
6) 안절부절못함.
7) 빈번한 자리이탈.
8) 뛰어다니거나 위험하게 올라감.
9) 말이 많음.
10) 타인을 괴롭힘.

주의력결핍과잉행동 아동은 이와 같은 증상이 일반아동이 보이는 정상수준을 넘어 더욱 명백히 나타난다. 그러나 7세 이전에는 하나의 세팅에서는 진단하기 어려워 두 개 이상의 세팅에서 살펴보아야 한다.

주의력결핍과잉행동 하위 타입은 부주의타입과 과잉행동 충동 타입 그리고 복합 타입 등 세 가지 하위 타입으로 구분한다.

1. 진단

주의력결핍과잉행동은 부주의, 과잉행동, 충동성이란 특성을 보이는데 같은 주의력결핍과잉행동이라 할지라도 타입에 따라 처방이 다르므로 이들 특성에 대하여 면밀히 살펴보아야 한다.

아동 부모와 상담을 통하여 진단을 할 때 살펴보아야 할 문제들은 아래와 같다. 이 때, 상담은 부모-아동, 교사-아동간의 상호작용에 초점을 두어야 한다.

1) 양육문제.
2) 스트레스 생활사.
3) 가족기능.
4) 부모불만.
5) 태도.
6) 정신병리.
7) 아동의 발달력.
8) 현재문제의 지속기간, 특히 운동, 언어, 지적, 사고력, 학습, 정서, 사회적 기능 등.

주의력결핍과잉행동아동과의 상담 역시 매우 중요하다. 그리고 주의력결핍과잉행동아동은 보통 새로운 환경에는 증상을 잘 내보이지 않는다는 점에 주의하여야 한다.

주의력결핍과잉행동아동과의 초기 상담에서는 살펴보아야 할 것들에는 아래와 같은 것들이 있다.

1) 행동에 대한 자기인식
2) 상호작용관계
3) 학교성적 등

그러나 위와 같은 내용에 대하여 어린 아동과 상담하기 어려울 수 있다. 따라서 교사상담을 통하여 정보를 얻을 필요도 있다. 교사상담은 아동 행동에 대한 사전행동과 사후행동에 초점을 두어야 한다. 이와 같은 정보는 아동의 특정행동이 왜 거듭하여 나타나는가를 알아내는데 중요하다. CBCL와 같은 척도표 역시 주의력결핍과잉행동문제를 확인하는 데 도움을 줄 수 있다.

또 행동을 직접 관찰하는 것이 매우 중요한데 그 이유는 주의력결핍과잉행동아동의 사정과 처방에 유용하기 때문이다.

마지막으로 주의력결핍과잉행동 아동을 사정할 때에는 반드시 다른 장애요인을 고려하여야 한다. 예를 들어 적대적 반항장애, 품행장애, 학습 또는 경미한 발달장애, 일반적인 산만한 행동 등은 주의력결핍과잉행동으로 오인될 수가 있다. 또 이 장애의 대부분이 주의력결핍과잉행동과 증상이 중복되기 때문에 사정과 진단을 할 때에는 이와 같은 점을 유념하여야 한다.

따라서 지적능력, 적응 행동기술, 학습성취, 공격성과 적대성, 상호작용의 질, 사회기술, 판단기술, 부주의, 과잉행동, 충동성 등을 면밀하게 검토한다.

2. 원인

표 12.1 주의력결핍과잉행동장애 원인

원인	내 용
미소두뇌이상	전두엽이상, 낮은 자각수준.
신체적 문제	뇌막염, 갑상선 문제, 중이염, 그리고 감각기관 손상(특히 청각), 납중독, 임신 중 흡연이나 음주, 출산 중 산소결핍이나 출혈.
유전요인	1) 가족이 주의력결핍과잉행동 경험이 있는 가정, 2) 이란성 쌍생아 보다 일란성 쌍생아에게서 더 많은 발병, 3) 주의력결핍과잉행동아동의 양부모보다 생물학적 부모에 더 의존한다.
환경요인	부모-아동 상호작용 패턴, 교사-아동 상호작용패턴.

1) 미소 두뇌이상

주의력결핍과잉행동의 원인으로서는 먼저 생물학적 원인을 들 수 있다. 주의력결핍과잉행동 아동은 낮은 운동, 협응성 부족, 미소두뇌 역기능을 보인다.

예를 들어 주의력결핍과잉행동아동은 두뇌의 어떤 부분에서 불균형이 발생한다. 특히 전두엽이상이 관련이 있는데 이는 이 부분이 억압, 생각, 추리, 집중, 주의, 표현 언어, 그리고 운동통제 등과 관련이 있기 때문이다.

실제로 어떤 학자는 주의력결핍과잉행동아동의 전두엽에서 신진대사가 낮고 피의 흐름이 낮음을 발견하였다. 또 주의력결핍과잉행동아동은 부분적으로 자율신경운동을 담당하는 좌측 꼬리핵(left caudate nucleus)이 약간 불균형을 이루는 경향이 있었다.

신경학적 측면에서 주의력결핍과잉행동아동은 경계와 관심을 갖도록 주문한 과제에 반응할 때 그 반응을 불러오는 정도가 매우 낮은 경향이 있었다.

뇌파(Electroencephalogram; EEG)연구결과에서도 주의력결핍과잉행동아동은 일반아동보다 낮은 자각정도를 보였다. 이와 같은 결과는 주의력결핍과잉행동아동은 학교에서 일반아동이 보이는 과제에 대한 낮은 자각수준, 낮은 반응을 보임을 설명하여주는 것이다.

이 경우 리탈린과 같은 자극제를 주의력결핍과잉행동아동에게 투여하면 자각을 증가시켜 주의력결핍과잉행동증상을 완화시키는 역할을 한다.

2) 신체적 문제

아동기 초기 신체문제도 주의력결핍과잉행동과 관련이 있다. 뇌막염, 갑상선 문제, 중이염, 그리고 감각기관 손상(특히 청각)등이 이에 해당한다. 그러나 다이어트, 설탕, 알레르기 등은 주의력결핍과잉행동등과는 거의 관련이 없다. 납중독도 주의력결핍과잉행동 발생의 요인이 되는데 이는 자동차가 매우 많은 도시지역과 납함유물, 산업오염 등이 원인이 된다.

3) 유전요인

주의력결핍과잉행동에 대한 유전적 요인은 1) 가족이 주의력결핍과잉행동 경험이 있는 가정, 2) 이란성 쌍생아보다 일란성 쌍생아에게서 더 많은 발병, 3) 주의력결핍과잉행동아동의 양부모보다 생물학적 부모에 더 의존한다는 점에서 볼 수 있다. 또 주의력결핍과잉행동친족은 일반가정에서 보인 것보다 발병률이 높다.

그러나 주의력결핍과잉행동아동 대부분은 주의력결핍과잉행동과 아무런 관련이 없는 가정에서 발생한다. 그래서 어떤 학자는 주의력결핍과잉행동이 가족과 관련이 있는 타입이 있고 관련이 없는 타입이 있다고 말한다. 환언하면 주의력결핍과잉행동 중 어떤 타입은 유전적인 요인에 더 영향을 받으며, 어떤 타입은 환경 영향을 더 받는 타입이 있다는 것이다.

4) 환경요인

주의력결핍과잉행동의 원인은 아직까지 분명히 밝혀지지 못하고 있다. 그러나 산모의 임신 중 음주, 흡연은 주의력결핍과잉행동 특히 부주의와 관련이 있는 것으로 나타나고 있다.

또 출생전후 문제도 이 장애와 관련이 있을 수 있다. 태어날 때의 문제는 산소결핍증, 출혈, 그리고 기타 등이 이에 해당한다.

주의력결핍과잉행동의 원인이 무엇이든 간에 최종결과는 자기규제에 대한 반응이 결핍된 것이거나 자기 자신의 행동을 저지하는 능력이 결핍된 것이다.

이와 같이 주의력결핍과잉행동의 원인을 설명하는데 생물학적 요인이 매우 중요하나 환경 변인 역시 주의력결핍과잉행동의 증상을 유지시키는데 실질적인 역할을 하고 영향을 미친다.

환경요인 중 가장 중요한 요인은 부모-아동, 그리고 교사-아동의 상호작용이다. 부모의 행동으로 주의력결핍과잉행동을 통제할 수도 있고 통제에 실패할 수도 있다. 주의력결핍과잉행동 아동 대부분은 집중이 어렵거나 부모의 지시를 이해하지 못한다.

이때 어떤 부모는 이 행동을 불편하게 생각하고 또는 악의로 생각하고 강력한 체벌을 주어 문제를 더 심각하게 만든다. 반대로 어떤 부모는 아동의 주의력결핍과잉행동을 이해하고 이 행동을 장시간 하도록 허락하여 달래주거나 장시간 TV 또는 비디오를 보게 한다. 그러나 이와 같은 전략은 결과적으로 실패한다.

3. 전개 양상

주의력결핍과잉행동아동의 예후는 다섯 단계로 구분한다. 이는 1) 유아기, 2) 취학 전 단계, 3) 아동단계, 4) 청소년기, 5) 성인기이다.

표 12.2 주의력결핍과잉행동장애 전개양상

원 인	내 용
유아기	주의력결핍과잉행동 가능성이 있는 유아는 잘못된 섭식 수면패턴, 성냄, 정규적인 것에 대한 저항, 심한 무드기복, 예측불허 등을 보인다.
취학전	통제가 어렵고 잘못된 행동을 보인다. 공격적인 경향, 화난행동 등을 보인다.
학령기	과제완수, 조직화, 집중, 기억, 계획, 사회원칙 등에서 문제가 만성적으로 나타난다. 이들 아동 중 절반정도는 반항과 적대적인 상태가 된다.
청소년기	또래들보다 학습문제와 반사회적 행동, 낮은 자존감 등을 보인다.
성인기	30-50%가 성인기에도 증상을 계속해서 보인다. 특히 부주의에 서 나타난다.

1) 유아기

유아기(0-2세)에 대한 정보는 거의 없다. 그 이유는 아마도 이 시기에 주의력결핍과잉행동아동을 기질적인 것으로 우회적으로 설명하기 때문일 것이다. 이 시기 주의력결핍과잉행동 가능성이 있는 유아는 잘못된 섭식 수면패턴, 성냄, 정규적인 것에 대한 저항, 심한 무드기복, 예측불허 등을 보인다.

2) 취학전

취학전 아동기(3-5세)에 주의력결핍과잉행동아동은 이 장애 증상을 많이 보여준다. 즉, 대부분의 증상은 과잉행동과 충동성과 관련이 있다. 특히 이 시기 아동은 무엇이든 입에 넣기 시작하는데 통제가 어렵고 잘못된 행동패턴을 보인다. 또, 또래보다 더 자주 자리를 이탈하고 과다하게 말을 하며 타인의 행동을 방해한다.

주의력결핍과잉행동 취학 전 아동은 일반 아동보다 더 공격적인 경향을 보인다. 이때부터 적대적 반항, 품행장애 증상 즉, 말싸움, 날카롭고, 단순한 기질, 적대감, 말이나 신체적 공격, 부정적인 애착 등이 나타나기 시작할 수도 있다. 취학 전 아동은 아동을 둘러싼 사건에 대하여 보다 큰 감정적 반응을 한다.

예를 들면 자기를 귀찮게 하는 것에 대하여 일반아동보다 더 화를 내고 더 오랫동안 화난 채 있는 경향이 있다. 취학 전 주의력결핍과잉행동아동은 강한 부모-아동 간 갈등을 보인다. 이들 갈등은 주로 부모지시에 대한 만성적인 무관심 때문에 일어난다. 이는 부모가 이 문제를 명령불복종으로 해석하기 때문이다.

3) 학령기

학령기 중(6-12세) 주의력결핍과잉행동증상은 학교에 다니면서 사회적 요구가 발생하여 명백히 나타나는데, 이는 적절한 행동을 하도록 하는 기대 정도가 증가하기 때문이다. 그리고 실패기회가 점점 더 많아진다. 문제는 과제완수, 조직화, 집중, 기억, 계획, 사회원칙 등에서 문제가 만성적으로 나타난다. 이들 아동 중 절반정도는 반항과 적대적인 상태가 된다. 또 자기규제 결핍을 보여 결국 자기신변처리, 집안일 등을 하지 못하게 되고, 사회기술과 시간 지키기 등을 하지 못하게 된다.

4) 청소년기

청소년기(13세 이후)가 되면 부주의 과잉행동, 충동성은 많이 줄어든다. 그러나 그 정도는 일반인보다 훨씬 더 심각한 정도이다. 또 주의력결핍과잉행동청소년은 또래들보다 학습문제와 반사회적 행동, 낮은 자존감 등을 보인다.

청소년기 주의력결핍과잉행동 주요 척도는 병적인 적대적 행동 정도, 품행장애 정도, 낮은 사회기술정도, 부모-아동 간 갈등 정도, 가족 역기능 정도, 짧은 치유길이 정도 그리고 부모의 우울정도 등이다.

5) 성인기

성인기(20세 이후) 주의력결핍과잉행동 자료는 매우 적다. 그러나 이들 중 30-50%가 성인기에도 증상을 계속해서 보인다. 이는 특히 부주의에 대해서 나타난다.

또 아동기에 주의력결핍과잉행동을 경험한 성인은 성인기에 약물남용이나 반사회적 범법행위를 할 수 있다. 주의력결핍과잉행동을 겪고 있는 성인은 보통 교육을 받지 못하였으며, 낮은 자존감, 낮은 사회기술, 자살시도 등을 한다.

그러나 주의력결핍과잉행동 모두가 반드시 성인기에 문제를 일으키는 것은 아니다. 가족지원과 같은 다른 요인 등이 주의력결핍과잉행동의 장기적인 긍정적 효과를 증진시킬 수 있다.

4. 처방

1) 약물

주의력결핍과잉행동 아동의 처방은 의학처방과 행동수정을 통한 접근법을 사용한다. 이미 앞서 언급한 바와 같이 주의력결핍과잉행동 아동은 생물학적으로 자각되어 있지 못하며 행동절제 등에 결함을 보인다. 그래서 자극제 약물을 사용하면 이들 아동의 치유에 도움이 된다.

자극제는 메칠페니데이트 또는 리탈린인데 아동에게 극적인 행동변화를 보인다. 이 자극제는 특히 과잉행동과 충동성에 관련한 증상에 좋다.

리탈린은 하루에 두세 번 투여한다. 이는 아침, 점심, 때로는 오후 늦게도 투여

한다. 약물의 양은 다양한데, 대부분의 아동은 5밀리그램부터 시작한다. 약물의 량은 필요에 따라 수일 또는 수주 후에 조금씩 증가시키는데, 일반적으로 하루에 60밀리그램을 초과하지 않는다.

다른 신경자극제도 이들에게 투약할 수 있는데, 이들에는 덱시드린, 페몰린 등이 있다.

이들 약물은 주의력결핍과잉행동 아동의 3/4이 어느 정도 효과를 본다. 틱 장애 주의력결핍과잉행동 아동의 경우 또는 자극제 약물에 반응하지 않은 아동의 경우는 삼환계 항 우울제를 사용한다.

자극제의 경우 부작용은 식욕부진, 체중감소, 불면증, 근심, 조바심, 울기, 틱, 그리고 장기간 성장 억제 등이 있을 수 있다.

따라서 약물처방은 매우 유의하여 투여하여야 하는데 약물투여 시 고려사항으로서는 1) 과잉진단에 의한 과잉투여, 2) 만병통치약으로 약물사용(행동수정 없이 약물투여), 3) 비난과 사회적 배척(학교에서 약물투여 시 또래문제) 등이다.

2) 행동수정

(1) 부모

부모가 잘못된 행동이나 낮은 학업성적에 대하여 구조적이고, 피드백을 하며, 지속적이고 적당한 훈육을 하면, 하지 않은 아동보다 통제가 잘 된다. 따라서 주의력결핍과잉행동아동 처방계획은 폭넓은 양육교육과 치료가 반드시 필요하다.

(2) 교사

이는 교사의 경우도 마찬가지이다. 교사는 주의력결핍과잉행동 아동을 면밀히 살펴보아야 한다. 그렇지 않으면 학급이 혼란에 빠질 위험이 있기 때문이다. 그러나 교사는 주의력결핍과잉행동아동에게 과잉관심을 보일 수도 있고 행동을 강요하거나 또래와의 사회적 상호작용 기회를 뺏을 수도 있다. 반대로 교사가 조직화된 교육, 학습과 사회행동에 대한 빈번한 피드백, 그리고 지속적인 훈육 등을 시키면 매우 긍정적인 효과를 볼 수 있다. 그래서 주의력결핍과잉행동아동에 대한 처방계획을 작성할 때에는 폭넓은 상담과 교사와의 협조를 받아야 한다.

제 2 절 학습장애

학습장애는 읽기, 셈하기, 쓰기에서의 성적이 연령, 학교교육을 고려하고 개인의 능력을 고려한 기대치보다 현저하게 떨어지는 경우이다. 여기서 개인을 고려한 기대치보다 현저하게 떨어진다는 말은 아동성적과 지능지수간 표준 편차가 2 표준편차 이상의 불일치를 의미한다.

학습상의 문제는 학업이나 일상생활 활동에 매우 지장을 준다. 학습장애의 하위 유형은 읽기장애와 셈하기 장애, 그리고 쓰기장애 등으로 구분된다.

아래에서는 학습장애의 진단과 원인, 예후 처방에 관하여 설명하고자 한다.

1. 진단

1) 진단시 유의사항

학습장애 진단에서 먼저 아동의 학습문제가 정상적인 학업성적, 학습기회의 부족, 부족한 교육환경, 문화적 요인에 의한 것일 경우 학습장애로 볼 수 없다.

또 영양결핍, 감각상의 결함(가령 시각장애)의 경우도 마찬가지이다. 그러나 학습문제가 이러한 다른 결함으로 인한 학습문제범위를 확실히 초과하는 것일 경우는 학습장애로 진단될 수도 있다. 이와 같은 문제는 학습장애 진단에서 매우 애매한 점이다.

학습장애 진단하기 위해서는 학습문제가 여러 가지 모습 즉, 체계화 능력 부족, 과제집중력 결핍, 지각상 문제 등으로 나타날 수 있기 때문에 이들에 대하여 상세히 살펴보아야 하고, 인지적, 행동적 특징이 서로 영향을 끼칠 수 있다는 점을 명심하여야 한다.

예를 들어 아동의 언어적 결함이 사회적 위축을 불러올 소지도 있다. 그리고 사회문화적 요인과 같은 환경 변수도 고려하여야 하는데 환경변수는 사회경제적, 학교에서의 아동의욕, 경쟁능력, 성취 방향, 또는 태도에 영향을 미칠 수 있다. 마지막으로 생물학적 요소 중요하게 고려하여야 한다.

2) 진단준거

학습장애아동을 진단할 때 가장 중요한 초점은 인지활동이다. 특히 지능검사 점수와 실제 성취도검사 점수사이의 불일치 폭이 어떠한지에 대하여 면밀히 살펴보아야 한다.

그러나 지능 검사 점수와 성취도 검사 점수간의 불일치 정도를 학습 장애 지표로 사용하는 것에 대한 논란의 여지는 아직도 존재한다. 지능검사와 성취도검사간 차이로 아동의 특정 결함이나 문제점을 밝혀내지 못한다는 것이다. 그래서 대신 읽기능력과 청취력이 평가의 초점이 되어야 한다고 주장하는 학자도 있다.

3) 장애, 부진, 지진

일반적으로 학교 현장에서는 읽고, 쓰고, 셈하기를 제대로 못하는 학생들을 학습 부진아로 지칭하고 있다. 이는 물론 학년에 따라 그 기준이 다르겠으나 기본적으로 읽고, 쓰고, 셈하는 교육이 동서고금을 막론하고 학교교육에서 기본이 되고 있기 때문인 것으로 보인다. 또한 이런 능력은 이 사회를 살아가기 위해 필수적으로 요구되는 능력이 된다. 또한 학교교육에서 국어와 수학은 도구교과로서 다른 모든 학습의 기초가 되기 때문일 것이다. 이와 같은 기준은 절대적 기준에 의한 학습부진아 지칭법이다.

한편 학습 부진아를 보다 세분하여 정상적인 학업능력을 가지고 있으면서도 내적 외적 환경에 의하여 설정된 교육 목표에서 제시된 최저 학업 성취수준에 도달하지 못한 학습자를 학습부진아로 보기도 한다(차영보, 2001). 이와 같은 이와 같은 기준은 상대적 기준에 의한 학습부진아 지칭법이다.

이와 같은, 일반적인 개념 외에도 비슷하게 사용되는 학습 지진이나 학습 장애가 있는데 학문적으로는 이를 구분하여 설명한다. 이들 개념을 정리하면 아래와 같다.

(1) 학습 지진(slow disability)

학습 지진이란 용어의 개념은 발달 적인 개념이 강조되는 용어로서 아동의 학업 성적이 부진할 경우, 지능지수를 기준하여 정의하는 것이 보통이다. 즉 선천적으로 지적 능력에 문제가 있어 그 학습능력에 성취정도가 떨어질 수밖에 없는 아동을 의미한다. 이와 같은 개념은 학습부진의 원인을 아동의 개인능력과 연계하여 아동개인의 능력에 초점을 둔 개념이다. 따라서 아동이 지적으로 능력이 있으면서도 학습 상 성취정도가 낮은 아동은 이 개념에서 제외된다 할 수 있다. 그런데 이와 같은 개념은 정신지체와 어떻게 구분될 수 있는가 하는 문제가 있는데, 현재 정신지체의 정의는 DSM-Ⅳ에 따르면 의사소통, 스스로 돌보기, 집안 생활, 사회적 관계/대인관계 방법, 일상적 자원의 활용, 스스로의 통제와 공부방법, 작업, 여가시간, 건강과 안전의 기능"(APA, 1994; 39) 등 기술영역(skill area)에서 적어도 두 개 이상의 영역에서 심각한 장애로 인하여 일반적인 지적 기능보다 현저하게 뒤떨어지는 경우를 말한다. 이러한 정신지체장애의 시작은 18세 이전에 나타난다. 일반적으로 정신지체는 기능영역의 대부분은 아니지만 많은 부분에서 장애를 보인다. 이러한 장애는 총체적으로 발달상의 장애로 인한 것일 것이다. 반면에 학습지진아동들은 경도 정신지체와 같은 학습상의 문제를 가지고 있으나 그 정도가 가벼운 아동들이다. 즉 지적 능력이 부족하여 전반적인 학습 능력이 부족한 경우이다. 이와 같은 관점에서 볼 때 학습지진 아동들은 정신지체와 일반아동간 중간부분에 해당한 것으로서 정신지체 장애에까지는 해당하지 않으나 학습상의 문제가 존재하는 아동으로서 지능지수가 정신지체의 경계선상에 있는 아동으로 볼 수 있다.

(2) 학습 장애(learning disability)

학습부진과 학습지진간 구분에 다른 분류로서 학습장애가 있다. 학습부진을 보이는 아동을 대상으로 한 학습장애로 진단에서 학자들은 먼저, 차이공식(discrepancy formulas)을 사용한다. 이 차이기준은 아동이 지닌 선천적 능력과 아동이 보인 성취간의 차이를 통하여 그 차이가 현저할 경우 학습장애로 본다는 기준인데, 보편적으로 이 방법을 진단에 사용한다. Cone와 Wilson(1981)에 따르면, 차이를 알아내기 위하여 사용된 접근법은 학년수준별 편차, 표준점수의 비교, 회귀분석, 기대치공식 등을 사용한다. 그러나 Hanna, Dyck, Holen(1979)은 편차와 기대치공식을 사용할 때, 통계적 개념적 약점을 언급하였다.

두 번째는 지능지수를 통한 판별인데, 학습 장애아는 정상평균지능이나 그 이상을 가지고 있다고 한다(Smith & Luckasson, 1995). 이와 같은 주장을 근거로 학습장애를 지능지수로 진단한다. 즉, 지능지수가 정상에 해당한 아동 중 학습이 일반아동과 비교하여 현저한 차이를 보이는 아동을 학습장애로 보는 것이다. 이 정의에 관련하여 학자들은 (a) 지능을 측정하기 위해 사용하는 도구가 정신측정

(psychometric)도구로 부적절하다는 것(Siegel, 1989), (b) 현저한 차이(severe discrepancy)를 결정하기 위하여 지능과 성취를 사용한다는 것(Grahan & Harris, 1989; Stanovich, 1989), 그리고 (c) 지능과 학습 장애아 간의 관계 등에서 문제점을 제기하기도 한다.

그 정의가 어떻든 지간에 임상적인 면에서 정신과 의사나 임상 심리 전문가에게 가장 많이 쓰이는 미국의 정신의학회(APA)의 정의에 의하면 학습장애는 "읽기, 쓰기, 셈하기 등을 평가하기 위해 개별적으로 표준화된 검사를 시행했을 때 나이, 학교 교육, 그리고 지능 수준을 고려하여 기대하는 수준보다 2 표준편차 이상의 차이가 있을 때 학습 장애로 보고 있다.

초등학생들의 경우 대부분 학습장애는 그들이 학교에 들어가서 학업기능을 습득하지 못할 때 비로소 나타나게 된다. 이들 아동들은 대부분 읽기에서 실패하지만 셈하기, 쓰기, 혹은 다른 교과에서도 낮은 성취를 보이게 된다. 저학년에서는 주의집중부족, 주의 산만, 낮은 운동기능 등으로 인한 연필사용 기능문제, 쓰기 및 읽기 학습의 어려움 등의 특징을 나타낸다.

고학년에서는 교육과정이 점점 더 어려워짐에 따라, 문제는 다른 영역 즉 사회 혹은 과학과 같은 영역에서도 나타난다. 또한 학업에 여러 해 동안 계속된 실패 후에는 정서적인 문제로 발전되며, 다른 아동들과 비교하여 학업성취도가 낮다는 것을 점점 더 의식하게 된다.

(3) 학습 부진(school underachievement)

학습부진을 일반적으로 말할 때 학습성취도가 낮은 경우로 이해하고 있으나 위에서 언급한 학습지진이나 학습장애와 구분되는 개념이다. 즉, 아동이 학습을 할 능력을 충분히 지니고 있음에도 불구하고 공부를 할 기회가 별로 없었거나, 교사의 지도방식 상 문제, 학업방법상 문제 등으로 인하여 학습성취도가 떨어지는 것을 의미한다. 일반적으로 학습부진이라고 하면 아동이 지니고 있는 잠재적인 능력(potential ability)에 비하여 아동이 보이는 학업성취(school achievements) 정도가 매우 미흡한 경우 사용하는 용어이다. 이 개념은 학교나 학부모들이 아동을 평가할 때 흔히 사용하는 용어이다. 따라서 보다 광범위한 의미를 담고 있다 하겠다.

이 때 아동이 지닌 잠재적인 능력을 알아보는 데는 일반적으로 사용하는 지능검사를 사용할 수도 있겠고, 학급내의 다른 아동의 성취정도와 비교하여 알아보기도 하고, 학년이 변화하면서 아동의 성취 추이를 통하여 알아볼 수도 있을 것이다.

물론 학습 부진아나 학습장애나 학습지진아들에게는 기타의 장애 즉, 정서장애, 정신 지체, 청각장애, 시각장애 등 신체적 혹은 기능적 장애가 없어야 할 것이다. 그런데 이와 같은 언급을 하면서 한가지 학습장애와 학습부진간의 구분에 관련한 것이 하나의 쟁점이 된다. 즉, 학습지진은 지능지수가 낮은 탓으로 인하여 그 성취도가 매우 느려 소기의 성취를 하지만, 그 성취가 일반적인 기준에 도달하지 못하는 것으로 볼 수 있는 것이므로 학습장애나 학습부진과는 다른 개념으로 볼 수 있다. 그렇다면 학습부진과 학습장애간의 차이는 무엇인가? 이와 같은 문제점으로 인하여 이들 개념을 아래에서 보다 명확히 하고자한다.

(4) 학습장애-학습부진 간 비교

학습부진과 학습장애, 이 두 유형의 차이점과 공통점을 찾는 요인측면에는 학업 성취 패턴, 지적 기능, 요구되는 교육과 학습성취 등이 있다.

첫째, 학업 성취 패턴측면에서 보면, 학습부진은 학업영역 전반적으로 그 성취가 낮은 성취도를 보이지만 학습장애는 일부나 어느 특정영역에서 낮은 학업 성취도를 보이는 특성을 보인다. 따라서 이들간 차이는 학습부진은 교과목 전반적으로 차이를 보이는 반면, 학습장애는 특정분야에 국한되는 경향을 보인다는 것이다. 또한 이들 학습부진과 학습장애간 지능지수는 정상적인 지능지수를 지녀야 한다. 만일 정상적인 지능지수를 지니지 못하고는 경우에는 정신지체나 학습지진으로 분류될 수 있을 것이다. 이와 같은 관점에서 볼 때 학습지진은 자신의 능력을 열심히 발휘하고 있음에도 불구하고 선천적인 능력의 부족으로 인하여 성취를 내지 못하는 것으로 볼 수 있고, 학습장애나 학습부진은 아동자신에게 능력이 있음에도 불구하고 어떤 이유로 인하여 능력을 발휘하지 못하는 집단으로 볼 수 있는 것이다.

둘째, 교육과 학습성취면에서 보면, 학습부진의 경우는 아동에게 교육의 필요성 주지와 아동에 대한 배려 그리고 아동의 동기를 부여하여 줄 경우 성취가 용이하게 이루어지는 경향을 보인다. 그러나 학습장애는 학습기술습득상의 문제로 인하여 즉, 학습전략 구성에 관한 문제점이나 미소두뇌기능이상 등으로 인하여 특수 교육적 접근을 통하여 교육을 하여야 하며 그 성취정도도 매우 미흡하게 나타난다. 표 12.3은 정신지체와 학습지진, 학습부진, 학습장애를 몇 가지 요인으로 구분하여 차이를 설명한 것이다.

표 12.3 정신지체와 학습지진, 학습부진, 학습장애간 구분

문제유형	지능지수	학습성취	요인	교육	예 후
정신지체	낮음	전반적 부진	개인능력 부족	특수교육적 접근	인생전반
학습지진	낮음	전반적 부진	개인능력 부족	자신의 능력 범위 안에서 발달	인생전반
학습부진	보통 이상	전반적 부진	개인능력 있음	중재를 통한 효과가 있음	예후 좋음
학습장애	보통 이상	특정분야 부진	특정분야를 제외하고 개인능력 있음	특수교육적 접근 필요	특정분야인생전반

표 12.3에서 보는 바와 같이 정신지체와 학습지진은 지능지수가 낮고 그 문제가 인생전반에 걸쳐 영향을 미치나 학습부진과 학습장애는 지능지수가 정상이상이나 교육을 통할 경우 그 예후가 정신지체나 학습지진과는 다르게 효과를 보인다.

학습부진아동은 그 예후가 매우 좋으며, 학습장애의 경우는 적절한 지원을 하지 못할 경우 그 장애로 인하여 인생전반에 영향을 미칠 수 있다.

2. 원인

1) 두뇌기능이상 원인

학습장애 원인은 미소 뇌 손상이나 기능 장애와 관련이 있는 것으로 여겨진다. 즉, 학습장애인의 인지 결함은 서로 다른 신경학상의 문제들에 의해 야기되는 것으로 본다.

이런 인지적 결함으로 철자와 어휘를 구별하지 못하는 지각상의 문제점을 보이고 어휘를 이루는 말소리를 체계화시키지 못하는 언어 처리상의 문제점을 보인다.

2) 유전적 원인

학습장애는 유전학적 요인에 의해서도 영향을 받을 수 있다. 즉, 여러 가지 유전적 측면에서 볼 때 학습장애는 유전되는 경향이 있다. 이란성 쌍생아 보다 일란성 쌍생아에게서 읽기장애가 더 많이 일치된 점이 바로 그 예이다.

3) 하위유형별 원인

(1) 읽기장애

읽기장애 아동의 인지결함이나 특정 언어 처리 문제는 두뇌 좌반구 이상과 관련이 있을 수 있다. 이런 이상에는 좌뇌 부분의 이형, 두뇌좌반구의 비대칭적 성장 또는 엉성한 각도 회전이 해당된다. 또 상호 연계된 일부 신경망 분열도 학습장애를 일으킬 수 있다.

두뇌 좌반구의 변화로 읽기장애 핵심결함을 설명할 수도 있다. 이는 지능과는 무관한 결함으로 단일 어휘를 읽거나 해독하지 못하는 어려움이 생길 수 있는 것이다. 일반아동은 읽으면서 재빨리 단일 어휘를 인지한다.

그러나 읽기 장애아동은 더 느리게 어휘의 뜻을 알아내며, 이런 신속함 결여로 전체적인 제재의 통합과 이해에 방해가 된다. 이런 어려움 때문에 읽기 장애아동은 문장의 문맥을 보고 어휘를 이해하는 통어학습이 어려워진다.

읽기장애아동은 글을 읽을 때 어휘를 인식하는데 곤란을 겪는다. 이와 같은 인지력 문제점은 처리상의 결함과 연계된다. 그런 결함은 기억력상의 문제일 수 있지만 언어나 음성학적 결함에 의할 가능성이 더 높다. 읽기장애아동은 단어를 구성하는 다양한 음소, 즉 기본 소리를 조합하는데 어려움을 겪는다(예를 들어, 음소 ㅅ ㅏ ㅇ이 '상'이란 글자를 구성한다). 그래서 철자법에도 역시 영향을 끼칠 수 있다.

읽기장애(dyslexia) 아동은 대체로 언어나 음성학적 처리능력에 결함이 있다. 이 결함은 태어난 첫해부터 나타날 수 있다. 예를 들어 옹알이나 목을 울리는 것 같은 발성이 늦질 수 있다.

그 밖에도 걸음마 할 정도가 되었을 때 말이 늦거나 발달 단계에 맞지 않는 언어를 사용하는 데도 빈번한 실수를 할 수도 있다. 또 이 시기에 이해력 문제 즉, 다른 사람이 한말을 이해하지 못하는 모습을 보인다. 마지막으로 이 시기에 흔히 나타나는 행동상의 문제에는 과도한 활동, 충동성, 주의력 부족, 공격성, 그리고 사회적 위축 등이 있다.

(2) 쓰기장애

쓰기장애아동은 1) 별로 글을 쓰지 않고, 2) 글을 쓸 때 사고와 변화가 덜 체계화되어 있으며, 3) 지향하는 목표점이 제대로 보이지 않으며, 4) 철자와 문법을 올바로 하기 위해 자기가 할 일을 잘 알지 못한다.

쓰기와 철자법에 문제가 있는 아동은 글자를 만들어 내고 손가락을 체계적으로 움직이는 데 어려움을 겪는다. 아울러 쓰여진 어휘를 음성학적으로 배치하거나 시각적 운동근육 자극을 통합하는 일 역시 곤란을 느낀다.

(3) 셈하기 장애

셈하기 장애 아동은 수량 측정 및 조정, 수리 개념의 이해 및 계산 그리고 수학적 부호를 읽고 쓰고 이름을 붙이는 데 곤란을 겪는다. 또한 시공간적 그리고 시각-인지적 활동과 지능, 구두 능력에 연관된 문제점을 보일 수도 있다. 이 문제는 전두골과 측두골에서의 변화뿐만 아니라 공간적 능력을 담당하는 두뇌 우반구 변화로 기인될 수 있다.

4) 학습장애의 중복성

학습장애 원인이 무엇이든 간에 학습장애는 주의력결핍과잉행동과 같은 장애와 중복을 많이 보인다. 즉, 주의력결핍과잉행동 아동이 학습장애를 동반하는 경우는 7%에서 92%에 이른다. 게다가 주의력결핍과잉행동과 LD(학습장애)를 모두 보이는 아동은 주의력결핍과잉행동나 학습장애(Learning Disability) 어느 한 증상만 보이는 아동보다 주의력과 인지력에서 더 심각한 문제가 있는 경향이 있다. 그러므로 주의력결핍과잉행동과 학습장애의 원인은 서로 중복될 수도 있다.

5) 학습장애의 발견과 조기 처방

대부분 학습장애아동은 유치원 시절에는 정상적이었다고 말한다. 즉, 학교 교육이 시작되기 전까지는 아동에게 학습 장애가 있는지 밝혀내기 힘들다.

학령기초기 학습장애는 아동이 학습요건을 따라가지 못하여 더욱 뚜렷해진다. 예를 들어 유치원아동은 여러 지시 사항을 듣고 자신이 바라는 것을 말로 표현하며, 가만히 앉아 있어야 하고 기본적인 글쓰기를 해야 하며 글자를 알아맞추어야 한다.

그런데 학습장애 아동은 이런 일에 어려움을 느껴 과잉 행동을 하거나 다른 아동과 떨어져 위축되기도 한다. 이 때 특별한 연습이나 행동 수정 프로그램을 통하면 문제를 줄이는데 도움이 될 수 있다. 그러나 문제가 드러나지 않거나 아동이 그럭저럭 해 나간다면 1-2년 지나는 사이 학습 장애는 더욱 악화된다. 특히 말과 언어 결함이 심해진다.

읽기장애는 시간이 지나면 그대로 굳어버린 채로 성인에까지 이를 수 있다. 학습장애는 3학년은 되어야 명백히 드러나지만 이때쯤이면 지능과 읽기 성적 간 불일치가 명백해지기 때문에 읽기문제가 성인기에까지 굳어질 수 있다.

그러므로 학습장애 발견이 늦어지면 그 치료도 늦어져 그런 이상증상을 그대로 성인기까지 굳어버리게 할 수도 있다. 또한 학습장애가 성인기까지 가능한 것은 통합적으로 문제에 접근하지 않고 여러 가지 단편적인 간섭으로 인하여 나타나는 결과일 수도 있다. 이런 관행은 학습장애 아동에게는 상당히 해로울 수 있다.

학습장애 아동은 학업 실패를 계속 경험하게 됨에 따라 학업을 끝내려는 의욕이 점차 쇠퇴하게 된다. 이런 의욕의 감퇴는 앞으로 정상적인 학업 수행을 이룰 수 있는 기회에 확실히 해를 끼칠 수 있다.

3. 예후

학습장애 예후는 매우 다양하다. 발달장애 아동에게 그러하듯 학습장애아동의 예후는 대체로 말과 언어의 결함 정도에 달려 있다. 이런 결함으로 아동은 의미 있는 표현적 언어, 청각적 언어 이해, 시각적 운동 신경 기술, 그리고 전반적인 인지 활동에서 늦어지게 된다.

시간이 지남에 따라 심해지는 학습 장애 역시 병리적 질환과 연관되어 있을 수 있다. 학습 장애와 주의력결핍과잉행동, 행동 장애, 또는 우울증이 복합적으로 있는 아동은 대체로 학습 장애만 있는 아동보다 예후가 더 나쁘다.

장기간에 일어날 수 있는 결과로는 반사회적 행동, 충동 조절력 부족, 학업적 성취에 대한 부정적 태도, 사회적 위축, 인간관계 어려움이 있다. 아동기와 같이 어린 시기에 이런 징후를 경험한 사람은 이후에 경험한 사람보다 더욱 열악한 예후를 보인다.

아동의 예후에 도움이 되는 요인으로서는 정상적인 지능, 학습문제 조기치료, 부모 등 중요한 사람이 아동의 상태를 향상시키고자 하는 의욕 등이 있다.

그러나 학교 선생님이 학습장애 아동의 수에 훨씬 못 미치는 지역에서는 항상 좋은 결과가 있을 수 없을 것이다. 이런 학교에 다니는 많은 어린이들이 제대로 도움을 받지 못하고 학업에 계속 고전을 면치 못하여 매우 빨리 학교를 중퇴한다. 그러므로 장기간의 예후는 교과 과정 외의 특별한 방책을 이용할 수 있느냐 없느냐에 전적으로 달려 있다.

4. 처방

학습장애 치료는 교사와 부모, 그리고 학생간의 통합된 노력이 매우 필요하다. 학습장애 치료에서는 첫째로, 성공기회를 많이 제공하고 학생에게 장시간 정보를 제시하여야 한다. 또 여러 다른 영역에서 자신의 기술을 드러내 보일 수 있도록 하고 다양한 기술을 실습할 수 있도록 해 주어야 한다. 교사 역시 아동에게 자주 피드백을 제공하고 부족한 학업 분야에서 아동의 진보를 면밀히 추적해야 한다.

둘째, 학습장애 치료는 고도로 조직화어 감독하여야 한다. 아동에게 구체적 개념을 강조하고, 산만하지 않아야 하며 단계적으로 나아가야 한다. 예를 들어 읽기장애 아동에게는 단어 해독과 인식 기술에 대하여 정해진 교육을 제공하는 프로그램이 효과적이다.

이때 치료 프로그램에서는 일 대 일 교습, 완전 습득 학습, 배운 제재의 일반화, 그리고 학업 중 칭찬 등이 유효하다.

셋째, 학습장애 아동을 위한 치료방법으로 초인지능력을 향상시켜 주는 방법이 있다. 초인지력이란 본질적으로 자신의 사고나 문제 해결 과정을 아동이 인식하는 것이다.

초인지력은 셈하기 문제를 추상적으로 개념화하여 푸는데 어려움을 겪는 수량계측 불능증이 있는 아동들에게 특히 적용 가능하다. 이 경우 초인지력을 고양시키려면 아동이 셈하기 문제를 자신이 선택한 말로 적고 그 문제를 시각화하여 정답을 예상하고 자신의 계산을 스스로 검산하도록 가르쳐야 한다.

읽기장애 아동을 위한 초인지적 처방과정은 다음과 같다.

1) 아동이 읽는 목적을 인식하도록 한다(단순한 뜻 해독을 위한 것이 아니라 의미를 위한 것이라는 점).
2) 읽기전략에 대해 더 잘 알도록 한다(오락을 위한 경우와 내용습득을 위한 경우에 따라 책읽기가 서로 다르다는 점).
3) 중요부분 인지기술을 개발한다(연관된 정보에 대한 강조).
4) 부정확한 문장을 탐지하는 법을 배운다(문장 이해가 안 되는 부분을 탐지

하는 기술).

5) 이해력 문제를 해결하는 능력을 개발한다(뒤돌아보기 전략 이용).

마지막으로 학습장애 아동을 지도할 때 가장 중요한 핵심은 과제와 그 외의 과제를 읽어내려는 의욕을 유지할 수 있게 해주는 것이다. 이런 노력으로 아동에게 실패의 이유가 능력 부족이 아니라 노력 부족 때문이라는 것을 가르쳐 주는 것이다.

그리하여 아동이 실패는 더 열심히 노력하라는 뜻이라고 생각하도록 가르치는 것이 중요하다. 그리고 실체적인 보상 체계 역시 의욕을 증대시키는 데 이용될 수 있다.

제 3 절 자폐성장애/정신지체

1. 자폐성장애와 정신지체 개관

1) 자폐성장애

자폐성장애(austic disorder; 흔히 이를 자폐장애, 전반적 발달장애라고 함)는 전형적으로 세 가지 결함 즉, 사회성 결손, 의사소통 결손, 행동 문제를 가지고 있다. 이를 Wing의 3요인(triad)이라고도 부른다. 여기서는 이들 세 가지 문제를 중심으로 살펴보고 추가적으로 정서, 인지, 신체발달 등에 대해서도 언급하기로 한다.

(1) 사회적 상호작용 측면

일반인과 비교하여 자폐장애의 가장 핵심적인 특성은 상호작용 즉, 대인관계 형성문제와 사회성 발달문제이다. 만일 정서에 문제가 있는 아동이 타인과 상호작용을 제대로 하거나 친구사귀기 등의 사회성이 있을 경우 십중팔구는 자폐성장애가 아니고 정신지체거나 다른 정서장애에 해당할 것이다. 따라서 사회적 상호작용은 자폐성장애 진단의 주요 변수가 된다.

자폐성 장애인은 대부분 대인관계에서 감정을 교환하는 상호반응이나 정서적인 유대를 맺지 않는데 이는 단순히 소심하기 때문이 아니라 그 정도가 심하여 심지어 어머니나 가족과도 애착관계를 형성하지 않을 정도이다.

표 12.4 자폐성장애의 특성

특 성	내 용
상호작용	대인관계 형성문제와 사회성 발달문제.
의사소통	자폐성 장애인은 언어발달이 지체되며 거의 과반수는 평생동안 구어를 제대로 사용하지 못한다.
행동	행동은 상동증적이며 반복하는 패턴을 보인다.
정서	일반적으로 사회적 상황에 부적절하게 애정과 정서표현을 한다.
인지	지능은 75% 이상이 IQ가 70 이하이며, 언어성 IQ보다는 동작성 IQ가 더 높다
신체발달	자폐장애인의 신체발달은 별다른 지체가 없다.

자폐성 장애아동은 어머니나 양육자와 눈 맞춤을 하거나, 안아 달라고 칭얼대거나, 어머니와 떨어지지 않으려는 행동을 하거나, 어머니가 외출하고 돌아왔을 때에도 반가운 표정이나 행동을 보이지 않는다.

자폐성 장애아동은 주로 혼자서 시간을 보내고 자신이 뭔가 필요한 사항이 있을 때만 가까이에 있는 사람의 손을 잡고 끄는 행동을 보인다. 이때에도 자폐성 장애아동은 대부분 필요한 것이 무엇인지를 제대로 밝히지 못하고 그저 잡아끌어대는 행동만을 한다.

결론적으로 사회적 상호작용 측면에서 자폐장애를 요약하면 자폐성 장애인은 타인과 공감을 제대로 하지 못하고, 사회적 상호작용 원리에 대하여 제대로 이해하지 못하며, 사회적 상호작용에서 자신의 의견을 교환하는 능력이 거의 없거나 부족한 특성을 보인다. 그리고 애착형성에도 문제를 보여 부모간, 또래간, 형제간 상호관계구성능력에 손상을 보인다.

(2) 의사소통능력 측면

앞서 언급한 바와 같이 일반적으로 자폐성 장애인은 언어발달이 지체되며 거의 과반수는 평생동안 구어를 제대로 사용하지 못한다. 설사 구어를 사용한다 하더라도 대명사를 서로 바꾸어 사용하거나(예를 들어 너를 나라고 부름), 반향어, 신조어, 그리고 특이한 표현 등과 같은 여러 가지 문제를 보인다. 반향어는 상대방이 말한 것과 동일한 억양으로 말을 따라 하는 것으로 예를 들어 상대의 질문에 답을 하기보다는 그 질문을 그대로 따라 반복하는 모습을 보인다('물 가져 오세요'라고 말하면 물을 가져오는 것이 아니라 '물 가져 오세요'라고 말을 따라 한다).

무엇보다도 자폐성 장애인은 그 스스로 의사소통에 무관심한듯하다. 흔히 자폐성 장애아동이 어릴 때 주변 사람의 말소리에 반응을 하지 않아 부모는 아동이 청각에 이상이 없는지 의심하기도 한다. 그래서 부모는 아동의 청각 검사를 받아 보기도 하는데, 이와 같이 청각검사를 받아보는 것은 청각장애여부를 알아보는 데는 유용하지만 부모가 간단히 자가진단을 통하여 확인할 수도 있을 것이다. 즉, 청각에 문제가 있는 아동과 자폐장애 아동 간 차이는 농아는 몸짓 등으로 자신의 의사를 표현하려는 시도를 하지만 자폐장애 아동은 아예 그러한 의도를 보이지 않는다.

또 어떤 부모는 의사의 권유나 부모의 요구로 두뇌(CT)촬영을 하여 보기도 하는데 두뇌에는 아무런 이상이 없다는 소견을 받는다.

결론적으로 의사소통능력측면에서 측면에서 자폐장애를 요약하면 자폐성 장애인은 언어발달이 지체되며 설사 언어를 사용한다 하더라도 언어의 사용이 어눌하고 자기중심적으로 말하여 적절한 의사소통을 제대로 하지 못한다.

(3) 행동측면

자폐장애인의 행동은 상동증적이며 반복하는 패턴을 보인다. 몸을 빙글빙글 돌림, 까치발을 뜀, 장난감을 일렬로 줄 세움, 장난감 차 바퀴만 돌림, 손을 세수하듯 펴서 손가락을 봄 등의 행동을 끝없이 반복한다(이와 같은 행동은 아동기에 더욱 분명하게 나타나며 행동은 매우 다양하게 나타난다).

또한 놀이에서 창조성이나 상징적인 요소가 결여되어 있어 상상놀이나 가상놀이는 하지 않는다. 예를 들어 자동차를 가지고 논다 하더라도 자폐장애 아동은 자동차의 일부분을 가지고 놀거나 색깔을 언제나 동일하게 배열하거나 같은 장난감만을 고집하여 들고 다닌다. 아예 잠을 잘 때도 손에 장난감(예: 블록)을 잡고 자기도 한다.

자폐장애인의 특징은 동질성을 고집하고 변화에 저항한다는 점이다. 이들은 자기가 정한 습관을 강하게 유지하고자 하며 새로운 경험은 받아들이려 하지 않는다. 늘 같은 길로 가려고 하며, 같은 음식만을 고집하여 편식이 심하고, 어떤 일을 늘 같은 순서로 행하여야 한다.

결론적으로 행동측면에서 자폐장애를 요약하면 자폐성 장애인은 반복적인 행동을 하며 상상행동을 제대로 하지 못한다.

(4) 정서 측면

자폐장애인은 일반적으로 사회적 상황에 부적절하게 애정과 정서표현을 한다. 그리고 변화에 대한 저항으로 강한 짜증이나 부정적인 정서 모습을 보인다. 또 대부분의 자폐장애인은 두려움과 공포심도 가지고 있다.

예를 들어 대부분의 아동은 볼 풀을 좋아하지만 자폐 장애 아동이 볼 풀을 거부하였는데도 부모나 교사가 볼 풀에 아동을 강제로 넣으려 하면 거의 발작 수준으로 공포를 느껴 저항한다.

이 대목에서 자폐 장애인이 보이는 두려움이나 공포심들은 아마도 사회적 상호작용에 대한 거부감과 그에 대한 불안감으로 나타나는 것으로 보인다. 다시 말하면 자폐 장애인은 상호작용에 대하여 충분한 준비와 의사를 가지고 있지 않음에도 강제로 부모나 교사가 이들에게 상호작용을 요구함으로써 이에 대한 저항을 보이면서 불안감 공포를 느끼게 되는 것이다. 따라서 부모나 교사가 자폐장애인에게 경험을 시키고자 할 때 변화에 대한 저항감을 줄이고 적응력을 키워주고자 상황설명이나, 점진적인 접근 방식 등의 방법으로 불안감이나 공포를 줄여주어야 할 것이다.

결론적으로 정서적 측면에서 자폐장애의 특성을 요약하면 자폐장애인은 사회적 상황에 대하여 부적절한 정서표현을 하고 변화에 대한 저항으로 두려움 공포를 보이는데 이러한 자폐장애인의 특성은 사회적 맥락을 제대로 이해하지 못한 결과로 보인다.

(5) 인지 측면

자폐장애인의 지능은 75% 이상이 IQ가 70 이하이며, 언어성 IQ보다는 동작성 IQ가 더 높다고 한다. 그리고 공간 IQ가 더 높다고 한다. 그리고 여자의 경우 대체로 인지수준이 남자보다 더 낮다고 한다. 그런데 자폐 장애인의 언어성 IQ가 50 이상이며 5세에 나이에 적절한 언어 발달을 하게 될 경우 예후가 좋다고 한다. 일부 자폐 장애인은 자신의 인지수준에 맞지 않게 특정한 분야에 재능을 보이기도 하는데 이들이 보이는 재능분야는 미술, 열차 시간표 외우기 같은 기계적인 기억에 관한 분야이고 창조적이거나 상상에 의한 재능은 아니다. 즉, 자폐 장애인은 정보를 받아들이는데 있어 직렬로 나열하듯이 받아들이며, 이들 정보의 가공이나 응용은 제대로 하지 못하는 특성을 보이는 것이다.

결론적으로 자폐장애인은 지능수준이 일반인들보다 낮은 정도의 분포를 보이고 있으며 기계적으로 정보를 암기하는 능력은 발달되나 창조적인 정보처리에는 결함을 보인다. 그리고 언어기능이 5세경부터 발달할 경우 예후가 좋다고 한다.

(6) 신체발달 측면

자폐장애인의 신체발달은 별다른 지체가 없다. 그러나 신체발달률은 고르지 못하여, 자폐장애인의 일부가 청소년기 이후에 간질을 보일 수 있으며, 대다수 자폐장애인은 아동기에 유뇨증 및 유분증과 같은 배설문제를 경험한다. 즉, 자폐장애아동은 유아기에 대소변을 제대로 가리지 못하고, 특히 대변을 볼 경우에는 매우 불안한 모습을 보이기도 한다.

이로 인하여 자폐 장애아동 부모는 매우 힘들어 하는데 대부분의 자폐 장애아동은 일반아동보다는 늦지만 일정한 연령이 지나면서 배설하는 법을 배우게 된다.

또한 일부 아동은 자해에 의한 신체 문제를 유발시키기도 하는데 이들은 머리를 치거나 물어뜯는 행동을 보인다. 그러나 대부분의 자폐 장애아동은 자발적인 공격성이나 자해를 보이지는 않으며 자신의 요구와 관련하여 의사표현이 제대로 되지 않을 때 요구를 얻어내기 위한 수단으로 공격성이나 자해를 사용하기도 한다.

또 자폐 장애아동의 경우 동일한 행동을 고집하여 상동증적 행동을 하기 때문에 한번 손가락을 빨기 시작하면 비록 상처가 생겨 통증이 있다 하더라도 오랜 기간동안 손가락을 빨게 된다.

따라서 이 경우에는 이와 같은 경험을 초기에 하지 않도록 주의하는 것이 좋고 만일 이와 같은 행동을 배워서 계속하여 상동증적인 행동을 하게 될 경우에는 행동수정기법을 사용하여 행동을 수정하여 주는 것이 좋다.

자폐장애인의 신체적 측면을 요약하면 자폐장애인의 신체발달은 비교적 정상적이나 아동기에 배설장애를 보이고 청소년기 이후에 간질을 보일 수 있다. 또한 부적절한 의사표현 방식으로 자해나 공격성도 있을 수 있으나 대부분은 타인을 괴롭히지 않는다.

2) 정신지체

한편 정신지체는 의사소통, 스스로 돌보기, 가정생활, 사회적 관계/대인관계 방법, 일상적 자원 활용, 자기통제와 학습, 과제수행하기, 여가시간, 건강과 안전기능 등 기술영역 중 적어도 두 개 이상의 영역에서 심각한 장애로 인하여 일반인의 지적 기능보다 현저하게 뒤떨어지는 경우를 말한다. 이 장애는 18세 이전에 나타난다.

3) 자폐성장애와 정신지체 비교

일반적으로 정신지체는 많은 기능영역에서 장애를 보이는 반면, 자폐성장애는 일부에서 장애를 보인다(사회성, 의사소통 등). 자폐성장애의 경우 적어도 75%는 정신지체도 나타낸다.

2. 진단

자폐성장애 또는 정신지체 진단은 기능장애가 나타날 수 있는 다양한 영역을 살펴보고 내리게 된다. 또 아동의 지적 기능에 대한 평가가 중심이 되어야 한다. 그러나 검사방법은 많은 부분들이 단어나 언어이해를 요하여 대부분의 자폐성장애나 정신지체에게 적용하기는 어렵다.

그래서 지적기능에 대한 적절한 평가가 매우 힘들다. 이 경우 인식기능 척도를 사용하는데 이는 언어가 그다지 필요하지 않은 검사방법이기 때문이다.

직접 행동을 관찰하는 방법은 사회화 문제와 부적절한 행동의 내용을 구분하는데 유용하다.

3. 원인

1) 자폐성장애

자폐성장애의 원인은 완전히 밝혀지지 않았으나, 장애가 심각하고, 매우 어린 나이에 발생하기 때문에 생물학적 요인에 의한 것이 아닌가 의심한다. 그러나 자폐의 원인으로서 환경요인을 의심하는 경우도 많다. 자폐성장애가 이란성 쌍생아보다 일란성 쌍생아에 자주 나타나고 있다는 일부 연구 결과로 초기의 관심은 유전요인이었다.

또 자폐성장애는 염색체 1, 7, 11, 15, 18, 21과 X와 Y에서 발생하는 정신이상과 관련이 있다고 한다. 그러나 자폐성장애 자체가 가족에게 전염되지 않으며, 자폐성장애 아동 부모가 정신병리학적인 문제를 보여주지도 않는다. 자폐성장애 혈족이 정신분열이나 아스퍼거장애 위험이 약간 높다. 그러나 이러한 발견이 자폐성장애의 발달과 관련이 있는지 또는 어떻게 관련이 있는지의 여부는 아직까지 알려지지 않았다.

기타의 생물학적 요인도 자폐성장애와 밀접한 관계가 있는데, 대뇌마비, 수막염, 뇌염, 세균감염 및 우연한 사고에 의하여 다친 경우와 같은 뇌의 상태 등이 이에 해당한다.

자폐성장애 원인으로 신경학적인 문제는 중요한 요인이 될 수 있다. 이에 관련한 문제는 대부분 뇌기저핵, 전반적인 사지운동시스템 및 전두엽과 같은 인식기능과 운동기능을 담당하는 뇌의 영역에 관련한 것이다.

이러한 문제의 진단은 MRI(magnetic resonance imaging)과 같은 두뇌영상촬영기술로 할 수 있다. 그러나 이것으로 자폐아에 대한 진단을 명백히 내리기는 어렵다.

자폐성장애 원인을 생화학적 변화에서도 찾을 수 있다. 자폐성장애 중의 일부는 감정과 행동을 제어하는 신경전달물질인 세로토닌을 많이 분비하여, 세로토닌을 낮춰주는 펜푸라민과 같은 약을 처방하면 과잉행동을 보이는 자폐성 장애아동을 제어하는데 일부 효과가 있다.

자폐성장애에는 많은 생물학적 원인이 연루되어 있는데, 유전, 두뇌발달미숙, 높은 세로토닌 등이 자폐성장애상에 대하여 다양한 방법으로 상호작용하여 자폐성장애라는 동일한 최종결과 또는 두뇌 기능장애의 한 형태를 초래하게 된다.

2) 정신지체

정신지체의 원인은 생물학적 요인과 환경 요인에 좀더 영향을 받는다. 특히, 임신 중 생물학적 요인은 두뇌의 발달에 영향을 미친다. 정신지체를 유발할 수 있는 임신기 변화에는 1) 기형, 특히 신경계통의 형성에 문제가 있는 기형, 2) 불구 또는 머리나 장기의 비정상적 성장, 3) 손상 또는 임신 중 알코올의 사용과 같은 기형 발생물질로부터의 피해 등이 해당된다.

기형은 프래절 X 증후군(남아에서 지능 저하, 큰 고환, 긴 얼굴, 튀어나온 턱, 크고 뚜렷한 귀 등 특징적인 얼굴을 보이며, 여아는 대개 다양한 정도의 지능저하만을 보이는 질환), 프라더 윌리 증후군(저 신장, 성기 발육부전, 비만 그리고 학습장애를 특징으로 하는 질환), 다운증후군과 같은 염색체 이상이나 유전적 장애를 의미한다. 예를 들면 다운 신드롬은 얼굴이 기형이고 보통 정도의 정신 지체를 초래하는 21번 염색체의 3번과 관련이 있는 것으로 알려져 있다. 신진대사의 문제도 정신지체를 초래할 수 있는데, 이는 페닐케톤뇨증(지능장애, 담갈색 모발, 피부 색소 결핍 등이 초래되는 상염색체성 열성 유전성 질환)과 리이만-픽병(간, 비장, 폐, 골수, 뇌 등에 해가 되는 양의 지질이 축적되는 유전성 대사질환) 등이 이에 해당한다.

산소의 결핍, 두뇌손상, 중독(납 중독 등) 등도 전신지체를 유발한다. 우연한 사고는 유아나 아동을 다치게 하는 원인이 되며, 인식발달과 관련하여 매우 불행한 결과를 초래할 수도 있다.

환경요인 역시 정신지체에 많은 영향을 미치는데, 부모의 인지기능 결함, 빈약한 교육경력, 자녀를 양육하는 데 일관성이 없는 낮은 사회경제적 수준 등이 이에 해당한다.

4. 예후

1) 자폐성장애

자폐성장애의 예후는 그 증상의 다양성으로 인하여 많이 알려져 있지 않으나 아동의 기능수준, 손상 수준, 초기중재 여부에 의하여 많이 좌우된다. 긍정적인 예후를 얻을 수 있는 지표는 1) 평균적 지식, 2) 5세 이전에 말을 하는 것이다. 그리고 조기교육이 자폐성장애 예후에 매우 중요하다.

자폐성 장애아동의 예후는 3가지 형태로 정리된다. 첫 번째 형태는 90% 정도가 여기에 속하는데 극심한 장애를 일생에 걸쳐 완화시킨다. 이 그룹에 속하는 사람은 자폐성장애 증상을 꾸준히 그리고 천천히 개선하는데 이는 1) 다른 사람을 좀더 따뜻이 대하고 어떤 사회적 상호 작용을 하며, 2) 비록 비정상적 언어이긴 하지만 어떤 개선이 있으며, 3) 과장된 행위나 이상한 행동이 줄어든다. 이러한 증상의 호전은 보통 4세 이후에 시작된다.

두 번째 형태는 성장함에 따라 상대적으로 정상적 기능을 나타내는 형태이다. 아스퍼거장애는 심각한 인지 및 언어결함을 가진 경우를 제외하고는 개선된다. 그러나 인간관계가 필요한 직장에서 근무할 기회가 거의 없으며, 특이한 어떤 사회적 행동이 아직 남아 있다.

세 번째 형태는 거의 희박하긴 하지만 기능악화에서 벗어나는 경우인데, 이는 오랜 기간 동안의 훈련이나 교육의 결과로서 나타난다.

이 세 가지 형태 모두 병리적인 문제와 정신지체 수반이 일반적이다. 이 중 가장 유력한 것이 간질인데, 간질은 이러한 사례의 3분의 1 정도에서 나타나며, 유년기, 아동기, 청년기에 나타난다. 약물 치료를 요하는 증상에는 과민증, 정서불안, 부적절한 감정과 드물지만 정신분열도 관련이 있다.

2) 정신지체

정신지체의 예후는 인지기능 수준과 밀접하게 관련이 있다. 그리고 이 인지기능수준은 아동기, 청년기에도 변하지 않고 지속적으로 남아 있다.

보통, 중도 또는 최중도 정신지체의 경우는 매우 변하지 않으며, 인지기능의 발달이 더 빈약한 경향이 있다. 그러나 경도 정신지체는 좀더 좋은 예후를 나타내는 경향이 있다. 부연하면, 다운증후군, 프래절 X의 경우는 다른 형태의 정신지체보다 좀더 천천히 지적능력이 발전하는 경향이 있다. 그리고 나이가 들어감에 따라 좀더 많은 장애가 나타날 수 있다. 정신지체인은 나이가 들면서 적절한 행동법이 점진적으로 성장한다. 그러나 도리어 퇴행하는 경우도 가끔 나타나기도 한다.

5. 처방

자폐성장애나 정신지체의 처방에는 1) 언어나 사회적 방법, 적절한 행동방식, 2) 부자연스럽고 부적절한 행동(공격성, 자해, 자기 자극 등) 항목에 초점을 맞춘다. 자폐성장애 처방은 우울증과 같이 약물을 사용하여 전반적으로 치료하는 방법과 자폐성장애를 세분화된 문제로 나누어(언어, 사회 등) 행동이론에 따라 개별적으로 치료하는 방법 두 가지가 있다.

자폐성장애 약물치료는 펜프라민을 사용하는데, 이 약물은 중추 신경 시스템에서 세로토닌의 수준을 감소시킨다(자폐성 장애아동은 높은 수준의 세로토닌을 가지고 있다). 이 펜프라민은 과잉운동을 통제하는 데 유용하다. 다른 약물들도 자폐성 장애아동을 치료하는데 많이 이용되는데 전반적으로 이러한 약물은 어느 정도까지는 운동통제를 개선시켜 주지만 자폐성장애의 예후를 아주 좋게 해주는 것(언어, 사회적 상호작용 등)은 기대하기 어렵다.

행동이론은 자폐성장애를 치료하는 주된 방법이다. 행동이론에서는 언어문제 조정, 강화, 모방법 등을 사용한다. 모방법은 처음에는 어떤 소리나 음을 강화하고, 일정 기준 소리를 내면 단어를 형성할 수 있는 다양한 음절을 모방하게 한다.

예를 들면, 자폐성 장애아동이 흥흥거릴 때마다 음식으로 보상하는데, 이 소리를 통하여 다시 "음음음음"의 음절로 모방할 수 있도록 강화해 나간다. 그래서 다시 맘마, 엄마와 같은 단어로 모방하도록 한다.

자폐성 장애아동 의사소통 프로그램에서는 상호간의 언어 상호작용과 자기소개 질문, 자기관리를 강조한다.

제 13 장

복합원인에 의한 문제

제 1 절 사회불안/위축

사회 공포증이나 불안 장애는 사회적 상황이나 행동 상황에 대하여 현저하게, 지속적으로 두려움에 떠는 상태를 보이는 특징이 있다. 이들은 보통 가족 구성원과 같이 자신이 잘 알고 있는 사람을 대상으로 한 사회 역할 수행에는 문제가 없으나, 잘 알지 못하는 사람과의 교류나, 자신이 부정적인 평가, 홀대, 난처한 입장 등에 처할 수도 있다고 느끼는 상황이 되면, 사회적 공포감을 나타내게 된다. 이들은 이와 같은 상황에 접했을 때 흔히 공황적 적대감 증상을 보이게 된다.

아동의 경우는 낯선 상황에서 "눈물, 위축" 등의 모습을 나타낸다. 아동의 경우가 아니라도, 고통을 주는 사회상황을 피할 수 없는 경우 사회 공포증을 지닌 사람은 자신의 공포심이 불합리하다는 것을 스스로 알면서도 사회적 공포감을 갖게 된다. 이 같은 장애는 일상생활을 심각하게 방해한다.

1. 진단

일반적으로 사회불안 아동을 진단하는 도구는 상담, 자기보고 척도, 자기측정, 부모 및 교사 척도, 생리적 평가 등이 있는데, 이들 도구를 통한 검사결과와 실제증상 간에는 언제나 높은 상관관계에 있는 것은 아니기 때문에 여러 가지 수단을 함께 활용한다.

예를 들면 불안이 겉으로는 드러나지는 않으나 심장 박동수 등과 같은 생리적 측면에서의 변화가 나타날 수 있는 것이다.

2. 원인

아동의 경우 불안과 위축 원인은 아직 완전히 파악되지는 못하였으나 긴장상황에 대한 생리적 취약성, 가족 관계 요인, 생활 속의 긴장 상황, 사회에 대한 걱정, 통제 불가감, 행동억제 등과 같은 아동 특성이 복합되어 있는 것으로 보인다.

생리적 취약성은 유전적 요인에 해당하는데 긴장상태를 맞이하게 되면 아동은 심각한 분기 상태에 이르게 되고, 그에 따라 불안 장애를 일으키게 된다.

표 13.1 사회불안/위축의 원인

원 인	내 용
유전요인	이란성 쌍생아보다는 일란성 쌍생아가 더 사회 공포증에 일치된 모습을 보였다.
가족관계요인	불안아동은 환경이 주는 위협감을 자신의 부모에게서 그대로 이어받는 경향이 있다.
심리적요인	사회불안 아동은 자신이 처한 사회적 상황 속에서 최악의 결과가 발생할 수도 있다고 생각한다.
종합적요인	불안/위축은 여러 가지 요인이 상호작용하여 나타나는데 그와 같은 문제는 민감하면서도 위축적인 기질, 고도의 자각적 상황에 대한 높은 생리적 취약성이 있는 상태에서 촉발된다.

1) 유전요인

유전요인의 예는 쌍생아 연구에서 알 수 있는데, 이란성 쌍생아보다는 일란성 쌍생아가 더 사회 공포증에 일치된 모습을 보였다. 또 불안장애 혈족은 일반가족보다 사회 공포증 위험이 더욱 큰 것으로 나타났다.

그러나 이와 같은 유전적인 것은 어떤 특정한 장애가 아니라 일반적으로 존재하는 부정적 감정 경향일 수 있다. 즉, 불안감을 지닌 부모에게서 불안감을 지닌 아동이 길러지는 것처럼 부분적으로는 환경적 요인의 반영일 수 있다는 것이다.

2) 가족관계요인

가족관계 요인이 아동의 사회불안이나 위축에 강하게 영향을 미치는 것으로 나타났다. 예를 들어 불안아동은 환경이 주는 위협감을 자신의 부모에게서 그대로 이어받는 경향이 있다.

다시 말하면, 아동은 부모가 보여주는 신중함과 경계심, 회피 모습 등을 지켜본 후 그것을 자기 자신이 처한 상황 속에서 그대로 모방하려는 경향을 보이는 것이다.

아동의 사회 불안과 관련된 기타의 가족 관계 변인에는 과보호, 부모-아동동간 애착결핍, 애착붕괴 등을 들 수 있다.

한편, 부모가 불안 장애나 우울증, 약물 남용 등일 경우, 생활 속에서 여러 가지 긴장 상황, 그 중에서도 특히 사교적 상황이 불안이나 위축에 영향을 미칠 수 있다.

기타 아동의 사회불안과 위축을 예측케 하는 것에는 아동 자체의 특성이 있을 수 있는데 이 특성에는 사회불안, 통제 불가감, 행동억제 등이 해당한다.

3) 심리적 요인

사회불안 아동은 자신이 처한 사회적 상황 속에서 최악의 결과가 발생할 수도 있다고 생각한다. 한편, 사회 불안 아동은 흔히 통제 불가감을 받는다고 하는데 이것은 곧 일반적 의미에서의 학습된 무기력을 말하는 것이다.

이때의 아동은 자신의 행동이 자신 주변 환경에 거의 아무런 영향도 미치지 못할 것이라는 느낌을 지니게 된다. 이 같은 사실은 왜 불안 아동 상당수가 우울증 증상도 함께 나타내는지 설명해 줄 수 있을 것이다.

행동억제는 조용하고 위축적이며 소심한 행동을 하고 말하기를 주저하며, 낯선 성인과의 교류와 같이 새로운 상황을 맞이하면 신경적으로 자각 상태가 되는 등의 타고난 특징적 기질을 스스로 감내하는 것이다.

행동억제는 많은 아동에게 영향을 미치며 아동기의 여러 가지 불안 장애와 관련이 있을 수 있다. 왜냐하면 행동억제 상태하의 특징적 행동들은 회피, 종속성, 수동성 등을 주요 기본 요소로 하고 있기 때문이다.

4) 종합적 요인

결국 여러 가지 요인이 상호작용 하여 아동의 사회 불안과 위축을 불러일으키는데 그 같은 문제는 민감하면서도 위축적인 기질, 고도의 자각적 상황에 대한 높은 생리적 취약성 등이 함께 존재하는 상태에서 시작된다. 즉, 그러한 상태에 있는 사람은 성장과정에서 사회적 측면과 관련된 일련의 부정적인 상황들을 맞이하게 되면 자신의 주위 환경과 관련해 학습된 무기력이나 통제 불가감을 갖게 되는 경향이 있을 수 있으며 그로부터 다시 생리적 자각이 촉발될 수도 있다.

이렇게 될 때 그는 잠재적 위협이 없는지 자신의 환경을 일일이 조사해 보게 되는 동시에 사회적으로 불안감을 가지게 되며 사회적 상황을 더욱 회피하는 방향으로 이어진다.

3. 전개양상 및 성별차이

1) 전개양상

사회 불안이나 위축은 여러 가지 요인들로 인하여 지속될 수도 있다. 예를 들어, 아동이 학교 부적응에 대해 부모에게 불만을 토로할 경우, 그 결과로서 부모로부터의 적극적인 관심을 많이 받게 될 수도 있다. 그러한 관심은 공감 표시, 격려, 신체적 애착 표시 등의 형태로 나타날 것이다. 한편, 아동이 고된 일이나 긴장감이 생기는 상황(예, 파티에서 부모를 돕는 일)을 회피하고자 할 경우에도 그는 자신이 사회 불안이나 신체상의 부정적 증상(예, 위통)을 겪고 있다고 주장함으로써 자신에게 주어질 어떤 책임으로부터 벗어나는데 도움을 얻을 수 있을 것이다.

사회 불안 및 위축의 주요 측면 중 하나인 행동억제는 일정한 전개 양상을 지니고 있다. 예를 들면, 억제되어 있거나 기질적으로 다루기 힘든 아동의 경우, 흔히 섭식패턴과 수면패턴이 일정하지 않고, 새로운 상황을 접할 때 스스로 회피해 버리며, 적응을 잘 하지 못하고, 기분이 급변하며, 혐오자극(예: 큰소리)에 과민하게 반응한다. 반대로, 덜 억제되어 있거나 기질적으로 다루기 쉬운 아동은 보다 긍정적인 기분을 지니며 적응을 잘하는 특징이 있다.

그런데 억제와 적응이라고 하는 두 가지 특징은 사람이 나이가 들어감에 따라 개성으로 자리매김 되는 것으로 보인다. 예를 들면, 억제된 상태의 아동은 취학전 시기 중에 부끄러움이 보다 많아지고 타인을 보다 두려워하게 되며 경계심을 보다 많이 품게 되고 더 내성적이 된다.

아울러 시간이 지남에 따라 더욱더 나약해지게 되고 성인에게 의존하게 된다. 이것은 새로운 상황이 초래될 때 특히 그러하며 억제 상태의 아동은 그러한 상황을 맞이하게 되면 적응력 있는 아동과 비교해 바람직하지 못한 생리적 자각현상(예: 심장 박동수의 증가)과 정서적인 반응을 보다 더 많이 나타내게 된다.

어릴 때부터 억제를 보인 아동은 취학 연령대가 되면서 집 이외의 새로운 사회적 상황을 탐색하는데 보다 주저하도록 만든다. 그 같은 주저는 정상적인 놀이 행동에 부정적인 영향을 미치고 아동이 사회적 관계를 진전시켜 나가는데 필요한 사회적, 인지적 기술 등을 획득하지 못하게 만듦으로써 결국 아동이 사회적 상호작용을 하는 동안 보다 불안감을 갖게 되고 그러한 교류를 회피하게 되며 나아가 소외감을 느끼게 된다. 그리고 아동이 그와 같은 사회적 기술 실패를 염두해 두게 되면 불안정감과 함께 자존감 저하를 경험할 수 있으며 이로부터 분리나 사회 불안 장애와 같은 상태로 발전하는 경향을 보일 수 있다.

어릴 적 놀이행동 발달은 타인 의사의 경청, 타인 의견의 이해, 친구 관계의 개념 이해, 공격성을 배제한 문제 해결, 효율적 의사전달, 자기주장 등과 같은 이후의 사회적 행동들과 밀접한 관련이 있어, 이상과 같은 능력을 갖추지 못한 아동은 사회적 관계가 결핍되기 쉬운 경향이 있고 치료를 필요로 하게 된다.

2) 성별차이

놀이 행동 및 사회적 행동의 전개에 있어서는 성별 차이도 주목의 대상이 되어 왔는데 취학 전 남아의 경우 블록과 움직이는 장난감을 가지고 노는 경향이 많은 반면 여아는 연기 놀이, 식탁 차리기 등을 더 좋아하는 경향이 있다.

그리고 여아는 전통적으로 여성스럽다고 간주되는 장난감을 가지고 노는 경향이 많은 반면 남아는 주로 남성다움을 보여주는 장난감을 더 좋아한다.

또 남아는 여아와 비교하여 신체적으로 보다 더 적극적이고 바깥에서 시간을 더 많이 보내는 경향이 있는데 이것은 경쟁심을 유발시키기는 하지만 동시에 사회적 접촉이 보다 빈번하고 지속적으로 이루어지도록 해준다.

남아는 1) 사회적 관계 속에서 적대감과 강제력을 이용하고, 2) 문제를 해결하고자 할 때 분노를 나타내며, 3) 경쟁적인 단체 경기를 더 좋아하고, 4) 또래로부터의 영향을 민감하게 받는 등의 경향이 여아보다 훨씬 높다.

4. 예후

사회불안이나 사회위축 아동의 경우 사회적 고립, 낮은 사회 기술발달 등이 심해지면 우울증, 자기 비하, 고독 등과 같은 청소년기의 여러 문제를 보일 수 있다. 기타 약물 남용, 학습과 직장 생활 문제, 대인 관계 약화 등도 나타난다.

하지만 이상과 같은 예후들은 따뜻한 가정환경, 학습능력, 사람은 사회적 활동을 충분히 겪어야 하는 존재라는 인식 등이 주어질 경우 회복이 가능하다.

사회 불안이나 사회 위축 아동을 치료하고자 할 경우 중요한 것은 그 같은 문제가 주로 사회기술력의 결핍이나 이미 발달되어 있는 사회적 능력의 발현을 저해하는 사회 불안으로 인해 비롯된 것임을 아동 본인에게 주지시키는 것이다.

5. 처방

사회 불안 아동의 치료는 불안 유발 사회적 상황에의 노출, 불안 대처 또는 불안 감소를 위한 능력 구축 등을 가르치는 것인데, 인지치료에서는 아동이 그 같은 사회적 상황 속에서 좀더 현실적인 생각을 하도록 돕는다.

하지만 최우선적으로 실시하는 전략은 사회 활동의 체계도 즉, 아동이 회피하는 특정 교류 활동들을 목록화하는 일이다. 이때 일반적으로 불안을 가장 적게 유발하는 것부터 가장 많이 유발하는 항목까지를 순서대로 정리한다.

그룹치료는 특정 놀이 행동의 발달 양상을 차트화하여 치료하는 방법인데 이는 사회 불안 아동을 치료하는 데 있어 도움이 된다. 예를 들어 어린 아동은 자기중심적인 성향이 높고, 성인에 초점을 맞추며, 규칙을 지향하는 모습을 보이지만, 취학 연령대가 가까워지면 타인과 협력하고, 타인과 공유하며, 타인을 이해하는 모습이 보다 두드러지게 된다.

따라서 여기서는 경기를 하는 아동이 자신의 순서가 되기에 앞서 다른 아동을 기다려주는 법을 알게 되는 것이 그러한 예에 해당된다. 그런데 이러한 행동은 흔히 이후의 사교 능력 개발의 토대를 이루기 때문에 사회 위축 아동의 경우 이 시기에 치료하는 것이 매우 중요할 수 있다.

사회불안/사회위축 증상을 지닌 사람들을 대상으로 한 집단 치료는 1) 타인들에게도 유사한 문제가 있음을 알게 되고, 2) 사회적 지지감을 경험하게 되는 등의 두 가지 주요한 장점이 있다.

제 2 절 우울증

우울증은 늘 우울한 기분을 보이거나 거의 모든 활동에서 흥미나 즐거움을 잃어버리는 증상이다. 이 증상이 아동이나 청소년에게 나타날 때에는 우울한 기분

보다는 신경과민이나 흥분으로 나타날 수도 있다. 우울증 아동의 특성은 아래와 같다.

1) 지속적으로 우울한 기분, 이전에 즐기던 활동에서 흥미를 잃어버림.
2) 상당한 체중 증가 또는 감소.
3) 불면증이나 과다수면, 들떠 있거나 가라앉은 느낌, 피로감.
4) 부적절한 죄의식이나 무력감.
5) 집중하기 어려움, 자살충동이나 시도 등.

1. 진단

청소년기 우울증 진단법은 여러 가지 방법을 택할 수 있다. 즉, 호르몬분비능력검사, 면담, 자기보고, 직접적인 관찰 등이다. 우울증과 관련한 몇 가지 신경학적 의학적 조건들 즉, 불면증, 애디슨 병(Addison; 갈색세포증), 당뇨병, 부갑상선, 전염병감염, 납중독, 기타 질병을 등도 우울증상을 유발할 수 있다.

성인을 위해 사용하고 청소년에게는 덜 사용하는 특수 호르몬 분비능력검사는 DST(dexamethasone suppression test)인데, 이 방법은 코티솔 호르몬 분비를 억압하는 능력을 평가하는 방법이다. 우울증은 높은 수준의 코티솔 호르몬을 보이는데 이 코티솔 호르몬은 스트레스를 유인하는 호르몬이다. 그러나 청소년에게는 이 정보가 신뢰할만하지 못하여 아동이 이 검사에서 이상을 보였더라도 모두 우울증이라고 단정할 수는 없다.

면담에 의한 방법은 우울증 아동을 개별적으로 사정할 때 매우 중요한 방법이다. 이는 정보획득 뿐만 아니라 관계를 맺고 싶지 않는 사람과 상호라포를 형성해 갈 수 있는 기회이기도 하다.

우울증을 상담하는 방법으로 증상의 설명, 증상의 내력(증상 발달과정), 가족력, 불안과 관련한 문제, 약물사용, 돌출행동 등 여러 가지 주제를 사용할 수 있다. 물론 상담은 우울증을 보이는 사람이 자해에 대한 생각을 가지고 있는지도 사정하여야 한다.

자살을 기도하는 많은 사람은 자살을 시도하기 전에 자신의 의도를 남에게 알려주고 싶어한다. 일반적으로 자살계획이 구체적이면 구체적일수록 자살 성공 위험이 높다. 또한 행동에 있어 갑작스런 변화나 최근 환경의 스트레스 요인 등(예: 관계형성을 잃음)을 포함한 중요한 단서 등을 잘 살펴보아야 한다.

우울증을 사정하는데 직접 행동을 관찰하는 방법도 사용할 수 있다. 이때 사정자가 살펴보아야 할 사항들에는 다음과 같은 것들이 있다.

1) 슬픈 얼굴표정.
2) 감소한 사회활동정도나 운동 활동(말이 적고, 게임 놀이를 잘 하지 않고, 다른 사람과 상호작용을 잘 하지 않음).
3) 외로운 행동모습(혼자 책이나 TV를 봄).
4) 느린 말투.
5) 눈 맞춤 정도.
6) 언쟁.
7) 찡그린다든지 불평하며 잘 웃지 않는 모습.

2. 원인

표 13.2 우울증의 원인

원 인	내 용
생물학적 요인	신경전달물질인 노르에피네프린과 세로틴의 변화가 낮은 수준으로 나타나는 것이 특징.
유전요인	일란성 쌍생아는 이란성 쌍생아보다 우울증 공유율이 약 두 배 정도이다.
심리적 요인	능동적 사회적 행동에 대한 강화부족, 우울행동 강화로 무드장애가 초래된다.
행동주의 이론	낮은 사회기술이 장애의 주요요인이다.
인지요인	자기 자신, 세상, 미래를 보는데 역기능적으로 본다.
종합적요인	유전적인 요인, 가족관계의 트러블, 낮은 인간관계기술과 대처 스타일, 부적절한 감정 등에 의하여 발생할 수 있다.

1) 생물학적인 요인

대부분 우울증은 생물학적인 요인, 심리학적 요인이 복합적으로 작용한다. 앞서 언급한 바와 같이 우울증은 코티솔 조절이상이나 성장호르몬 분비 감소와 같은 신경내분비에서 변화를 보인다.

또 우울증은 신경전달물질인 노르에피네프린과 세로틴의 변화가 낮은 수준으로 나타나는 것이 특징인데 이를 증가시키는 약물을 사용하면 우울증상이 완화된다.

즉, 항 우울제가 되는 것이다. 멜라토닌이나 아세틸콜린 역할에서도 청소년의 우울 원인을 찾을 수 있다. 따라서 청소년의 경우 우울증 사전보유인자를 가지고 있을 수 있다.

2) 유전요인

일란성 쌍생아는 이란성 쌍생아보다 우울증 공유율이 약 두 배 정도이다. 또한 부모가 우울증인 아동은 입양이나 우울증을 가지지 않은 아동보다 더 많은 우울증상을 보였다.

또 우울증 청소년 가족에 대한 연구에서 우울증 청소년 가족은 일반가족보다 더 우울해 하는 것으로 나타났다. 이는 청소년이 조기 우울증일 경우 그리고 친족이 알코올 중독일 경우 더욱 그러하다.

그러나 명심하여야 할 것은 청소년우울증이 유전요인으로 모두 설명할 수 있는 것은 아니라는 점이다. 환경요인 역시 우울증 생물학적 보유인자를 만들어낼 수도 있는 것이다.

3) 심리적 요인

우울증을 보다 더 넓게 보면 무드장애인데 심리학적 모델에서는 무두장애가 1) 능동적, 사회적 행동에 대한 강화부족, 2) 우울행동 강화로 무드장애가 초래된다고 한다.

예를 들어 청소년은 자신에게 기대받는 일을 하는데 학교 가는 일, 설거지하는 일, 숙제하는 일, 파트타임 일하는 일 등이 그러하다. 만일 이러한 행동이 다른 사람에게 당연한 일로 받아들여진다면, 청소년은 정적인 관심을 덜 받게 될 것이다.

반대로, 청소년이 우울해지고 활동에서 성과가 떨어진 경우, 다른 사람이 신경을 써서 동정이나 지원을 제공할 경우 이 청소년은 무의식적으로 우울증상에 대한 보상을 받을 것이다.

4) 행동주의적 요인

행동주의 이론에서는 우울증에 대하여 낮은 사회기술이 장애의 주요요인이라고 본다. 우울증은 사회생활에 대하여 선택적으로 부정적으로 관여하고 자신을 과잉비하하게 한다. 그리고 비현실적인 목표와 단기간의 결과에 중점을 둔다.

5) 인지요인

심리학적 우울이론 중 가장 대표적인 것이 Beck의 인지이론인데 이 이론에서는 우울증은 자기 자신, 세상, 미래를 보는데 역기능적으로 본다는 점을 강조한다. 예를 들어 어떤 우울 청소년은 주변 일에 대하여 인지적 왜곡을 하여 실제보다 그 일을 더 나쁘게 생각한다. 예를 들어 어떤 청소년은 그가 발표하고 있을 때 분명히 그렇지 않다는 증거가 있음에도 불구하고 다른 아동이 그를 비웃는다고 생각한다.

우울 관련 인지이론은 어쩔 수 없다는 생각이 학습되는 것이며 이는 다른 생활사에서도 공연히 슬픔으로 연계된다. 특히 우울증은 부정적인 사건 원인을 자기 자신, 확대해석, 당연한 것 등의 탓으로 돌린다. 예를 들면 시험을 잘못 본 것을 자기 자신(그게 내 결점이야), 확대해석(나는 아무 것도 할 수 없어), 당연한 것(나는 이런 시험은 늘 잘 못 봐)라고 생각한다. 이와 같은 생각은 종종 과거에 느꼈거나 환경사건에 대하여 통제를 거의 하지 못했던 경험의 결과로 생겨난다.

6) 기타 요인

기타의 우울증 발생과 유지요인은 주장을 펴지 못함, 비효율적인 대처능력, 충동성, 부진한 학업성적, 불안, 부모와의 관계형성 부족, 낮은 또래애착, 조직적이지 못하고 적대적인 가족, 낮은 사회적지지, 생활스트레스에 부정적인 반응, 인기가 없음, 경제적 손실, 문제해결능력부족 등이 해당한다.

7) 종합적 요인

우울증은 유전적인 요인, 가족관계의 트러블, 낮은 인간관계기술과 대처 스타일, 부적절한 감정 등에 의하여 발생할 수 있다. 우울증은 스트레스가 많은 생활사를 겪으면서 유발될 수 있는 것이다.

그러나 사람이 보일 수 있는 우울증 심각성 정도는 스트레스 호르몬의 조절,

사람의 속성조절, 사회적 접촉과 지지, 절망관리 등의 요인을 통하여 심각해질 수도 있고 약해질 수도 있다.

3. 예후

표 13.3 우울증의 예후

구 분	내 용
유아	매우 어린 아동의 우울증은 사회적 위축이나 무분별한 애착과 같은 더 행동적인 증상일 수 있다.
취학전 아동	위축, 느린 움직임, 울음, 성장의 결함, 복통과 같은 신체적 고통에 대한 불평으로 표시된다.
학령기 아동	두통이나 복통과 같은 신체적 불평, 학교성적부진, 집중력 부족, 울음, 민감함, 불행한 기분, 피로, 불면증, 증가 또는 감소된 운동 활동, 불안, 낮은 자존감, 자살충동이나 시도 등으로 나타난다.
청소년과 성인	우울한 모습이나 신체적인 불만, 낮은 자존감 등 증세를 보이나 성인은 청소년기의 우울증처럼 현저하게 나타나지는 않는다.

1) 유아

일부연구자들은 우울증이 의학상 청소년과 성인에게만 경험할 수 있는 것으로 보기도 한다. 그러나 우울증 증상은 유아 유치원생, 어린아동에게서도 나타난다. 그런데 매우 어린 아동의 우울증은 사회적 위축이나 무분별한 애착과 같은 더 행동적인 증상일 수 있다(반응성 애착장애).

2) 취학전 아동

취학 전 아동의 경우 우울증은 운동행동이나 기본감정에 대하여 이야기할 수 있기 때문에 확인하기가 용이하다. 일반적으로 이들의 우울증은 위축, 느린 움직임, 울음, 성장의 결함, 복통과 같은 신체적 고통에 대한 불평으로 표시된다. 그러나 이러한 증상은 다른 장애에 기인한 것일 수도 있다. 그리고 이 나이에서의 우울증상은 종종 정반대의 행동으로 나타나는 경우도 있다. 따라서 이들에 대한 우울증진단을 하기는 매우 어렵다.

3) 학령기아동

학령기 아동은 정서적으로 괴로움을 느낄 때 이를 스스로 표현한다. 6-12세 아동의 전형적인 우울증상은 두통이나 복통과 같은 신체적 불평, 학교성적부진, 집중력 부족, 울음, 민감함, 불행한 기분, 피로, 불면증, 증가 또는 감소된 운동 활동, 불안, 낮은 자존감, 자살충동이나 시도 등으로 나타난다. 또 자살 충동이나 시도는 이 나이에 출현율이 더 높다. 그러나 이러한 증상은 다른 요인에 기인하기도 한다. 또 우울증 아동이라도 뚜렷한 증상을 나타내지 않을 수도 있다.

4) 청소년과 성인

청소년과 성인의 우울증은 전형적인 우울증에 가깝다. 특히 이들은 유치원생이나 학생보다 더 우울한 기분, 정신운동 지체, 수면문제를 나타내는 경향이 있다. 이들 청소년이나 성인의 증상은 심리적 특징으로 더 나타나는 반면 어린 아동의 우울증은 분리불안장애로 더 구분될 가능성이 있다. 성인의 경우는 우울한 모습이나 신체적인 불만, 낮은 자존감 등 증세를 보이나 청소년기의 우울증처럼 현저하게 나타나지는 않는다.

우울증 청소년들에게 일반적으로 나타날 수 있는 다른 요인을 보면 사회적 위축이다. 특히 이사를 한 후에, 우울증을 보이는 사람은 종종 새로운 자극에 부끄러워하거나 새로운 대인관계 상황에 대처할 에너지가 부족하다. 실제로 걱정이나 불안증상은 청소년 우울증에 일반적으로 나타나는 증상이다. 특히 우울증 청소년에게 보편적으로 나타나는 다른 증상에는 산만한 행동, 신체적인 불만, 신체이미지에 관련한 낮은 자존감, 자살충동 등이 있다.

일반적으로 청소년기 우울증 기간은 16-36주 정도 걸린다. 하나의 에피소드의 길이는 인생사의 심각성정도, 자살충동의 정도, 복합적 장애의 정도와 관련이 있다. 예를 들어 후자와 관련하여 만일 거식, 적대적 반항 또는 품행장애, 불안장애, 약물남용과 같이 복합된 경우에는 그 에피소드의 길이는 길어진다.

특히 높은 수준의 감정표출, 가족구성원간의 공개적인 적대행위 등은 청소년기에 우울증을 악화시킨다. 낮은 자존감과 낮은 자기 확신 등도 우울증 기간을 심각하게 할 수 있다.

4. 재발

우울 에피소드를 경험한 40%가 결국 2년 이내에 두 번째 에피소드를 경험한다. 그리고 약 70%가 5년 이내에 두 번째 에피소드를 경험한다. 우울 에피소드를 경험한 대부분의 사람들은 계속해서 우울증상을 보이거나 일상생활에는 방해가 되지 않으나 우울한 기분을 계속해서 느끼게 된다.

청소년기 주요 우울 에피소드로부터 회복되는 기간은 평균 7-9개월 정도인데 회복에 도움이 되는 요인은 조기치료와 최초 주요 에피소드의 발생 나이이다. 즉, 조기치료는 회복을 용이하게 하고 늦은 발병이 우울증 치료에 유리하다. 따라서 초기치료를 위한 지속적인 사정과 가족 및 사회적 지원은 그 청소년이 우울증을 계속 유지할 것인지 아닌지를 결정하게 될 중요한 열쇠가 되는 것이다.

5. 처방

우울증 청소년을 위한 처방은 입원치료와 외래치료 두 가지방법이 있다. 입원치료는 보통 심각한 우울 증상, 자살충동, 자해행동 등이 있을 경우 사용한다. 이 처방에서는 개인과 가족치료를 하는데 항 우울제 투여, 그룹치료, 환경치료 등을 한다. 환경치료는 환자자신의 치료에 대하여 책임감을 갖도록 하고 치료활동에 적극적으로 참여하도록 격려한다. 그룹치료는 전형적으로 사회적 지원뿐만 아니라 사회적으로나, 대화적인 문제 해결기술을 확립하는데 초점을 둔다.

항우울제는 효과가 아주 좋은데 우울증의 근본적인 처방이 아니라 일시적인 처방에 불과하였다. 그리고 일부 부작용이 있었다. 따라서 이 약물은 매우 조심하여 사용하여야 한다.

우울증 환자를 위한 행동치료는 활동계획, 정적강화 증가, 사회기술확립, 다른 세팅에서 사회기술 실천 등의 방법을 사용한다. 인지치료는 단계는 아래와 같다.

1) 자신의 생각에 대한 자기 모니터링.
2) 생각과 행동간 관계 이해.
3) 각 생각에 정확한 대한 평가.

4) 잘못된 생각에는 더 긍정적이고 실질적인 생각으로 대체.

앞서 언급한 바와 같이, 우울증환자의 지속적인 인지왜곡중의 하나는 다른 사람이 고의적으로 자신에 적대적이라는 신념이다. 따라서 이런 사람에게는 치료초기에 다른 사람이 나쁜 말을 하고 있거나, 그에게 무례한 짓을 하고 있다고 느낄 때마다 그날그날 시간메모를 하여 두도록 한다. 그리고 이를 보고 치료사는 그의 생각이 어떻게 우울증과 관련이 있는지를 찾아낸다.

다음으로 치료사는 그에게 부정적인 생각에 직접 도전하여 보도록 한다. 이때 증거가 있는지를 확인하여 보게 하고 그 생각을 바꾸어 보도록 한다. 만일 증거를 발견하지 못하였다면, 더 논리적이고 현실적인 설명을 하도록 한다(예: 애들이 다른 것에 대하여 이야기하고 있다). 또 치료사는 그에게 만일 어떤 사람들이 그에게 무례하게 행동한다면 어떻게 할 것인가에 대하여 생각하도록 한다. 이와 같은 과정이 거듭되면 의심과 우울 증상은 점차 줄어든다.

제 3 절 신경성 거식(섭식장애)

요즘 유행하고 있는 다이어트는 신경성 거식의 중요 원인이다. 다이어트를 하는 사람은 신체체중이나 신체외모를 유지하기 위하여 특정 음식을 과도하게 피하고 칼로리 섭취를 줄여, 건강에 해로운 행위를 하는 것이다.

연구에 의하면 다이어트를 한 십대소녀 21%가 1년 후에 신경성 거식이 되었다는 보고도 있다. 그러나 다이어트를 하지 않은 십대소녀는 불과 3%만이 신경성 거식이 되었다. 또 다이어트를 할 경우 신진대사(metabolic)율이 낮아져서 체중감소가 더욱 어렵게 되어 결과적으로 더 심하게 다이어트를 하게 되고 더 폭식을 할 가능성이 높아진다. 신경성 거식의 증상은 아래와 같다.

1) 체중 미달임에도 불구하고 체중과 비만에 대한 극심한 두려움.
2) 체중과 체형에 대한 인지왜곡.
3) 여성의 경우 월경이 시작된 이후 무월경 등.

여기서 체중미달이란 나이와 신장을 고려하여 정상이라고 간주되는 체중의 85% 이하인 경우를 의미한다. 신경성 거식에서는 체중이 평균이하임에도 불구하고 자기 판단으로 살이 찐다고 걱정 한다. 또 신경성 거식 여성은 적어도 3회 연속 월경이 없다. 신경성 거식 타입은 아래와 같다.

1) 제한형(체중을 줄이고자 노력하나 폭식이나 하제사용 등은 하지 않음)
2) 폭식 및 하제 사용형(정기적인 과식이나 하제를 사용함)

여기서 폭식이란 사람이 유사한 황에서 먹는 양보다 상당히 많은 양의 음식을 정기적으로 먹는 것을 의미한다.

1. 진단

신경성 거식 진단은 먼저 의학적 검사가 필요한데 그 이유는 신경성 거식으로 신체적인 문제를 유발할 수 있으며 심각하면 죽음에 이를 수도 있기 때문이다.

신경성 거식이 불러올 수 있는 신체적 문제에는 위장병, 피부건조증, 고창증(鼓脹症), 부종, 어지럼증, 빈혈증, 탈수증, 심장혈관 이상, 전해질 불균형, 신장역기능, 혼수상태, 부정형 신경 패턴 등이 있다. 그리고 신경성 거식 중 먹은 것을 토해내는 사람은 이빨 표면에 마모가 일어난다.

신경성 거식 심리적 사정과 면담에서 살펴보아야 할 문제는 아래와 같다.

1) 체중과 신체상에 대한 태도.
2) 폭식과 하제 등의 특징.
3) 통제 상실에 의한 감정, 피로, 불안과 우울.
4) 충동적 행동.
5) 과거 학대에 대한 경험.
6) 부정적인 인성의 특징.
7) 사회와 가족의 기능.
8) 치료를 찾은 이유와 변화에 대한 동기.

신경성 거식 상담은 사회기술과 성적행동, 월경주기 등에 초점을 둔다. 또 신경성 거식 평가는 섭식태도검사, 가족환경 척도와 같은 가족사정 같은 검사를 하게 된다. 그리고 먹은 것을 토해내는 경우 문화적 요인에 관한 고려를 한다.

2. 원인

신경성 거식의 원인은 신체적 심리적 그리고 사회문화적 요인들이 복합적으로 혼합되어 있다. 그리고 우울증과 중복되어 나타나기도 한다.

표 13.4 섭식장애의 원인

원 인	내 용
생물학적원인	신경성 거식과 우울은 코티솔과 신경전달물질인 세로토닌과 노르에피네프린(부신수질호르몬)의 변화와 관련이 있다.
가족요인	신경성 거식을 가진 가족구성원을 가진 경우에 일반가정보다 신경성 거식을 가질 가능성이 높다.
사회문화적요인	미디어를 통하여 많은 젊은 여성들이 다이어트에 대해 광적으로 관심을 가지고 있으며 마른 것을 선호한다.

1) 생물학적 요인

예를 들어 신체적 요인의 경우 신경성 거식과 우울은 코티솔과 신경전달물질인 세로토닌과 노르에피네프린(부신수질호르몬)의 변화와 관련이 있다.

기타의 생물학적 요인으로 유전과 선호음식의 차이도 있다. 연구에 의하면 일란성 쌍생아에게서의 신경성 거식 증상은 이란성 쌍생아의 경우보다 8배가 높았다.

2) 가족요인

또 신경성 거식을 가진 가족구성원을 가진 경우에 일반가정보다 신경성 거식을 가질 가능성이 높다. 그리고 폭식을 하는 사람들은 일반적으로 칼로리가 높은 음식에 더 잘 반응한다.

또 개인의 심리적 특성도 신경성 거식과 관련이 있다. 예를 들어 거식 청소년들은 유순, 규칙준수, 강박관념, 냉정한 성격 등을 지녔다.

폭식이나 하제를 사용하는 사람은 타인으로부터 승인을 받으려 하고, 무드가 자주 변화하며, 충동적이고 소설 같은 자극을 좋아한다. 특히 폭식과 같은 신경성 거식에서 인지행동 이론은 정서와 강박적인 생각의 순환에 초점을 맞춘다.

예를 들면, 스트레스 상황, 낮은 자존감, 그리고 몸매로 다른 사람으로부터 관심을 얻고자 함, 체중에 대한 걱정은 이러한 시나리오를 가능하게 한다.

이 때 폭식은 일시적으로 이러한 불안과 긴장을 줄일 것이다. 그러나 폭식을 한 후에 죄의식과 부끄러움이 생겨서, 이 사람은 이 감정을 줄이기 위하여 토한다. 그리고 이런 사이클이 반복된다.

신경성 거식에 대한 다른 심리학적 이론에서는 가족변인을 또한 강조한다. 정신분석이론에서는 신경성 거식을 내적인 갈등의 표출이라는 견해다.

즉 신경성 거식은 프로이트의 발달단계인 구강기에 만족스럽지 못한 경험에 대한 보상으로 나타나는데, 이는 주로 어머니와 아동간의 애착문제로 나타난다. 이때 아동은 불안정과 거부감을 느끼고 우울과 신경성 거식에 취약해지게 된다.

신경성 거식에 관련한 다른 가족이론은 가족구성원간의 상호작용에 초점을 둔다. 예를 들어 거식을 보이는 청소년 가족이 이 청소년에게 말려든다는 것이다. 다시 말하면 가족구성원이 다른 사람의 생활에 너무 관여하게 되어 사소한 일까지 관여하게 되고 큰 관심을 갖게 된다.

이 경우에 아마도 청소년은 부모에 의하여 통제받는다고 느끼게 될 것이고, 매우 개인적인 면(체중)까지도 통제를 받는다고 반항할 것이다. 또 청소년은 관심을 이끌어 내는 수단으로 체중 감소나 그에 관련한 의학적인 처방을 이용할 수 있을 것이다.

신경성 거식 청소년 가족을 살펴보면 과보호, 갈등 회피, 문제해결기술부족, 부정적인 의사소통과 적대성 등을 보이기도 한다.

3) 사회문화적 요인

신경성 거식 원인에 관련하여 사회문화적 모델에서는 미디어를 통하여 많은 젊은 여성들이 다이어트에 대해 광적으로 관심을 가지고 있으며 마른 것을 선호한다는 것이다. 사실 인기 있는 매체작품에서 이상적인 여성신체 사이즈는 과거 수십 년간 점점 말라만 갔다.

이와 같은 결과로 첫째는 많은 젊은 여인이 다이어트에 대한 압박을 느끼면서 신경성 거식이란 생물학적 유전인자를 갖게 되었고, 두 번째는 마른 것에 대한 사회적 요구에 실패하여 우울, 낮은 자존감, 이상한 식습관을 불러왔다.

이와 같은 사회문화적 견해는 왜 이상한 식습관이 서구사회에서 고소득층가족에서의 청소년에게 더 많이 나타나는지를 설명해 준다.

신체 발달적 변인도 청소년 신경성 거식의 발생, 과정, 치료와 관련이 깊다. 즉, 왜 여자가 남자보다 더 신경성 거식을 더 겪는가에 대한 설명이다. 여성은 청소년기 성장을 하면서 남성보다 더 많은 지방질량을 증가시키는 경향이 있다.

그리고 이는 매체에서 나오는 이상적인 신체 사이즈와 다른 모습이 된다. 이것이 바로 왜 아동보다는 청소년기에 더 식욕부진, 거부증 등이 나타나는가에 대한 이유이다. 신경성 거식을 유발하는 다른 신체 요인은 초경과 유방의 발달을 들 수 있다. 따라서 이러한 사건에 대한 양육반응이 매우 중요한 것이다.

이와 같은 행동으로 신경성 거식에 대한 생물학적 심리적 취약성이 촉발되는 것이다. 또 다이어트를 하는 사람은 점차 통제가 불가능하게 느껴진다.

그래서 폭식 효과를 완화하기 위하여 하제를 쓰기로 한다. 거듭된 신경성 거식으로 우울증이 동반되어 영향을 미칠 수 있다. 신경성 거식만을 보이는 여성과 신경성 거식과 우울을 동시에 보인 여성을 비교한 결과 2년 후 신경성 거식과 우울을 보였던 여성은 신경성 거식만을 보인 여성보다 더 신경질환을 보이고, 회복이 미약하였다. 따라서 우울증 동반여부가 효과적인 처방에 중요한 요인이 된다.

3. 예후

신경성 거식의 예후는 다양한데 일부는 한번 체중감소 경험을 한 뒤 곧 정상적인 식습관과 체중으로 돌아오고 일부는 점진적으로 체중이 감소하면서 심각한 증상은 나타나지 않는다.

그러나 일부는 심각한 체중감소가 이루어지고 처방을 하여야 할 수준에 이르기도 하고, 그 처방으로 결과가 좋거나 좋지 않기도 한다. 그러나 신경성 거식 중 약 10-15%는 심장질환, 전해질의 불균형, 자살 등으로 결국 죽을 수도 있다.

신경성 거식 패턴은 이 장애가 후에 전개되는 방향에 따라 약간 다르게 나타난다. 대부분의 모습은 이 장애가 더 심화되거나 호전되는 것 중 하나이다.

이 장애의 진행과정은 처방 후에 비교적 좋은 예후를 보인다. 그러나 재발률은 매우 높다. 신경성 거식 대부분은 계속해서 넓은 의미의 다이어트, 하(설사)제 사용, 운동 등과 같은 낮은 수준의 섭식문제를 보인다. 신경성 거식 예후가 나쁠 경우의 요인은 약물남용, 낮은 수준의 인격장애, 심각한 몸매에 대한 지각적 인식 문제, 불안과 우울 등이다.

따라서 좋은 예후를 보이기 위해서는 인지행동치료와 고립감을 줄여가는 방법이 좋다.

4. 처방

신경성 거식 처방은 입원치료와 통원치료가 있다. 입원치료는 거식에 대한 의료적인 처방이 바람직하거나 그 사람의 행동이 생명에 위협을 줄 때 실시한다. 의학적 처방은 체중회복(25% 이하일 경우), 전해물질 불균형 처방, 심장문제 해결, 심각한 탈수 방지 등이다. 또 심각한 우울 증상과 자살 행동 등도 처방될 수 있다. 입원 중 치료의 주목적은 그 사람의 건강회복, 체중회복, 영양증가이다. 특히 의사는 가장 적절한 목표체중을 설정하여 시행하여야 한다. 이 경우 중재방법은 아래와 같다.

1) 의사와 가족이 함께 하는 구조화된 섭식.
2) 신경성 거식에 대한 교육.
3) 적절한 식습관과 영양습관 재설정.
4) 그룹치료.
5) 신체문제나 우울증에 대한 의학처방.

통원치료는 약물과 그룹, 개인, 가족치료를 하게 된다. 약물치료는 항우울제 치료인데 이는 아미트립티린, 또는 풀루옥세틴(프로잭) 등이다. 이 약물은 거식을 촉발할 수 있는 강박관념이나 우울행동을 줄일 수 있어 효과를 본다. 또 항불안제 역시 긴장을 줄여서 폭식 및 하제사용의 유혹을 줄일 수 있다. 그러나 약물치료는 낮은 수준부터 시작하여야 하며 관련 가족구성원이 이 약물사용에 대하여 교육을 받아야 한다. 그리고 부작용도 보고되어 있다. 신경성 거식 개별 치료의 목표는 아래와 같다.

1) 환자와의 라포형성.
2) 행동변화에 대한 환자의 동기 증진.
3) 체중을 평균치에 도달시키고, 폭식이나 하제 등을 없앰.
4) 체중과 몸매에 대한 인지왜곡 수정.
5) 우울등과 같은 다른 요인 고려.

인지행동 이론에 의한 치료방법은 먼저 치료자가 정적인 치료관계를 형성하는데 많은 시간을 사용한다. 처음 3번의 세션은 정적인 관계를 유지하고, 적절한 식습관에 대하여 교육하는데 중점을 둔다. 예를 들어 치료사와 같이 크게 살이 찌지는 않으나 영양이 공급될 수 있는 일일식단을 같이 설계한다. 또 현재의 체중이 좌절할 정도로 높은 체중이 아니라는 점에 동의하도록 한다. 특히 스스로 치료사 앞에서 체중을 달게 한다.

신경성 거식 개별 치료에서 어려운 점은 폭식과 하제 그리고 신체에 대한 왜곡된 인지의 수정이다. 폭식과 하제를 줄이는 방법은 이 행동이 밖으로 나왔을 때, 주위사람이 적극적으로 통제하는 방법이다. 폭식과 하제에 대한 치료법은 치료실에서 그 사람에게 높은 칼로리 음식을 먹게 하고 토하지 못하도록 하는 방법이다. 이 접근법은 강박관념을 갖는 사람의 경우와 유사하다. 즉 토하지(하제 사용) 못하게 하여 결국 불안이 줄어들게 하는 것이다. 그와 같은 방법으로 그 사람에게 폭식이나 토하는 사이클이 스트레스를 줄이는 데 불필요한 것임을 알게 한다.

예를 들어 치료사는 동의를 얻고 30분 만에 많은 아이스크림, 캔디바, 컵라면 등을 먹게 한다. 그리고 화장실에 가지 못하도록 하고 마음의 평정을 갖는 법을 가르친다. 또 일단 먹으면 칼로리가 신체에 빨리 흡수되어 버리기 때문에, 고의로 토하고 폭식을 하는 것은 좋지 못한 방법이라는 점을 가르쳐준다.

신경성 거식 개별 치료에서는 인지왜곡을 다루어줄 필요가 있다. 이와 같은 인지왜곡은 음식, 체중, 몸매뿐만 아니라 자포자기, 자발성 손실, 죄의식 등에서 나타난다. 치료사는 아래와 같은 사항에 대하여 현실적인 생각을 갖도록 돕는다.

1) 체중 증가 영향
2) 이상과 실제 몸매

3) 타인으로부터의 고립감

먼저 치료사는 체중감소와 증가에 대하여 체중이 약간 증가하였다고 하여 친구들이 신경을 쓰지 않을 것이라는 점을 알려준다. 또 신체에 대하여 생각하는 방식에 대하여 피드백을 제공하고, 부정적인 생각이 사회관계에 미치는 효과를 피드백 하도록 한다.

예를 들어, 타인으로부터 무시당할 것이라는 걱정이 자신을 위축시켜 더 큰 고립감을 갖게 된다는 점을 알게 하는 것이다. 그래서 이러한 생각을 버리고, 사회적 교류를 증가시키며, 우울증을 줄이기 위한 일련의 활동을 함께 계획한다.

가족치료에서는 섭식치료에 주안점을 둔다. 특히 치료사는 가족의 패턴을 알아본다. 여기에서는 어머니가 딸의 외모, 사회생활에 대하여 과잉 통제하는 경향은 없는지 면밀히 살펴본다.

제 4 절 배설장애

배설장애는 낮이나 밤에 침대나 옷에 반복적으로 오줌을 싸는 것이다. 이때 오줌을 배설하는 것은 무의식적이거나 혹은 의도적인 것일 수도 있다. 아동이 배설장애아동의 특성은 아래와 같다.

1) 3개월간 일주일에 최소 두 번 오줌을 싸고, 오줌 싸는 것 때문에 학업, 사회, 혹은 다른 영역에서 상당한 장애나 고통을 보임.
2) 적어도 5살이거나 유사한 발달 수준.
3) 간질이나 감염과 같은 의학적 상태나 약과 같은 다른 물질에 의한 것이 아님.

배설장애의 하위 유형은 아래와 같다.

1) 야뇨증
2) 주뇨증
3) 야뇨증과 주뇨증 복합

1차 배설장애는 아동이 완전하게 배설 억제능력을 성취하지 못한 경우를 말하고, 반면 2차적 배설장애는 아동이 오줌을 가린 후 1년이 지난 후에 오줌을 싸는 경우를 말한다. 2차적 배설장애의 경우는 환경적, 정신적 스트레스 요인으로 일어난다.

1. 진단

배설장애 아동을 사정하는 중요한 방법은 면담이다. 이는 아동의 장애가 가족변인에 의해 상당히 영향을 받는 경우 특히 유용하다. 면담에서는 배설장애의 시작과 발달, 배설장애 관련 가족과 관련 문제, 가족 환경, 병리, 아동의 배설장애에 대한 부모의 태도와 반응 그리고 이전의 치료에 관한 전체적인 사항 등을 알아본다. 배설장애 진단에서는 아동의 오줌 싸는 빈도, 자는 시간, 싼 시간, 싼 정도(예: 양이 많은지 적은지), 적절한 변기사용, 기상시간과 절차, 그리고 특별한 사건(예: 늦잠자기) 등에 대한 정보를 일지나 일기 형태로 얻어낸다.

2. 원인

표 13.5 배설장애의 원인

원 인	내 용
아동요인	심한 근육활동, 공격성, 새로운 상황에 대한 적응력부족, 낮은 성취동기, 과잉의존, 그리고 배설에 대한 무감각 등.
심리적요인	정서적 불안장애와 같은 문제와 관련이 있는 것으로 본다.
유전요인	이란성 쌍생아보다 일란성 쌍생아에서 거의 두 배나 많이 나타났다.
가족요인	부모의 반응으로 종종 문제가 계속 지속될 수도 있다.

1) 아동요인

배설장애는 여러 가지 생리학적인 상태나 약물에 의해서 발생할 수 있다. 그러나 이런 문제들은 의학으로 치료되므로 여기서는 언급하지 않기로 한다. 드문 경우에 해당하지만, 배설장애는 방광기능 발달 지체로 야기될 수 있다.

배설장애 원인에서 아동요인은 심한 근육활동, 공격성, 새로운 상황에 대한 적응력부족, 낮은 성취동기, 과잉의존, 그리고 배설에 대한 무감각 등이다. 일부 배설장애 아동과 청소년은 더 어린 놀이 친구에 호감을 가지는 퇴행적 행동을 보인다.

2) 심리적 요인

심리학적 이론에서는 배설장애를 정서적 불안장애와 같은 문제와 관련이 있는 것으로 본다. 높은 수준의 불안과 우울증 아동이 배설장애를 가지고 있거나 아니면 배설장애 아동이 높은 수준의 불안과 우울증을 가지고 있다. 이 때 후자의 경우 아동의 불안과 우울증은 가족의 기능장애나 스트레스를 주는 생활 사건과 밀접하게 관련이 있다.

3) 유전요인

배설장애는 또한 일반적으로 이란성 쌍생아보다 일란성 쌍생아에서 거의 두 배나 많이 나타났다. 또 배설장애 부모에게서 배설장애 아동이 있었다. 이는 배설장애의 유전요인 가능성을 보여주는 것이다.

그러나 유전적 요인은 아직 분명하지 않고, 오히려 배설체계의 성숙, 일반적인 학습 능력, 깨는 능력, 그리고 소변 보는 것과 관련된 단서(예: 압박을 느끼는 것)에 대한 반응과 같은 다른 요소가 더 분명한 원인으로 보인다.

4) 가족요인

배설장애는 부모의 반응으로 종종 문제가 계속 지속될 수도 있다. 이는 부모가 배설장애 아동에 대한 비판적인 태도이다. 일부 부모는 오줌 싼 것에 대해 심한 벌을 주고 아동이 오줌 싸는 것에 대해 참지 못한다. 그러나 이런 부모의 행동은 배설장애를 악화시키는 경향이 있다.

5) 배설장애아동의 특성

아동의 경우 배설장애 아동은 1) 화장실 사용법 2) 배뇨 반사작용을 인지적으로 조정하는 법을 배우지 못한 경우도 있다. 첫 번째 관점에서, 일부 배설장애 아동은 변기사용을 겁내거나, 변기훈련 문제나 변기공포 경험을 가지고 있다.

또 일부 배설장애 아동은 일반 아동과는 수면패턴을 가지고 있다. 예를 들면 배설장애 아동이 잠에서 깨어나기가 힘들다고 한다.

배설장애는 잠자는 단계에서도 발생할 수 있다. 즉, 침대를 적시는 아동은 매우 얕거나 매우 깊은 잠을 잔다고 한다. 이런 점에서 배설장애 아동은 일반 아동보다 더 많이 혹은 더 적게 잠을 잔다.

3. 출현율과 배설훈련

대부분 아동 특히 여아는 3세 때까지 비교적 방광 통제능력을 잘 발달시킨다. 배설장애의 출현율은 나이가 듦에 따라 감소한다는 것을 보여준다. 야행성 배설장애는 3세 아동의 약 33%, 4세 아동의 25%, 5세 아동의 15%에서 20%, 10세 아동의 5%, 초기 청소년들의 2%, 후기 청소년과 어른의 1%에서 2%이다. 주행성 배설장애는 5세 이후 아동의 3% 정도에서 나타난다.

그리고 더 나이가 든 아동과 청소년은 유아보다 2차적 배설장애를 더 보인다.

유아는 신체적, 심리학적으로 배설훈련을 성공적으로 해낼 준비가 되어 있어야 한다. 괄약근 통제 능력을 포함한 신체적 준비는 첫 돌 말까지 이루어진다. 배설훈련을 시작할 수 있다는 중요한 표시는 아동이 앉고 걷는 능력이다. 또한, 아동은 심리적으로도 준비되어 있어야 한다. 이는 아동이 자신을 돌보는 사람에게 반응을 하고, 기본적인 수용 언어 기술과 다른 사람을 모방하고, 변기사용법을 배우려는 갈망을 가지고 있어야 함을 의미한다.

또한 아동이 방광을 비울 수 있어야 하고, 최소 2-3시간 마른 채 유지할 수 있어야 하며, 근육 움직임에 협응할 수 있어야 하고, 배설하고 싶다는 의사표현법(예: 가리키기, 얼굴 표현)을 알고 있어야 한다. 아동은 보통 24-30개월이면 배설훈련을 받을 준비가 되어 있다.

배설훈련에서 첫 번째 단계는 아동이 변기나 더 작은 변기의자를 익히는 것이다. 아동에게 의자를 보여주고, 의자 주위를 걷게 하며, 옷 입는 동안 의자에 앉도록 하고, 의자에 앉을 때 노래를 하거나 다른 재미있는 활동을 하게 한다.

두 번째 단계는 아동이 팬티나 기저귀를 입지 않고 변기나 변기의자에 앉는 법을 가르친다. 아동이 기저귀에 오줌을 누고 배변할 때, 부모는 기저귀를 제거하여 변기나 변기 의자 안에 두고, 이것을 아동에게 보여준다. 그리고 아동에게 변기의자에 앉도록 한다(변이 변기에 들어 있는 상태에서). 이 때, 부모는 아동에게 변기와 변기의자의 목적뿐만 아니라 기저귀가 변기나 의자 안에 있는 이유에 관해서 피드백을 줄 수도 있다.

세 번째 단계는 아동을 낮 동안 변기에 여러 번 데리고 가는 것이다. 이 때 부모는 아동이 변기에 오줌을 누고 배변을 보도록 격려하고, 노력과 성공에 대해 칭찬을 해 준다. 여러 번 그리고 여러 시간 동안 아동에게 배설과 변기간의 관계를 연관시켜 준다. 물론 가끔 퇴행이 발생하는데 부모는 이 때 아동이 다음에는 잘 하도록 격려한다.

그리고 다른 변기사용 기술 즉, 배설을 위해 옷을 입고, 벗는 것, 변기에 다가가는 것, 물을 내리는 것, 손을 씻는 것 등을 가르친다.

이와 같은 방법으로 대부분의 아동은 몇 시간 혹은 며칠 안에 변기사용 훈련을 익힐 수 있다. 그러나 이 과정 중 몇 가지 장해물이 있을 수 있다. 예를 들어, 발달장애나 학습문제 유아는 더욱 자세한 모델링과 피드백이 요구될 수도 있다. 그리고 심한 인지장애유아의 경우 더 지속적이고 힘든 과정이 필요할 수도 있다.

또한 부모는 배설훈련에 요구되는 시간의 양과 노력에 어려움을 느낄 수도 있다. 그러므로 부모는 많은 피드백을 줄 여유가 있는 휴일이나 연휴 중에 이 과정을 시작하는 것이 최선일 것이다.

마지막으로, 아동은 이 과정이 너무 빨리 진행되면 이 과정을 거부할 수 있다. 따라서 부모는 아동 페이스로 해야 하고, 엄한 평가나 비현실적인 기대를 피하며, 아동이 변기에 대해 느낄 공포가능성을 점검해야 한다.

만일 아동이 변기사용을 거부한다면, 부모는 후에 배설훈련을 하는 방법도 고려할 만하다. 또 부모는 아동이 변비인지 점검해야 하는데, 보통 취학 전 아동은 하루에 약 한번의 통변운동을 한다. 만일 아동이 변비인 경우 광유와 섬유질을 식사에 추가하고 유제품을 줄인다. 관장약 사용 또한 도움이 될 수 있다.

만약 변기공포가 있을 경우 아동이 변기에 잘 접근할 수 있도록 하기 위해서 화장실에 접근하는 단계를 추가할 수 있을 것이다.

대부분의 아동은 아무런 문제없이 배설훈련을 잘 받을 것이다. 그러나 성공적인 배설훈련이 이후 배설장애를 예방한다는 보장은 없다.

4. 처방

배설장애 아동의 치료는 의학적 처방이나 심리학적 방법을 필요로 한다. 유뇨증 치료약은 방광을 둘러싸고 있는 근육들을 이완시키는 이미프라민과 같은 약물을 사용한다. 이미프라민은 종종 신속한 효과가 있다. 따라서 여행을 앞두어 증상을 빨리 치유할 필요가 있을 경우 유용한 중재법이다. 그러나 약 3분의 2는 재발한다. 또 데즈모프레신, 항이뇨호르몬은 코에 뿌리는 스프레이 식 처방법인데 효과나 재발률은 이미프라민의 효과 및 재발률과 비슷하다.

일차적 배설장애에서 경보기는 가장 효과적인 장기간 중재법이다. 아동을 경보기가 부착된 특별한 담요 위에서 자게 하는데 이때 경보는 아동방에 있을 수도 있고, 부모 방에 있을 수도 있으며, 두 방 모두에 있을 수도 있다. 아동이 자다가 오줌이 몇 방울 나올 때 경보가 시작된다. 그러면 아동이 방광이 꽉 찬 느낌을 자각하게 되고 적절하게 화장실에 가게 된다. 이때 아동은 방광이 꽉 찬 느낌으로 잠깨는 것과 화장실을 사용하는 것을 관련시키게 된다. 이 방법은 90% 정도 효과가 있다. 또 이 방법을 5주에서 12주 간격으로 한두 번 사용하면 재발률은 낮다.

배설장애아동을 위한 중재법에는 폐뇨(urine retention)훈련이 있다. 이 방법은 아동이 화장실을 사용할 때까지 기다리도록 하는 것이다. 이 방법은 아동이 배뇨를 인지적으로 그리고 신체적으로 통제하는 방법을 배우도록 하기 위한 것이다. 이때 변기에서 아동이 배뇨 중에 배뇨를 멈추는 연습을 하도록 할 수도 있다. 이 방법은 일부 아동에게는 효과적이지만 그렇지 않을 수도 있다

아동을 위한 중재방법으로 침대훈련이 있다. 밤에, 오줌 경보기를 준비하고 아동이 오줌을 싸지 않은 날에는 보상을 주고 오줌을 싼 날에는 경미한 벌을 준다. 아동이 오줌을 싸면 침대에 자기 전에 침대 시트와 옷들을 바꾸는 실습을 가르친다. 침대훈련은 효과적이긴 하지만 부모입장에서는 매우 불편하다.

제 14 장

환경원인에 의한 문제

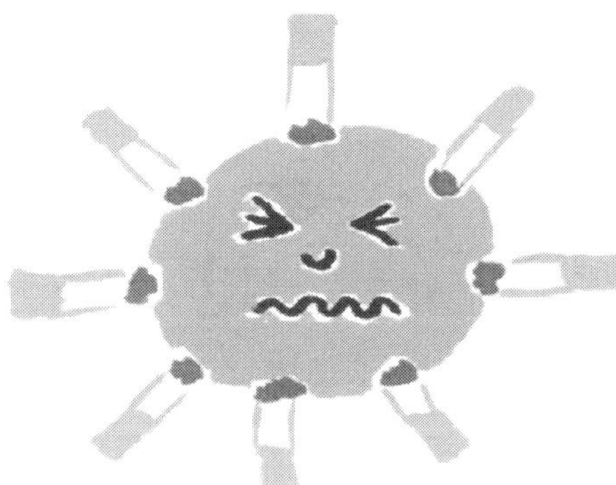

제 1 절 품행장애/공격성

품행장애는 아동이 나이에 맞는 주요기준이나 규칙을 지속적으로 그리고 반복적으로 위반하는 장애이다. 품행장애 아동의 특성은 아래와 같다.

1) 타인과 친근하게 지내지 않는다.
2) 싸움을 건다.
3) 무기를 사용한다.
4) 타인이나 동물을 신체적으로 잔인하게 대한다.
5) 도둑질을 한다.
6) 성적공격을 한다.
7) 기물을 파괴한다.
8) 불을 지른다.
9) 거짓말을 한다.
10) 밤에 나다난다.
11) 가출을 한다.
12) 학교를 거부한다.

품행장애의 하위유형은 기물파괴유형, 공격유형, 폭행유형, 적대행동유형 등으로 구분한다. 또 장애는 10세를 기준으로 하여 아동기와 청년기 장애로 구분할 수 있다.

즉 10세 이전에 나타나면 아동기 품행장애, 10세 이후에 나타나면 청소년기 품행장애에 해당한다. 장애의 심각성정도는, 경증, 보통, 중증 등으로 구분될 수 있다.

1. 진단

품행장애 아동을 평가할 때에는 여러 가지 정보를 수집하여야 한다. 그 이유는 품행장애가 타인에게 부정적인 영향을 주거나 부정적인 상호작용이 종종 나타나기 때문이다. 또 평가는 행동이 본질적으로 과다한 것인지, 행동의 심각성, 범위, 행동을 유지시키는 변수, 행동에 대한 부모의 반응, 현재의 행동, 주의력 결핍/과잉행동장애와 같은 병리에 대하여 초점을 두어야 한다.

표 14.1 사정방법

방 법	내 용
자기보고	11세부터 18세까지의 청소년이 자기자신내부와 외현화 행동에 대하여 평가하는 것이다.
부모평가	보통 CBCL이 이에 해당한다.
직접관찰	해당아동이 환경과 어울리는 모습을 직접 관찰하면 가족과 또래 상호작용, 산만한 행동의 전후관계, 강화의 기회 등에 대하여 더 많은 정보를 얻을 수 있다.

또 품행장애 아동을 사정하기 위해서는 다양한 방법으로 수집된 정보에 의하여, 다양한 사정 방법을 사용한다. 그와 같은 방법에는 아동자신의 보고, 부모, 교사의 보고, 수업과 위반기록 검토, 그리고 가능하다면, 직접관찰 등이 포함된다.

1) 자기보고

아동 자기보고의 경우에 품행장애 아동 사정에서 사용되는 일반적 방법은 두 가지가 있는데 이는 아동의 자기보고와 우울목록이다. 1) 아동자기보고는 11세부터 18세까지의 청소년이 자기자신내부와 외현화 행동에 대하여 평가하는 것이다. 2) 우울 목록은 최근 우울증과 표출행동(예: 싸움)에 대한 아동자신의 평가이다.

2) 부모 평가

보통 부모의 평가도 사용되는데, 이는 보통 CBCL이 이에 해당한다. 부모의 태도나 기대의 측정도 유용한데 그 이유는 부정적인 부모태도나 부모의 비현실적인 기대가 때때로 장애아동의 문제를 야기하지 않았는가도 예측할 수 있도록 해주기 때문이다. 교사의 응답도 CBCL 등으로 사용할 수 있다.

3) 직접관찰

마지막으로 직접행동관찰은 가족간의 교류를 사정하는데 유용하다. 해당아동이 환경과 어울리는 모습을 직접 관찰하면 가족과 또래 상호작용, 산만한 행동의 전후관계, 강화의 기회 등에 대하여 더 많은 정보를 얻을 수 있다. 또 직접적인 관찰을 하게 되면 1) 아동의 행동이 입원치료를 할 만큼 심각한가, 2) 부모의 학대가 있었는가 등에 대한 정보를 얻을 수 있다. 또 직접적인 관찰을 통하여 가족의 희망과 능력에 대한 편차를 발견하여 행동변화를 시키도록 해줄 수 있다.

2. 원인

행동장애는 복잡하고 중복된 원인을 가지고 있다. 즉, 생물학적, 심리학적 변인이 이 장애와 관련되어 있다. 이러한 원인은 어떤 경우에는 끄집어내기 어렵고, 생물학적인 요인의 조합과 환경문제들 때문에 찾아내는데 방해가 되기도 한다.

예를 들어 경우에 따라 원인은 가족환경도 열악하면서 유전적, 신경학적 요인들이 상호작용 되어 나타나기도 한다. 생물학적 원인에 관련하여 특정유전인자가 품행장애나 공격성과 관련이 있다는 확실한 증거는 없다. 대신에, 어떤 유전인자 형태를 가진 사람이 반사회적으로 되는가에 대한 것보다는 가족요인이 더 좋은 예측요인일 것이다.

표 14.2 품행장애의 원인

원 인	내 용
유전요인	개인의 기질과 흥미추구 신경전달물질인 세로토닌 수준 등이 바뀌어 품행장애가 일어날 수 있다.
생물학적요인	특히 남자 아동에게는 도파민, 내분비변화, 이상두뇌 패턴 인지능력에 영향을 미치는 소 중추신경시스템, 신체적 반응의 증가 자동자각 수준의 정상수준이하 등이 품행장애와 관련이 있다.
가족요인	품행장애는 부부불화, 가족역기능 그리고 아동 양육의 소홀의 경우 대부분 나타난다.
심리적요인	덜 공격적인 아동과 비교하여 보다 공격적인 아동은 보다 자기중심적이고, 미숙한 문제 해결력, 그리고, 미숙한 도덕 추리력을 보이는 경향이 있다.

1) 유전요인

유전요인에서 개인의 기질과 흥미추구 신경전달물질인 세로토닌 수준 등이 바뀌어 품행장애가 일어날 수 있다. 실제로 순한 기질의 아동은 일반적인 행동문제와 관련이 있었다. 세로토닌 수준이 낮으면 우울증을 보이는데 품행장애 청소년들 대부분 우울증을 보인다.

2) 생물학적 요인

다른 생물학적 요인들 역시 특히 남자 아동에게는 도파민, 내분비변화, 이상두뇌 패턴 인지능력에 영향을 미치는 소 중추신경시스템, 신체적 반응의 증가 자동자각 수준의 정상수준이하 등이 품행장애와 관련이 있다.

자율자각신경에 관련하여 품행장애 청소년은 위험을 감수하고 스릴을 추구하는 행동에 몰두하는데 이는 생물학적 지각수준을 증가시키려 하는 것이다. 그래서 어떤 사람이 불법적인 행동을 계속된 벌에도 불구하고 자꾸 하는 이유가 이와 같은 감각적 강화 때문일 수 있는 것이다.

3) 가족요인

생물학적 요인이 품행장애에 있어 원인역할을 담당한다 할지라도, 가족이나 심리적 변수 역할이 더 클 것이다. 실제로, 품행장애는 부부불화, 가족역기능 그리고 아동 양육의 소홀의 경우 대부분 나타난다. 예를 들면 후자에 관하여 품행장애아동 부모는 종종 반사회적 행동이나 알코올 중독 또는 기타문제를 가지고 있다.

이들 행동은 유전적인 요소를 가지고 있을 수도 있는데 아동이 어른에 의하여 모델화되거나 과다행동을 나타내게 하는 조건을 만들어낼 수도 있다. 이와 같은 관계 메커니즘은 언뜻 보기에도 당연해 보인다. 즉, 부모의 붕괴에 대한 스트레스가 아동에게 어려움을 줄 것이다. 특히 남자아동인 경우에는 부부싸움이나 이혼에 대하여 공격이나 반항으로 반응한다. 그러나 반대로 아동의 표출행동이 먼저 나타나고 그 이후 부부간에 훈육과 다른 문제에 대하여 부부간에 양육상 의견 불일치가 생겨 부부싸움 등이 될 수도 있다. 인과 관계가 반대일 수 있는 것이다. 예를 들어, 학대받지 않은 아동보다 학대받은 아동의 경우에 성인이 되어 범법으로 체포된 경우가 2배나 많았다.

학대가 행동아동에게 어떻게 영향을 미치는가에 대한 메커니즘은 아직 불분명하다. 그러나 모델링, 불협화음, 남용으로 인한 아동의 두뇌심리의 심각한 변화 등의 가능성을 생각해 볼 수 있다.

4) 심리적 요인

마지막으로, 아동의 심리적 요인이 품행장애에 공헌할 것이다. 덜 공격적인 아동과 비교하여 보다 공격적인 아동은 보다 자기중심적이고, 미숙한 문제 해결력, 그리고, 미숙한 도덕 추리력을 보이는 경향이 있다. 청소년의 경우, 정신질환도 반사회적 행동과 관련이 있다. 아동이 품행장애를 계속해서 지속하는 이유는 생물학적 자극이 정상인보다 낮은 청소년들에게 감각적인 강화제가 역할을 했을지도 모른다. 이 경우에, 어떠한 행동으로 자극이 증가하여 약물, 속도위반, 성공격, 싸움, 과잉행동 등을 보일 것이다. 또한 어떤 청소년은 학대상황을 탈출하기 위해서 학교거부, 불복종, 가출, 사회적 위축 등의 반사회적 행동을 할 수 있다.

5) 종합

아동행동문제에 관련하여 어떤 행동의 외현화를 일으키는 요인은 크게 공격성, 비행이다. 공격행동에는 논쟁, 허풍, 복종시키기, 싸움, 소리 지르기, 뽐내기, 수다, 놀리기, 기질손상, 위협하기가 해당한다. 이들 행동은 사회적 관심으로 행동장애가 일어날 수 있다. 왜냐하면 이는 대부분이 상호작용을 요구하고 있거나 부모, 교사 등으로부터 부정적인 관심을 요구하고 있기 때문이다.

다른 요인에는 비행이 있는데 이는 반사회적인 행동으로서 거짓말하기, 사기치기, 불 지르기, 도둑질, 술과 약물사용, 주거 침입 등이 이에 해당한다. 이들 행동은 가시적인 보상이 품행장애를 야기시킬 수도 있다. 예를 들어 10대는 가게에서 물건 훔치기, 주거 침입, 옷, 음식 등을 사기 위해 거짓말하기 등이 이에 해당한다.

품행장애를 유지시키는 원인을 알게 되면 최선의 치료방법을 선택할 수 있다. 예를 들어 만일 공격적인 10대의 탈출동기가 사회관심을 유발하기 위한 것이었다면 그 처방은 청소년, 부모, 관련자에 대한 처방에 초점을 두어야 할 것이다.

그러나 만일 공격적인 10대가 감각 강화제나 가시적인 보상으로 동기를 받았다면 처방은 보다 구체적인 해당 청소년에게 두어야 할 것이다. 물론 많은 청소년은 여러 가지 이유로 품행장애를 보인다. 이 때문에 치료가 복잡해진다.

3. 예후

품행장애는 유아기에 시작하여 청소년기 성인기에 이르는 긴 시간 지속될 수 있다. 예를 들어 배타적인 기질이나 사회정보처리 결핍 등은 부모와의 애착에 손상을 줄 수 있고, 빈곤한 경제조건이 지적자극과 영양공급에 제한이 될 수도 있으며, 가족의 역기능이 아동의 관심추구와 공격행동을 촉진할 수도 있고, 생활에 있어 스트레스와 또래거부 등이 우울증 증상을 일으킬 수 있고, 교육을 제대로 받지 못한 점이 문제 해결력을 갖지 못하게 되는 원인이 될 수 있다. 이와 같은 아동 패턴은 반드시 품행장애를 일으키는 요인이 되지는 못하지만 이러한 것들이 있었다면, 그 증세는 보다 심각하고 지속적일 것이다.

표 14.3 품행장애의 예후

구 분	내 용
청소년기	아동은 쉽게 자기 이성을 잃으며, 분노하고 화를 내며 논쟁하고 타인을 괴롭히며, 자기잘못에 대하여 남을 나무란다. 이와 같은 아동은 적대적이며 과잉으로 민감하다.
성인	품행장애 청소년이 어른이 되면 더 이상 공격성이나 범죄행위를 하지 않게 된다. 그러나 이들 중 심각한 장애를 가졌던 사람들의 50% 가까이는 반사회적 인격장애(Antisocial Personality Disorder : APD)증상을 보인다.
공격성과 범죄	공격성은 후에 청소년범죄의 좋은 예측변수가 된다.
성별차이	소녀의 범죄는 소년들보다 덜 공격적이지만 더 오래 지속되는 것으로 나타났다.

1) 청소년기

청소년기 품행장애요인으로는 적대적 반항장애(oppositional defiant disorder)이다. 이 적대적 반항장애의 특징은 부정적이고 반항적이며 불순종하고, 어른에 대하여 적대행동을 하는데 이는 최소 6개월 이상 이와 같은 행동을 하는 경우에 해당한다. 또 이 아동은 쉽게 자기 이성을 잃으며, 분노하고 화를 내며 논쟁하고 타인을 괴롭히며, 자기잘못에 대하여 남을 나무란다. 이와 같은 아동은 적대적이며 과잉으로 민감하다. 이와 같은 행동은 시간이 지남에 따라 더욱 악화되며, 이것이 공격성과 가족의 역기능들이 합쳐지게 되면 더 심하게 청소년기

범죄가 된다.

품행장애 부모/가족변수와 불복종 공격성간 관계에서, 청소년은 부모에 의하여 우연히 공격성과 불복종을 배우게 된다. 이것이 어떻게 일어나는가에 대한 시나리오는 두 가지가 있을 수 있다. 하나는 정적강화의 경우인데, 아동이 처음에 불복종이나 공격성을 보였을 때 부모는 그 아동에게 이를 하지 못하도록 하기 위하여 뇌물을 주거나 보상을 하게 된다. 또 부모는 그 아동 행동문제에 대하여 타인(예 학교당국자)을 비난할 수도 있다.

또 하나는 부적강화의 경우인데, 아동이 1) 자기가 원하는 것을 얻기 위하여 또는 2) 그가 원치 않는 뭔가에서 벗어나기 위하여 불복종이나 공격성을 시작한다. 여러 번의 논쟁을 한 끝에 부모는 결국 아동의 잘못된 행동에 굴복하게 된다. 이 두 가지 경우로 아동은 성공적으로 불복종이나 공격성으로 가족 구성원을 지배하는 법을 배우게 된다. 이는 점점 아동이 나이를 먹어감에 따라 심하게 된다.

2) 성인

품행장애 청소년이 어른이 되면 더 이상 공격성이나 범죄행위를 하지 않게 된다. 그러나 이들 중 심각한 장애를 가졌던 사람들의 50% 가까이는 반사회적 인격장애(Antisocial Personality Disorder : APD)증상을 보인다. APD는 극도의 사회부적응, 규칙불순응, 속임수, 충동, 공격, 무책임, 반성부족 등의 증세를 보인다. 이는 심각한 인격장애(personality disorder)인데 중년기에는 경감되지만 노년기에 다시 나타난다.

아동의 반사회적 행동은 성인기 반사회적 행동과 부족한 심리사회적 기능에 좋은 예측변수이다. 또한 교사가 공격적이라고 한 아동은 그렇지 않은 아동과 비교하여 성인이 되어 더욱 공격적이었으며, 보다 더 범죄행위를 하였다. 약물남용이나 실업문제와 같은 장기간 그리고 만성적인 문제들은 아동기 청소년 공격성과 관련이 있다. 소년원에서 추가적인 지원서비스가 부족할 경우 결국 공격성을 부축이고 범죄행위를 증가시킨다.

3) 공격성과 범죄

아동의 공격성은 후에 청소년범죄의 좋은 예측변수가 될 것으로 보인다. 물론 많은 다른 변수들도 문제에 영향을 미칠 것이다. 분명 공격성만이 있는 것이 청소년 범죄로 갈 것이라고는 단정할 수는 없다. 권위적인 양육태도, 공격성에 대한 적절한 벌, 긍정적인 사회행동에 대한 강화, 그리고 사회적 학습적응력 등은 이와 같은 청소년 품행장애를 예방할 수 있을 것이다.

4) 성별 차이

소녀는 일반적으로 소년보다는 늦게 청소년 범죄를 하는 것으로 알려져 있다. 그러나 소녀의 범죄는 소년들보다 덜 공격적이지만 더 오래 지속되는 것으로 나타났다. 소녀의 품행장애증상은 성인기에 반사회적 행동보다는 불안(anxiety)과 우울증(depression)의 원인이 된다.

4. 예방 및 처방

청소년 범죄는 예방이 중요하다. 왜냐하면 품행장애 청소년을 처방하는 것은 매우 어렵고 성공하기가 쉽지 않기 때문이다. 이는 문제가 복잡하고 그 정도가 심하며 지속적이다. 그리고 종종 가족의 역기능을 가져온다. 그러나 만일 처방이 된다면 부모-가족처방, 사회-인지처방, 또래-학교중심처방, 공공사회중심(예: 거주지역)처방 등의 방법으로 한 경우일 것이다.

부모가족중재는 일반적으로 상황관리나 집에서 아동의 행동을 변경시키기 위한 부모 훈육 등의 방법이다. 부모는 부적절하고 반사회적인 행동을 없애고 적절하고 사회적인 행동을 하도록 사회적, 가시적인 강화제를 제공하는 방법을 배운다. 여기서 사용될 수 있는 기법은 계약과 부모지시의 재설정, 일상적인 일의 구성, 더욱 밀접하게 아동에 접근하여 통제하는 방법 등이다. 가족구성원간의 의사소통기술훈련도 치료방법으로 사용된다.

제 2 절 가족문제와 적대적 반항

적대적 반항아동은 주로 가족문제로 양산되는데 적대적 반항장애는 윗사람에 대한 부정적, 반항적, 불순종 등 적대행동을 보인다. 적대적 반항장애의 특성은 아래와 같다.

1) 빈번히 침착성을 잃는다.
2) 화를 낸다.
3) 보복적이다.
4) 어른과 싸움을 한다.
5) 불복종 모습을 보인다.
6) 다른 사람을 괴롭힌다.
7) 자기실수와 잘못된 행동을 다른 사람 탓으로 돌린다.
8) 다른 사람의 행동에 과잉반응 한다.

적대적 반항장애 아동은 같은 또래 일반아동보다 반항행동이 명백히 더 심하게 나타나고 이런 행동으로 상호작용관계나 학교수업과 같은 기능영역에서 손상을 보인다.

1. 진단

1) 상담

갈등과 적대적 반항아동 가족을 사정할 때, 가족 구성원들에게는 1) 가정 내 문제내용, 2) 가족 구성원이 의사소통하고, 문제를 해결하며, 그들이 원하는 것을 얻으려하는 과정에 대하여 상담하는 것이 중요하다. 질문을 통하여 다른 가족 구성원에 대한 호불호(好不好), 주다툼 주제, 일에 동의하도록 가족을 강압적으로 하는 방법, 다툼이나 불복종 전후 상황, 현 가족 문제에 대한 각 가족 구성원의 인식 등을 알아낸다.

상담은 주로 과정 질문에 초점을 두어야 하는데 과정질문이란 다툼 방법, 타인과의 의사소통효과, 가상시나리오 등이다. 예를 들어 가족 다툼, 분노를 의사소통하는 방법, 타인 분노에 대한 반응, 가족구성원 행동에 대한 느낌, 문제해결방법, 변화의 목표, 이상적인 상황, 싸움 예방, 가족의 역동성, 가족규칙, 그리고 아동에 대한 부부간 상의 등을 알아낸다. 가족 스타일과 가족 역동성을 사정하는 데는 여러 가지 다양한 사정도구를 사용할 수 있다.

2) 관찰

직접관찰방법 역시 가족역동성과 의사소통 패턴을 사정하는데 특히 서로 부정하는 사람을 사정하는데 좋은 방법이다. 예를 들면 역기능적인 가정은 맹목적이고 의심스러운 의사소통을 구어나 비구어로 하여 갈등을 일으킨다. 직접관찰은 기록표로 하고, 오디오 테이프이나 비디오 테이프로 후에 가족의 상호작용이나 의사소통(적대, 신경, 긍정적인 면 등)을 알아보기 위하여 부분적으로 사용할 수 있다.

이 때 일반적으로 비공식적으로 사무실에서 가족의 구성원을 관찰한다. 이 경우 정적인 가족 상호작용을 저해하는 비구어적 행동을 관찰한다. 이 과정을 통하여 역기능적인 가족 패턴을 확인한다.

2. 전개과정

표 14.4 적대적 반항의 전개과정

전개과정	내 용
밀착가족과 고립가족	밀착가족은 다른 가족의 생활에 관여하는 모습이다. 이런 가족 타입은 분리불안, 긴장, 과잉통제, 적대감 등이 나타난다. 또 고립된 가정은 외부 가족과의 접촉을 피하고 아동이 대부분의 시간을 부모와 함께 보내고 다른 활동에는 거의 관여하지 않는다.
갈등가족	갈등을 겪는 가족은 지속적인 다툼과 앙심을 보인다. 의사소통과 문제해결전략이 손상되어 있으며, 가족구성원간에 인지가 왜곡되어 있는 것이 보통이다.
의사소통문제 가족	의사소통문제는 이해하기를 거부하거나 타인의 견해에 대하여 이해를 하지 않는데서 나올 수 있다.
역기능가족	역기능적인 가족은 과거, 해결될 수 없는 일, 복잡한 문제에 우선적인 초점을 두는 경향이 있다.
가족시스템	가족 시스템이론에서는 가족시스템의 역기능적 발달 모델을 제시한다.

1) 밀착가족과 고립가족

가족패턴 중 밀착가족은 가족구성원간의 기초가 혼란스럽고, 각 구성원들이 전반적으로 다른 가족의 생활에 관여하는 모습이다. 이런 가족 타입은 분리불안,

긴장, 과잉통제, 적대감 등이 나타난다. 또 고립된 가정은 외부 가족과의 접촉을 피한다.

결과적으로 아동이 대부분의 시간을 부모와 함께 보내고 다른 활동에는 거의 관여하지 않는다. 이런 가족 타입에서는 가족간 의사소통이 거의 없으며, 상황이 절대적으로 필요할 경우에만 의사소통하게 된다.

2) 갈등가족

갈등을 겪는 가족은 지속적인 다툼과 앙심을 보인다. 의사소통과 문제해결전략이 손상되어 있으며, 가족구성원간에 인지가 왜곡되어 있는 것이 보통이다(예: 해 하려는 의도가 있다고 생각함).

행동문제를 가진 가족 또한 다양한 가족 역기능 패턴을 보일 수 있다. 의사소통 문제는 한 가족구성원이 다른 가족구성원에게 말할 때 그 말을 한 가족이 왜곡하여 발생한다. 예를 들면 아버지는 가족의 정적 변화를 위하여 그의 바램을 말하는 습관이 있다.

즉 때때로 그는 한숨을 쉬며 허망하게 바라다본다. 그러나 가족 중에 어느 누구도 그의 말을 믿지 않으며 모두는 그 결과로 좌절한다. 또 의사소통문제는 수동적이고 거의 대화를 하지 않는 가족 구성원 때문에 발생할 수도 있다.

문제는 다른 가족 구성원간의 연합에 대하여 거의 광적으로 과대하게 걱정을 하는 가족구성원에 의하여 생겨날 수도 있다.

3) 의사소통문제가족

의사소통문제는 이해하기를 거부하거나 타인의 견해에 대하여 이해를 하지 않는데서 나올 수 있다. 예를 들어 한 가족 구성원이 다른 구성원에게 무슨 말을 하면 그 가족 구성원은 이 말을 곡해하였거나 무시하거나, 뭔가 다른 의미로 생각할 수 있다. 그래서 최종행동은 의사소통과 유추의사소통간의 차이를 보이거나 실제 메시지와 메시지 속에 숨어 있는 진짜로 말하려 한 것 사이의 차이를 보여주게 되는 것이다. 이런 문제는 의사소통과 유추 의사소통의 차이가 크게 다를 때 쉽게 발전한다.

기타가족 의사소통문제는 고자질, 방해, 제3자를 통한 의사소통, 단순한 의사소통을 대신에 강의식이나 명령, 빗나간 대화, 과거 이야기, 지식, 위협, 놀리기, 대화 독점, 그리고 물론 침묵도 있다.

4) 역기능 가족

역기능적인 가족은 과거, 해결될 수 없는 일, 복잡한 문제에 우선적인 초점을 두는 경향이 있다. 예를 들면 과거 사건에 의한 옛날 상처, 학교에서의 과거사건 등은 문제해결에서 제기할 수 없는 일들이다. 그럼에도 불구하고 그런 일을 현재에 와서까지 벌주기 위하여 거론한다. 또 문제해결전략을 마련하는 데 있어 1) 가족구성원이 다른 사람이 자신의 특정 해결책을 받아들이도록 강요, 2) 너무나 애매하고 자기중심적인 해결책 제시, 3) 유연성을 보여주지 않음, 4) 과정 중에 좌절하고 포기함으로 인하여 주춤하게 된다.

역기능적인 가족패턴은 부모와 아동이 가지고 있는 인지왜곡으로 인하여 야기되고 악화된다고 한다. 부모 측면에서 이러한 인지왜곡의 예는 파멸, 복종, 완벽주의, 자책, 악의 등이다. 파멸이란 아동에게 자유를 주면 재앙이 오게 될 것이라는 믿음이다. 복종은 아동은 부모가 한 모든 지시에 따라야 한다는 신념이다(규준은 75-80%이다). 완벽주의는 아동은 언제나 모든 결정에 대하여 올바로 결정하고 알아야 한다고 믿는 신념이다. 자책은 아동이 실수를 하면 부모의 책임이라고 믿는 신념이다. 악의는 아동은 언제나 부모에게 화나게 하고 괴롭힌다고 믿는 신념이다.

인지왜곡은 아동에게서도 나타날 수 있다. 이에는 공정성, 파멸, 자율, 승인 등이 포함된다. 공정성은 부모가 규칙을 적용하는 데 있어 공정치 못하다는 인지왜곡이고, 파멸은 가족규칙이 가족의 상태 자신의 생활, 자신의 친구를 파멸시킨다는 믿음이다. 자율은 자기가 원하는 대로 하여야 한다는 신념이며, 승인은 부모를 화나게 하는 일은 하지 말아야 한다는 신념이다.

비록 가족 역기능 패턴이 의사소통 상 어려움, 문제해결, 인지 등으로 야기되고 악화되기는 하지만, 이들 어려움은 하루아침에 발전되지는 않는다. 사실, 반항이나 심한 갈등을 일으키는 가정에서는 장기간의 부적절한 양육 패턴, 강요, 기타 역기능 등이 보통 나타난다. 불행하게도 일부 가정들은 이를 받아들이길 꺼려하거나, 가족 구성원이 나쁘게 보이는 것을 노출시키기를 꺼려한다.

강압모델에 따르면 아동의 반항과 가족갈등은 잘못된 정적, 부적 강화에 의하여 점차 발전된다고 한다. 예를 들어, 부모는 싫다는 아동에게 명령(예: 학교가라)할 수 있다.

그 다음엔 아동의 행동을 비난하고, 아동이 타인에게 불복종하는 것을 나무란다(예: 학교). 또 아동에게 지시를 따르도록 하거나 과제를 따르도록 뇌물로 매수를 한다(예: 아동 침실을 청소해 준다). 여기에서 아동은 자신의 불복종에 대하여 정적으로 보상을 받고 반항 패턴이 계속되어 시간이 거듭되면서 악화된다.

또 부모는 아동이 거부하면 명령법을 사용한다. 그러나 이 경우에 부모가 아동에게 자신의 의사를 따르도록 강요하기 때문에 아동과 부모간에는 큰 소리가 나게 된다. 어떤 경우 부모가 순종을 강요하기 위하여 물리적인 벌을 사용하기도 한다.

그러나 이는 비효율적이다. 또 어떤 경우에는 아동이 순종하는 것을 포기하게도 된다. 여기에서 아동은 부적으로 불복종에 대하여 강화가 된다(아동에게 일을 경감시켜 준다. 예: 자신의 방을 청소한다). 시간이 지나면서 아동은 모든 일에서 불복종이나 짜증을 계속 부리면 된다는 생각을 갖게 된다.

5) 가족시스템

가족 시스템이론에서는 역기능 발달 모델을 제시한다. 이 이론은 행동상황에 대한 초점 대신 가족은 일련의 발달 단계 즉, 1) 결혼, 2) 초산(가족시작), 3) 자녀 학교 입학과 부모의 근로와 가정 노동에 대한 재협상(학령기 가정), 4) 청소년기 아동과 양육역할에 대한 도전(청소년가정), 5) 아동이 집을 떠나고 대학에 다님(진출가정), 6) 부모은퇴와 손자와의 상호작용(양육 후 가정) 등을 통하여 진행된다고 본다.

대부분 가정은 고통을 겪으면서 이 단계를 거친다. 대부분의 문제는 해결되며 가정은 점차 앞으로 나아간다. 그러나 어떤 경우에는 한 단계에서 고착되어 있을 경우도 있고, 중요한 문제를 해결하지 못하는 경우도 있다. 따라서 가족에게 한 단계에서 다음단계로 성장이 제한된 문제를 부분적으로 해결할 수 있도록 돕는다.

발달상 문제는 특별한 가정에서 발생할 수 있다. 즉, 1) 별거와 이혼- 슬픔, 친구 잃음, 가족 반응 자존심등에 대하여 면밀히 고려하여야 한다. 2) 편모, 편부-가족을 재구성하고, 새로운 사회지원 네트워크, 죄의식과 분노의 해결에 노력하여야 한다. 3) 전과자-새로운 친밀감 형성과 외부인과의 갈등 등을 고려할 필요가 있다. 4) 재혼-새로운 가족력을 구성하고 기초적인 시스템을 구축할 필요가 있다.

가족 시스템 치료에서는 갈등과 아동행동문제를 야기하는 요인을 해결하고자 가족간의 다양한 동맹관계가 장기간 갈 경우 문제가 된다고 한다. 이 중 하나가 삼각관계인데 가족 중 두 명이 서로 의견이 일치되지 않을 경우 가족의 제3자에게 물어서 중재하고 하나를 선택하게 하는 방법이다. 예를 들어 어머니와 딸 사이에 갈등의 관계가 있을 경우에 아버지에게 물어서 언쟁을 결정하도록 하는 방법인 것이다. 삼각관계인 경우 아버지는 동요할 수도 있고, 지지를 한쪽에서 다른 한쪽으로 이동할 수도 있으며, 그 스스로 거부를 하고자 할 수도 있다.

또 하나의 문제 동맹은 제휴인데, 이는 둘 이상의 가족 멤버가 다른 사람에 대하여 연합으로 반대하는 것이다. 이는 두 아동이 다른 아동을 괴롭히거나, 대가족의 경우에, 조부모와 손자들이 부모에 대하여 제휴하는 것이다(예: 세대간 동맹). 아동은 부모의 행동을 변화시키기 위하여 자신들끼리 제휴할 수도 있다. 예를 들면, 어떤 아동은 부모에게 부부싸움을 그만 두게 하고자, 아동의 행동에 대하여 즉각적인 관심을 얻고자 학교에서 거친 행동을 할 수 있다. 물론 가족간 제휴의 경우 부모가 아동을 양육하기 위하여 효과적으로 연합하였을 경우에는 적절하다.

3. 처방

표 14.5 가족치료방법

방 법	내 용
상황관리	부모가 아동의 잘못된 행동을 다루는데 서로 지속적이며 효과적으로 다루는 방법을 가르치는 과정이다.
의사소통훈련	가족구성원이 서로 간에 이야기하는 것을 적절히 듣는 방법을 증진시키기 위하여 사용.
재구축	치료자가 가족 구성원에게 부정적인 말을 바꾸도록 하여주고, 문제를 더 긍정적으로 보도록 바꾸어주는 것이다.

가족을 위하여 사용한 가족치료의 처방법은 1) 상황관리에 관련한 부모교육, 2) 가족 의사소통과 문제해결훈련 3) 계약, 재구성, 역설적 중재 등이다.

1) 상황관리

상황관리는 부모가 아동의 잘못된 행동을 다루는데 서로 지속적이며 효과적으로 다루는 방법을 가르치는 과정이다. 이 상황관리는 부부에게 매우 필요한 요소인데, 집안 규칙을 정하고 이들 규칙에 대하여 공동으로 강화하며, 결과통제를 부부가 같이 하도록 하기 위한 것이다. 따라서 치료는 처음에 가족구성원과 관련한 모든 집안 규칙의 윤곽을 잡아준다. 예를 들어 잠잘 시간, 숙제, 집안일 등에 대한 세분화된 규칙을 정한다. 또 불복종 결과도 정한다. 모든 가족 구성원이 이에 동의하게 하며, 이 사본을 냉장고 등에 게시하게 한다.

상황관리에는 또한 부모가 아동에게 지시하는 행동을 변화시키기 위한 것도 해당한다. 이 경우 치료는 부모가 아동에게 명령하는데 간단명료하게 한번만 반복하는 것에 초점을 둔다.

치료는 정기적으로 집안 가족규칙과 그로 인한 집안 문제에 대하여 다시 살펴본다. 예를 들어, 초기에 쓰레기 치우는 문제에 대하여 혼동이 있어서 치료는 각각 요일을 달리하여 남자에게 쓰레기 치우는 날을 정하여 줄 수 있다. 또 치료는 부모가 아침저녁에 정기적으로 하는 일상생활을 정할 필요가 있다는 점을 지적하기도 한다.

2) 의사소통훈련

의사소통훈련은 가족구성원이 서로 간에 이야기하는 것을 적절히 듣는 방법을 증진시키기 위하여 사용되는 것이다. 처음에 치료사는 가족을 위한 기본 규칙을 정한다. 예를 들어 대화 시에 이름을 부르지 않는다든지 타인을 방해하지 않는 것 등이다. 그 다음에 한가족구성원이 말을 하고 다른 가족구성원들이 이를 듣는다. 다음에 그가 말한 것을 가족구성원들이 차례로 부연 설명한다. 이 과정은 집중과 듣기기술을 향상시켜, 한사람의 의견을 모든 사람이 듣도록 하고, 모든 가족이 그 사람의 관점에 몰두할 수 있게 하는 것이다. 듣고 해석하는데 있어 발생하는 문제는 치료자가 중재하게 되는데, 치료자는 교정피드백을 제공하기 위하여 일시적으로 과정을 중지시키거나 중재를 한다.

의사소통 기술 훈련은 단기대화를 개발시키는 데 초점을 둔다. 이 훈련은 한사람이 한두 가지 언급을 하고 다른 사람이 들으며, 그가 말한 것을 다른 사람들이 부연 설명하고, 처음에 말한 사람이 성실히 듣고 반응하는 것이다. 이 과정 중에 치료자가 말의 내용과 말하는 방법에 대하여 피드백을 제공한다.

두 사람이 서로 말하기를 원치 않을 경우에는, 치료자가 일방의 역할을 맡아서 그 일방이 보고 있는 가운데 그 사람과 대화를 한다. 그 다음에 진보된 의사소통 기술 훈련을 하게 되는데 이는 보다 광범위한 대화, 경의찬사와 같은 정적인 말, 타인의 견해에 대한 이해의 표현에 대하여 초점을 둔다.

의사소통기술훈련과 마찬가지로 문제해결훈련도 매우 필요하다. 여기에서 특정 문제를 가족이 제기하고 모든 가족 구성원이 이를 해결하기 위하여 가능한 한 많은 해를 적어간다(브레인스토밍). 여기에서 해결책이 터무니없어도(예: 파출부를 고용한다) 이를 적어둔다. 해결할 문제의 선택은 먼저 쉽고 작은 문제를 다루어서 가족이 성공적으로 수행할 수 있게 한다.

3) 재구축

가족치료는 가족의 역동성을 향상시키고 문제를 해결하는데 다른 기법을 사용할 수도 있다. 이들 기법에는 유관계약, 재구축, 역설적 중재법 등이 있다. 계약은 종종 아동과 부모간의 갈등을 통제하는데 사용되는데 치료사가 제공한 문서화된 계약서에 동의한다. 계약서에는 각각의 책임뿐만 아니라 이 조건에 따르거나 따르지 않을 경우 정적인 결과와 부적인 결과를 포함한다. 이 방법의 이점은 청소년에게 협상을 할 수 있게 하여주고, 모든 가능한 견해가 고려된다는 점이다.

재구축은 치료자가 가족 구성원에게 부정적인 말을 바꾸도록 하여주고, 문제를 더 긍정적으로 보도록 바꾸어주는 것이다. 예를 들어, 학교를 빼먹은 아동이라고 말하는 것보다 부모와 더 많은 시간을 가지고 싶어 한다고 말하는 식으로 재구축하는 것이다.

마지막으로 역설적 중재는 가족 구성원에게 가족의 역동성을 보여주기 위하여 종종 사용하는 방법이다. 예를 들어, 아동에게 그렇게 함으로써 부모가 관심을 가질 수 있도록 가능한 한 많이 짜증을 부리도록 하게 하는 것이다.

제 3 절 외상후스트레스 장애

PTSD(Post Traumatic Stress Disorder)는 극심한 외상성 스트레스사건에 노출된 이후 수반하여 나타나는 증상이다. 이러한 외상성 사건에는 아래와 같은 것들이 있다.

1) 실제적이거나 위협적인 죽음이나 심각한 상해
2) 개인의 신체적 안녕을 위협하는 사건에 대한 개인의 직접적인 경험
3) 타인의 죽음, 상해, 신체 건강을 위협하는 사건의 목격
4) 가족이나 친지의 예기치 못한 무자비한 죽음이나 심각한 상해
5) 경험한 죽음이나 상해 위협

PTSD는 외상에 대한 극심한 공포, 무력감, 고통이 동반되는데, 소아의 경우는 이런 반응 대신에 지리멸렬하거나 초조한 행동을 보인다. 성폭력을 당한 사람에게 수반하는 외상 후 스트레스 장애와 관련된 증상은 자기 파괴적 행동, 충동적 행동, 부끄러움, 우울 행동, 사회성 문제, 위협받고 있다는 느낌, 상처 입었다는 느낌, 그리고 성격 변화 등이 있다.

외상후스트레스장애는 외상(충격) 사건이 기억, 꿈, 그리고 그에게 그 충격을 상기시키는 단서에 직면했을 때 재현감이나 생리적, 심리적 고통의 형태로 끊임없이 재 경험하게 된다는 것이다. 소아는 자기가 일찍 죽을 것이라거나 자신이 부정적인 사건을 예견할 수 있다는 믿음을 나타내기도 하며, 반복적인 놀이를 통해 외상을 드러내게 할 수도 있다.

PTSD는 외상(충격)사건과 연결된 자극을 회피하기도 하고 지나친 자각을 경험하기도 한다. 외상후스트레스장애 진단은 이 증상이 한 달 이상 길게 지속되어야 하고 기능에 심각한 장애를 유발해야 한다. 증상이 3개월 이상 지속이 되면 만성적인 것으로 간주한다.

여기에서는 성폭력에 의한 외상후스트레스 장애를 중심으로 설명하고자 한다.

1. 진단

성 폭력으로 인한 PTSD아동 사정은 보통 상담 형태를 취한다. 상담은 보통 아동에게 초점을 맞추어 아주 조심스럽게 강요하지 않아야 한다. 먼저 아동과 라포를 형성해야 하며 아동이 개인문제를 표현하도록 편안함을 느끼는 안전하고 은밀한 환경을 제공해야 한다.

상담의 첫 번째 과제는 어떤 폭력이 일어났는가를 명확히 아는 것이다. 보통 폭력에 노출된 아동사정은 1) 재희생으로 이끌 수 있는 행동 패턴(비행, 무단결석 등), 2) 외상후스트레스장애 증상과 일반적인 불안, 3) 학교성적과 또래관계, 4) 폭력에 대한 느낌과 동기, 5) 일반적인 분열, 6) 현재 가족 분위기 등을 초점으로 상담한다.

성 학대 아동사정은 해부인형을 사용하여 도움을 받을 수 있다. 인형은 보통 아동이 학대 사건을 충분히 기술할 만큼 말을 잘 하지 못하거나 아동이 말하기를 꺼려할 경우에 사용된다. 이 때 아동에게 사람 몸 그리기를 가르치고 몸의 여러 부위 말하는 법을 가르친다. 그러고 나서 인형을 아동에게 보여주고 가해자가 무엇을 했고 무엇을 하지 않았는지에 대해 질문을 하게 된다.

인형을 사용할 경우 아동에게 무슨 일이 일어났는지를 완전히 잊어버린 경우엔 도움이 안 되지만 사건에 대한 자세한 기억을 용이하게 해준다. 더욱이 인형은 성적으로 학대받은 아동의 경우 공격적 놀이나 성적 놀이를 드러내는 경향이 있다.

2. 원인

어떤 아동도 성 폭력에 자유롭지는 못하지만 아동 성 폭력을 촉진하는 주요 위험 요인이 있다. 이 요인은 낮은 가족 수입, 고립된 가족, 의부 아빠의 실재, 아빠의 가부장적 태도, 아동의 사회접촉 결핍, 성적으로 제한하는 가족 태도, 엄마와 아동간의 열악한 관계 등이 해당된다.

가해자가 성폭력을 하기 위해서는 가해자 입장에서 선행조건이 있어야 한다. 이는 첫째, 가해자가 아동을 성적으로 폭력하려는 동기를 가져야 한다. 일반적으로 성 폭력은 성 욕구 충족이라고 생각하지만 실제로는 다른 사람에게 굴욕감을 느끼게 하려는 욕구와 힘에 대한 갈망의 결과이다.

둘째, 가해자가 아동과의 성행위에 대한 심리적 억제(억압)를 극복해야 한다. 이를 위하여 가해자는 알코올을 사용하고, 폭력으로 인한 부정적인 결과를 부정하며, 합법적의 매개로서 음란 비디오를 수용하고, 자기행동을 형편없는 자기통제의 탓으로 돌리고, 아동과도 성행위를 할 수 있을 수도 있다고 믿는 조건이 되어야 한다.

셋째, 가해자가 성 폭력에 대한 외적 장애를 극복해야 한다. 물론 가장 주요한 장애는 발견과 체포이다.

넷째, 가해자가 성 폭력을 저지르기 위해서는 성접촉에 대한 아동의 저항을 극복해야 한다.

외상후 스트레스 장애는 외상과 연관된 생각을 계속 회피하여 그 증상이 유지된다. 따라서 PTSD 증상을 줄이려면 정신 속에 이 생각을 충분히 흡수(동화)시켜야 한다. 사람은 충격적 사건을 경험하면 상처받기 쉬운 감정과 무력감, 공포감, 불안감, 자책의 죄책감을 불러일으키고, 이 감정으로 미래에 대한 부정적 관점과 생리적 각성과 같은 외상후스트레스장애 증상이 발생한다.

보통 충격적 사건은 죽음, 상해, 신체 안녕감 상실, 급작성, 예측 불가능함, 통제불가능함, 만성적이거나 심각한 노출, 가까운 근친, 그리고 사회적 상처 등과 관련이 있다.

이 결과로 나타나는 생물학적 반응에는 부신수질 호르몬, 도파민, 세로토닌, 아세틸콜린과 같은 신경 전달 물질 변화인데 이로 인하여 PTSD는 불안, 공포, 그리고 무력감 등 반응이 나타난다. 외상후스트레스장애 특성은 아래와 같다.

1) 충격적 상황을 피할 수 없는 것으로 생각
2) 자신의 안전이 항상 위협을 받을 것이라는 믿음
3) 자신의 미래가 충격적인 경험에 의해 영원히 해를 입을 것이라는 태도

PTSD(외상후스트레스장애) 개인 특성은 스트레스 사건에 부정적으로 반응하는 생물학적 기질(성질), 과거 경험에 기초하여 심리적으로 상처받기 쉬움, 그리고 스트레스 요인들에 대처할 수 없는 무능력 등이 있다.

마지막으로 사회적 환경의 특성도 PTSD(외상후스트레스장애)를 야기한다. 이 특성은 충격과 그 사람에 대한 가족의 부정적 반응과 열악한 지역 사회의 지지, 그리고 재정적 곤란 등이 해당된다.

3. 성 폭력 후유증

장단기적인 성 폭력 영향은 나이에 따라 다르다. 유아에서부터 2.5세까지 아동은 수면과 배설 문제를 보일 수도 있고, 큰 소리에 깜짝 놀라는 반응, 의존적 행동과 안달하는 행동, 말과 움직임에 관련한 발달기술 상실, 분리불안 공포, 충격을 상기 단서회피, 그리고 사회적 회피, 다른 사람에 대한 반응 결여 등을 보인다. 이 시기 성 폭력피해 아동은 다른 아동을 부적절하게 만짐, 자기 생식기 부위에 대한 이상관심(예: 만지작거리기), 아동나이에 비해 아주 빠른 성적 지식, 생식기 요통이나 성 접촉으로 감염되는 질병 등을 보인다. 물론 후자는 어느 나이에도 보인다. 또한 아동의 놀이가 학대 충격을 재현할 수도 있고 그 아동이 말을 할 줄 알면, 관련 문제를 같이 이야기할 수 있다.

2.5세에서 6세 아동은 분리불안, 사회적 회피, 악몽, 신체불만, 불유쾌한 시각적 상상, 언어와 자기 신변 돌보기 기술 퇴행, 충격 사건을 다시 개작한 이야기, 놀이에 충격사건 포함시키기, 무드변화와 성격변화, 그리고 충격이 다시 발생할 것이라는 불안을 보인다. 학대받은 이 연령 아동은 성적으로 특징화된 놀이, 특정성이나 특정장소에 대한 갑작스럽고 구체적인 불안, 공격적으로 다른 사람 만지기, 자기 생식기 부위와 자위행위에 대한 과도한 관심을 보이는 경향이 있다. 또 이 시기 아동은 더 어린 아동보다 충격 사건에 대해 더 잘 기억하고 있다.

6세에서 11세 아동은 상세한 이야기이나 놀이에서 충격을 재현하는 경향이 있다. 이 아동은 구체적인 공포와 원치 않는 시각적 상상, 주의 산만(정신 착란), 주의집중 부족, 그리고 충격 사건에서 자기 역할에 대한 죄책감, 그리고 부모의 반응에 대한 민감함을 보인다. 물론, 앞서 언급한 더 어린 아동반응도 6세에서 11세까지의 아동에게도 적용될 수도 있다(예: 퇴행 행동). 이 연령아동은 공공연히 성적 행동을 보이고 자신의 성 경험을 암시하며, 이를 언어로 기술하고, 성폭력을 경험한 더 어린 아동들처럼 행동할 수도 있다. 그리고 성폭력 사건에 대한 기억은 더 상세하고 더 오래 지속된다.

성폭력을 경험한 청소년은 1) 비행, 무모하거나 모험을 무릅쓰는 행동, 2) 사고치는 경향, 3) 앙심, 4) 수치심과 죄책감, 5) 굴욕감, 6) 생생한 기억, 7) 우울과 비관, 8) 관계상 문제, 9) 극단적인 사회참여와 회피 등을 보인다. 이 청소년의 공통 반응에는 성적문란이나 금욕, 가출, 어린 아동에 대한 성적 공격 등이 있다.

성적으로 학대받은 성인은 보통사람보다 어린 나이에 결혼해서 아동을 갖고 학교를 중퇴하고, 자립을 무서워하며 다른 사회적 집단을 찾는 경향이 있다. 일반적인 장기적인 문제에는 불안, 우울, 고립감, 약물남용, 성적 문제, 낮은 자존감, 섭식 및 수면 장애등이 있다.

특히 성적으로 학대받은 여성은 강간이나 배우자에 의한 학대를 통해 재 희생될 위험이 크다. 이것은 학대 후에 다른 이의 신뢰성을 판단할 능력이 손상되었기 때문이다.

4. 예후

PTSD(외상후스트레스장애) 정도는 아동의 인지와 사회성 발달의 수준에 따라 다르다. 인지 발달이 더 앞선 어린 아동은 더 충격적인 것으로 사건을 볼 수도 있고 자기 패배적 사고를 가질 수 있으며, 우울함에 더 민감하게 되고, 더 두려워하고 충격을 더 잘 기억할 수도 있다.

그러나 인지 발달이 좋은 나이가 많은 아동과 청소년은 또한 더 잘 대처하는 기술들을 가지는 경향이 있다. 사회성 발달에 관하여 열악한 사회기술을 가진 어린 아동은 넓은 지지 망을 형성하지 못하거나 그들의 미래에 대한 불안과 공포들을 효과적으로 의사소통하지 못할 수도 있다. 반대로 좋은 사회적 기술을 가진 청소년은 친구에게 말함으로서 PTSD(외상후스트레스장애) 증상을 완화할 수 있고 혐오적인 가족 상황에서 벗어날 수도 있다.

PTSD(외상후스트레스장애) 예후는 발달정도에 차이에 달라질 수 있다. 좀 아니든 아동은 통제력이 적고 행동의식이 미약하며, 그리고 청소년보다 더 민감하게 사건을 상기하기 때문에, 충격적 사건에 대해 더욱 나쁘게 반응하는 경향이 있다. 그러나 어린 아동은 자신을 그 충격적 사건과 분리하여 생각하기를 잘한다. 그래서 이것이 어느 정도는 PTSD(외상후스트레스장애) 증상으로 발달하는 것을 막을 수도 있다. 이 특성이 심각하게 학대받은 아동이 왜 해리성 정체성 장애(dissociative identity disorder)로 발달하는지 설명할 수 있을 것이다.

5. 처방

성폭력 피해아동의 치료는 보통 부모들과 아동에게 초점이 맞추어진다. 부모중심의 치료는 종종 역할 놀이, 타임아웃이나 적절한 정적강화, 그리고 모델링을 통해 더 나은 훈육방법을 알려준다. 그리고 부모중심치료에서는 아동행동에 대한 분별없는 생각을 수정해 주는 인지치료, 분노, 자기 통제 훈련 그리고 일반적 대처 기술 등을 훈련한다.

아동 중심 치료는 아동의 연령에 따라 다르다. 충분히 인지 및 사회성 기술 발달이 이루어지지 않은 유치원 아동을 위해서는 놀이치료가 가장 유용할 것이다. 놀이 치료는 아동이 편안한 환경에서 표현을 위해 허락하는 여러 오락 장난감을 가지고 상호작용하게 하는 것이다(인형집, 꼭두각시, 페인트, 찰흙, 블록). 놀이치료는 치료에 대한 저항을 극복하는데 효과적이다. 그리고 사건에 대한 의사소통을 높이고 창의적 사고와 공상을 촉진하고 감정을 해방시키는데 효과가 있다. 아동이 가장놀이를 할 때, 가설적 시나리오를 가지고 질문할 수도 있다 예를 들면, 아동이 가장 놀이를 할 때 가상 시나리오에서 사상질문을 하여 볼 수 있고(예, 다른 사람으로부터 부적절한 요구), 어떻게 아동이 그 자신을 보호할 수 있는지에 대한 질문을 할 수 있다.

유치원 아동을 위한 치료는 충격적 사건에 대해 아동에게 말하게 하는데 초점을 맞춘다. 이는 아동이 신뢰할 수 있는 다른 사람을 알아내고 아동의 불안을 낮추기 위한 것이다. 악몽을 집중적으로 다루기 위해 감정을 나타내는 심상 기법을 사용할 수 있다.

악몽에 나오는 악인과 싸우기 위해 좋아하는 영웅과 팀을 짜서 상상으로 싸우도록 한다. 어떤 접촉 행동이 부적절한가 그리고 어떻게 원치 않는 접촉에 "안돼"라고 말하는지에 대해 아동에게 교육하는 것이 도움이 된다.

학령기 아동의 경우, 아동에 기초한 치료는 분노와 충동 통제, 정서적 표현, 문제 해결 훈련, 이완 훈련과 함께 공포 자극에 점차적인 노출, 자존감 향상하기, 우울이나 고립을 줄이기 위한 사회적 활동 늘리기, 그리고 인지적 치료 등에 초점을 맞춘다.

이때 성행위, 성적 학대, 그리고 개인안전에 대한 교육이 또한 중요하다. 집단치료도 교육, 정서적 표현, 사회적 지지 형성을 위해 도움이 될 것이다. 또 현재의 느낌들을 기술하고 느낌통제를 위해 가상 피해자와 가족 구성원에게 편지를 쓰게 하는 방법도 있다.

PTSD치료는 먼저 안전한 환경에서 회복시키는 것을 돕는 것이다. 그 후 치료는 감정 표현, 가족 치료, 충격을 생각나게 하는 생각과 단서 노출시키기를 하여 성적으로 학대된 아동을 치료하기 위한 요소를 담을 수도 있다.

PTSD 치료성과는 주로 이들의 감정 표현 정도, 가족과 사회적 지지 수준, 그 사람에게 충격을 상기시키는 단서에의 노출, 대처 기술의 발달에 달려 있다.

6. 성폭력과 문화적 시사점

저자는 성폭력과 문화적 시사점으로 하나의 시나리오를 제시하고자 한다. 이는 하나의 가상적 시나리오겠으나 시사하는 바가 크다고 할 것이다. 판단은 독자 각자가 각자 등장인물 관점에서 하기 바란다.

장성한 자녀 셋을 둔 부인이 있었다. 그 부인은 가정에 충실한 여인이었다. 그런데 어느 날 이웃집 아저씨에게 성폭력을 당했다. 부인은 그날 밤 너무 분하고 화가 머리끝까지 치밀었다. 그래도 다시 생각하면 이 일을 문제 삼을 경우 발생할 일들이 걱정되었다. 부인은 밤새 고민 하였다.

다음 날 아침 이웃집 아저씨는 부인에게 전화를 하였다. 한마디로 '죽을 죄를 지었다'는 거였다. 부인은 '죽을 죄를 왜 저지르냐'고 하면서도 여러 가지를 고려하여 용서하여 주었다. 그리고 없었던 일로 하기로 하였다.

그런데, 그 부인이 성폭력 당하는 장면을 본 사람이 있었다. 그 사람은 부인의 신랑에게 이를 일러바쳤다. 부인의 신랑은 화가 나서 부인에게 추궁하였다. 부인은 결국 고백할 수밖에 없었다.

그러나 부인은 '동네 창피하고, 자식들에게 알려지면 무슨 망신이냐며 눈물로 남편을 달랬다. 남편은 부인의 눈물어린 호소에, 이웃집 남자에게 사과만 받고 그냥 없었던 일로 하기로 결심했다.

남편은 이웃집 남자에게 가서 '이럴 수 있는 것이냐? 사과하시오!'라고 항의했다. 남편은 이웃집 남자가 사과할 것이라고 생각했다.

그런데 이웃집 남자는 사과는커녕, '성폭행한 사실도 없는데 자기 부인을 성폭행했다고 주장하여 자신의 명예를 훼손했다'는 이유로 그리고 다른 범법 사실도 추가하여 경찰에 고발했다. 졸지에 남편은 고발당하여 경찰에서 조사받고, 명예훼손죄로 재판을 받게 되었다.

남편은 아내에게 '이제 진실을 말하지 않으면 당신 남편이 벌을 받게 생겼으니 제발 진실을 경찰에 가서 말해 달라'고 하였다.

아내는 1) 자신이 진실을 말하면, 자식도 알게 되고, 동네도 알게 되어 망신이고, 2) 거짓으로 말하면 남편이 처벌받게 되어 매우 고민하였다.

아내는 결국 진실을 말하기로 결심했다. 그래서 '나는 그 이웃집 아저씨에게 성폭력을 당했다'라고 경찰에 말했다.

그러자 부인의 자식이 나서서 이웃집 아저씨에게 사과하고 '이사 가라!'고 요구했다. 이웃집 아저씨는 '자신이 성폭력한 것은 사실이지만 서로 합의하여 끝난 사건' 이라고 주장했다. 그리고 '이사 갈 생각이 없다'고 주장했다.

부인의 자식은 세 명이 있었는데, 그 중 자식1은 "엄마가 성폭력을 당했으므로 그 이웃집 아저씨를 당연히 응징해야 한다"며 매일같이 그 아저씨 집 앞에서 "성폭력자는 물러가라!"고 1인 시위를 했다.

또 자식2는 "엄마 행실이 어땠길래 성폭력을 당하느냐"며, 엄마가 미워 더 이상 이 집에서 살 수 없다며, 집을 나갔다.

마지막 자식3은 "이웃집 아저씨와 엄마의 주장이 다르니 좀더 지켜보아야 한다"며 중립적인 입장을 보였다.

한편, 부인은 자신의 상처는 차치하고 무너져가는 가족을 걱정하고, 남편은 법원에 뛰어다니고 있었다.

제 4 절 학교거부행동

학교거부행동은 아동이 학교에 참여하고자 하는 동기의 문제이거나 하루 종일 학급에 있기 어려운 문제이다. 특히, 5-17세 아동 또는 아동들이 학교를 거부하는 아동의 특성은 아래와 같다.

1) 학교를 완전히 결석한다.
2) 학교는 가지만 학습과정에서 이탈한다.
3) 아침에 심각한 행동문제(예: 짜증)를 나타낸 후에 학교에 간다.
4) 매우 두려워하며 그리고 빼줄 것을 요구하면서 학교에 간다.

학교거부행동은 학교자퇴와는 다른데, 이 자퇴는 부모가 숙고하여 아동을 경제적 목적이나 아동에 대한 해를 예방하기 위하여 학교로부터 아동을 다니지 못하게 하는 것이다.

대부분의 경우 학교거부행동은 행동의 내현화와 외현화 패턴이 다양하다. 일반적인 내현화 행동은 두려움, 걱정, 우울, 사회위축, 사회고립, 피로, 신체상 불만 등이다.

후자에는 종종 복통, 두통, 전율, 메스꺼움 등이 속한다. 그러나 아동이 진짜로 학교 때문에 신체불만을 하는지 안하는지, 또는 이 불만이 학교를 피하기 위해 과장되는 것인지는 분명치 않다. 학교를 거부하는 아동의 일반적인 외현행동은 언어적, 신체적 공격과 불복종, 학교나 집에서 뛰쳐나가기, 기질적 짜증 등이다.

그래서 학교거부행동을 보이는 아동의 사정은 여러 가지 기능에 초점을 두어야 한다. 내현화 문제에서 몇 가지 자기보고와 부모/교사 설문지 등을 이 경우에 사용할 수 있다.

1. 원인

학교를 거부하는 1차 원인은 일반적으로 분명치 않은데, 주요요인은 새로운 학교건물에 들어가기, 스트레스 받는 학년, 교사와의 불화, 또래와의 문제, 분리불안, 심각한 질병 등이다. 가족변수도 학교거부를 유발할 수 있다.

보통 학교거부 아동은 다음과 같은 네 가지 요인이나 기능으로 학교를 계속 거부한다고 한다.

1) 부정적 감정회피

첫째로 아동은 학교에서 느꼈던 이상하고 부정적인 감정에서 벗어나고자 학교를 거부한다(일반적으로 부정적인 정서를 일으키는 자극회피목적). 이는 보통 학교세팅에 대하여 불안하거나 화가 났기 때문에 결석하는 경우이다. 이 아동은 화나게 하는 것을 구체적으로 지적하지는 못한다. 그러나 학교건물의 규모나 범위에 대하여 화가 난 전반적인 감정을 말한다. 대부분 이 아동은 복통과 같은 신체적인 증상을 보인다.

2) 부정적인 강화

둘째로 아동이 부정적인 강화로 학교를 거부하는 것이다. 이들은 학교를 거부하지 않는 아동보다 더 민감하고, 스트레스 요인에 더 잘 반응하며, 더 종속적이다. 이 그룹 아동은 특정 학교 과목이나 상황에 대하여 공포증을 가지고 있다. 그러나 이런 경우는 매우 드물며, 학교를 결석하는 사람의 대표적인 예는 아니다.

3) 관심끌기

아동이 학교를 거부하는 세 번째 이유는 부모나 양육자로부터 관심을 끌기 위한 것이다. 이는 보통 아동이 아침에 부모와 집에 머무르는 행동에 문제가 있는 경우에 나타난다. 이와 같이 하는 행동에는 보통 침대에서 나오지 않으려는(죽은 척하듯) 행동, 자신이 방이나 차에서 잠그는 행위, 매달리기, 짜증, 학교세팅으로부터 도망치기 등이 해당한다. 일반적으로 이 아동은 겁이 많고 불손종하며, 교묘하며, 의존적이다.

4) 외부 강화요인

마지막으로, 정적인 학교 밖의 강화요인으로 학교를 거부한다. 이는 보통 학교 밖의 매력 있는 것에 이끌려 학교를 빼먹는다. 앞서 언급한 바와 같이 친구들과 함께 시간 보내기, 잠자기, TV 보기, 기타 등이 이에 해당한다. 대부분의 경우에 이 아동은 학교에 대하여는 걱정하지 않고 적대적 반항이나 품행장애를 보이기 쉽다. 이와 관련한 일반적인 행동에는 공격성, 약물남용, 거짓말, 가출 등이다.

위 요인 중 앞서 두 가지 조건 1) 학교에 관련하여 부정적인 감정이나 신체증상 회피, 2) 혐오적인 사회적 평가 상황 회피 등은 아동이 부정적인 강화로 학교를 거부하는 것이고(예: 학교에서 불쾌했던 일로부터 벗어나기 위하여), 마지막 두 가지 조건 1) 관심 끌기, 2) 정적강화요인은 아동이 다른 강화로 학교를 거부하는 것이다(예: 학교 밖에서 재미있는 것을 추구하기 위하여).

대부분의 아동은 다양한 이유로 학교를 거부한다. 예를 들어 아동은 처음에는 사회 상호작용을 피하기 위하여 학교를 거부한다. 그러고 나서 집에 혼자 있으면서 좋은 정적인 면을 발견한다(예: TV 보기, 방해 없이 전화하기). 또 아동은 친구와 놀기 위하여 오랫동안 학교를 빼먹을 것이다. 그러나 그 다음에는 새로운 반, 또래, 교사에게 돌아가기가 겁나서 학교를 빼먹을 것이다.

역기능적 가족도 학교거부 행동에 가장 중요한 요인이 된다. 학교거부 아동가정의 패턴 중 밀착패턴이 있는데 이는 가족 멤버들이 타인의 생활에 과잉관여를 하는 것이다. 이 가정은 양육과잉과 과잉보호, 아버지에 대한 위축, 의존, 적대감 등을 보인다. 이 패턴은 결국 아동의 분리불안과 관심 끌기 행동을 유발하는데 이는 아동이 처음 학교에 갔을 때 가장 잘 나타난다.

학교거부 행동을 하는 또 하나의 가정패턴은 고립가정인데 이는 그 가족 멤버가 외부접촉을 거의 하지 않은 경우이다. 예를 들면, 고립된 가정에서 자란 아동은 거의 대부분의 시간을 부모와 함께 지내서 같은 또래의 아동에 비하여 거의 친구를 사귀지 못한다. 이 가정은 아동의 행동문제를 처방하고자 거의 노력하지 않는다.

학교거부 행동을 보이는 가정의 세 번째 패턴은 무관심(detachment)가정 이다. 이 가정은 서로간의 생활에 관여를 거의 하지 않으며, 각 멤버의 욕구나 필요에 대하여 무관심하다. 일반적으로 부모는 보통 오랜 시간이 지난 다음에야 아동의 행동문제에 반응한다. 부족한 의사소통 패턴과 미약한 정서표현 역시 나타난다.

학교거부 행동을 보이는 가정에서의 또 다른 패턴은 갈등가정이다. 이 가정 타입은 말싸움, 물리적 싸움, 낮은 문제 해결기술, 강압적 상호작용 과정을 보인다. 이와 같은 것을 적대주의라고 하는데 이는 종종 양육문제를 유발한다. 적대주의일 경우 일관적이지 못한 아동훈육을 하게 되고 후에는 학교거부 행동 같은 것을 유발하게 되는 것이다. 이 경우 학교거부행동은 대부분 학교 밖의 부정적인 강화요인에 의하여 나타난다.

2. 예후 및 처방

학교거부행동의 장기 예후는 성인은 직업과 가정문제, 불안, 우울, 알코올남용, 범죄행위를 보인다. 물론 대학에 입학을 하지 못하고 경제적 성공이 어렵다.

처방에서, 주의를 끌기 위하여 학교거부행동을 보이는 아동에게는 상황관리에 따른 양육훈련을 권장한다. 이 접근법에서 부모에게 정규적인 아침, 저녁시간을 설정하도록 하고, 더욱 분명한 지시를 하며, 사회적 행동과 학교 참여에 더욱 적극적으로 보상을 하고, 학교거부행동에 대해서는 벌이나 무시 등을 하도록 권한다. 이 처방프로그램은 어린 아동뿐만 아니라 아동에게도 적용될 수 있다.

한편 외적 강화에 의하여 학교거부행동을 하는 아동의 경우는 가족치료접근법이 있다. 이 접근법에서는 계약과 문제해결, 의사소통 또래거부기술 등을 강조한다.

참고문헌

강위영 · 변찬석 · 서경희 · 윤치연 · 이상복 · 이효신 공저 (1999). 『정서행동발달과 문제예방』. 대구대학교 출판부.

공마리아 (2004). 자폐성아동의 인지적특성 및 인지발달지도 전략. 한국정서행동장애아교육학회, 행동치료사 자격연수자료집, 183-199.

김명희 (1997). 『아동행동지도』. 서울: 교육아카데미.

김수미 · 이숙 (2000). 아동의 위축행동에 관한 연구. 가정과학 연구, 제 10집. 13-21.

김혜리 (1997). 아동의 마음에 대한 이해: 틀린 믿음에 대한 이해로 살펴본 마음-이론의 발달. 한국심리학회지: 발달, 10(1), 74-91.

방명애 (2000). 자폐아동의 인지특성과 교수전략. 정서 · 학습장애연구, 16(1). 139-158.

서경희 (2001). 아스퍼거 증후군-인지적 결손을 중심으로-. 재활심리연구, 8.

오경자 · 이혜련 · 홍강의 · 하은혜 (1997). K-CBCL 아동 · 청소년 행동평가 척도. 중앙적성연구소.

윤명렬 (2002). 자기모델링이 위축아 행동 및 또래 수용도에 미치는 효과. 석사학위논문. 인천교육대학교 대학원.

최은영(2002). "학습촉진환경지원." 한국정서학습장애아교육학회, 정서장애아 및 학습장애아 교육연수자료집. 14-35.

Abramson, L. Y., Seligman, M. E. P., & Teasdale, J. D. (1978). Learned helplessness in humans: Critique and reformulation. *Journal of Abnormal Psychology*, 87, 49-74.

Achenbach, T. M. & Edelbrock, C. (1979). *The child behavior profile II. boys aged 12-16 and girls aged 6-11 and 12-16.* University of Vermont Department of Psychiatry.

Achenbach, T. M. (1991). *Manual for the child behavior checklist/4-18 and 1991 pro-file.* University of Vermont Department of Psychiatry.

Achenbach, T. M., & Edelbrock, C. (1983). *Manual for the child behavior checklist/4-18 and revised child behavior profile.* Burlington, University of Vermont Department of Psychiatry.

Achenbach, T. M., McConaughty, S. H., & Howell, C. T. (1987). Child/adolescent behavioral and emotional problems: Implications for cross-informant correlations for situational specificity. *Psychological Bulletin*, 101, 213-232.

Ainsworth, M. D. S., Blehar, M. C., Waters, E., & Wall, S. (1978). *Patterns of attachment: A psychological study of the strange situation.* Hilsdale, NJ: Erlbaum

Alastair, J. Y., Barry H., Schneider, M. G., & Natasha, B. (2000). A behaviour-based peer-nomination measure of social withdrawal in children. *Social Development*, 9(4).

Albano, A. M., Chorpita, B. F., & Barlow, D. H. (1996). Childhood anxiety disorders. In E. J. Mash, & R. A. Barkley (Eds.). *Child psychopathology*, New York: Guilford.

Alsaker, F. D. (1996). The impact of puberty. *Journal of Child Psychology and Psychiatry*, 36, 1-11.

Andrews, E. K. (1997). "The Shape School: Assessing Executive Function in Preschool Children", *Developmental Neuropsychology*, 13, No. 4, 495-499.

Asher, S. R. & Hymel, S. (1997). *Assessment and training of isolated children's social skills. Paper presented at the biennial meeting of the Society for Research in Child Development*. New Orleans La (ERIC Document Reproduction Service No. Ed 136 930).

Bandura, A. (1981). *Self-referent thought: A developmental overlap of self-efficacy*. In Flavell, J. H., and Ross, L. (Eds.), *Social Cognitive Development Frontier and Possible Future*, Cambridge University Press, Cambridge, England, 200 - 239.

Belsky, J., & Nezworski, T.(1998). *Clinical Implications of Attachment*, Lawrence Erlbaum Assoc., Hillsdale, New Jersey.

Bergen, D. (2001). Pretend Play and Young Children's Development. *ERIC Digest*.

Black, B., Leonard, H. L., & Rapoport, J. L. (1997). Specific phobia, panic disorder, social phobia, and selective mutism. In J.M. Wiener(Ed.), *Textbook of child and adolescent psychiatry*(pp. 491-506). Washington, DC: American Psychiatric Press.

Bly, L. (1983). *The components of normal movement during the first year of life and abnormal motor development*. Chicago: Neurodevelopmental Treatment Association.

Bosworth, K., Gingiss, P., Pottoff, S., & Roberts-Gray, C. (1999). "A Bayesian model to predict the success of the implementation of health and education innovations in school-centered programs". *Evaluation and Program Planning*, 22(1), 1-11.

Boulton, M. J. & Smith, P. K. (1994). Bully/victim problems in middle-school children: Stability, self-perceived competence, peer perceptions and peer acceptance. *British Journal of Developmental Psychology*, 12, 315-29.

Bowker, A., Bukowski, W., Zagarpour, S., & Hoza, B. (1998). A structural and functional analysis of a two-dimensional model of social isolation. *Merrill-Palmer Quarterly*, 44, 447-463.

Bradley, R. H., Rock, S. L., Caldwell, B. M, & Brisby, J. A. (1989). "Uses of the HOME inventory for families with handicapped children". *American Journal of Mental Retardation*, 94, 313-330.

Brazelton, T. B., & Cramer, B. G. (1990). *The earliest relationship*. Reading, MA: Addison-Wesley.

Briere, J., Woo, R., McCrae, B., Foltz, J., & Sitzman, R. (1997). "Lifetime victimization history, demographics, and clinical status in female psychiatric emergency room patients". *Journal of Nervous and Mental Diseases*, 185, 95-101.

Bruner, Jerome (1983). *Child's Talk: Learning to Use Language*. New York: W. W. Norton &Company.

Caldwell, B. M., &Bradley, R. H.(1984). *Home Observation for Measurement of the Environment*. Little Rock, AR: Center for Child Development and Education, University of Arkansas.

Calkins, S. D., & Fox, N. A. (2002). Self-regulatory processes in early personality development: A multilevel approach to the study of childhood social withdrawal and aggression.

Development and Psychopathology, 14, 477-498.

Campvell, P. H. (1987). physical management and handing procedures with students with movement dysfunction. In M. Snell(Ed.), *systematic instruction of persons with severe handicaps* (3rd ed.) (pp. 176-187). Columbus, OH: Charles E. Merrill.

Carr, A. (1999). *The handbook of child and adolescent clinical psychology*. Routledge.

Chang, L. (2003). "Variable effects of children's aggression, social withdrawal, and prosocial leadership as functions of teacher beliefs and behaviors". *Child Development*, 74(2).

Chess, S. & Thomas, A. (1996). *Temperament: Theory and practice*. New York: Brunner/Mazel.

Chomsky, N. (1959), *A review of B. F. Skinner's Verbal Behavior. Language*, 35, 1, 26-58.

Cicchetti, D. V. (1991). Reflections from the peer review mirror. *Behavioral and Brain Sciences*, 14, 167-186.

Cicchetti, D. V. (1991). The reliability of peer review for manuscript and grant submissions: A crossdisciplinary investigation. *Behavioral and Brain Sciences*, 14, 119-135.

Coie, J. D., & Kupersmidt, J. B. (1983). "A behavioral analysis of emerging social status in boy's groups". *Child Development*, 54, 1400-1416.

Coie, J. D., Dodge, K. A., & Coppotelli, H. (1982). "Dimensions and types of social status: A cross-age perspective". *Developmental Psychology*, 18, 557-570.

Cone, T., &Wilson, L. (1981). "Quantifying a severe discrepancy: A critical analysis". *Learning Disability Quarterly*, 4, 359-372.

Conte, H. R. & Plutchik, R. (1995) . *Ego defense : Theory and measurement*. Canada:John Wiley & Sonn Inc.

Coplan, R. J., Gavinski-Molina, M. H., Lagace-Seguin, D. G., & Wichmann, C. (2001). "When girls versus boys play alone: Nonsocial play and adjustment in kindergarten". *Developmental Psychology*, 37(4), 464-474.

Coplan, R. J., Rubin, K. H., Fox, N. A., Calkins, S., & Stewart, S. L. (1994). "Being alone, playing alone, and acting alone: Distinguishing among reticence, and passive, and active solitude in young children". *Child Development*, 65, 129-137.

Darling, N., & Steinberg, L. (1993). "Parenting style as context: An integrative model". *Psychological Bulletin*, 113(3), 487-496.

Dodge, K. (1983). Behavioral antecedents of peer social status. *Child Development*, 54, 1386-1399.

Dodge, K. A. (1980). "Social cognition and children's aggressive behavior", *Child Development*, 51, 162-170.

Erikson, E. H. (1968). *Identity: Youth and Crisis*. NewYork: Norton.

Freud, S. (1905). *ber Psychotherapie*. GW Bd 5, S 11-26.

Gardner, H 1983 *Frames of Mind: The Theory of Multiple Intelligences*. Basic Books

Garmezy, N., & Masten, M. S. (1994). Chronic adversities. In M. Rutter, E. Taylor, & L. Hersov (Eds.), *Child and adolescent psychiatry*. Oxford: Blackwell.

Gettman, D. (1987). *Basic Montessori : learning activities for under-fives*. New York: St. Martin's Press.

Gilfoyle, E. M., Grady, A. P., & Moore, J. D. (1990). *children adapt* (2nd ed.). Thorofare, NJ: Charles B. Slack.

Ginsburg, G. S., Silverman, W. K., & Kurtines., W. K. (1995). Family involvement in treating children with phobic and anxiety disorders: A look ahead. *Clinical Psychology Review*, 15, 457-473.

Goldman-Rakic, P. S. (1987). Circuitry of primate prefrontal cortex and regulation of behavior by representational memory. In F. Plum(Ed.), *Handbook of physiology: The nervous system: Section* 1, Vol. 5: Higher functions of the brain, Part 1(373-417). Bethesda: American Physiological Society.

Goodman, S. N. (1994). "The use of predicted confidence intervals when planning experiments and the misuse of power when interpreting results". *Annals of Internal Medicine* 121:201-206.

Goodyer, I. M. (1990). *Life experiences, development and childhood psychiatry*. Chichester: John Wiley.

Graham, S., &Harris, K. R. (1989). "Improving learning disabled students' skills at composing essays: Self-instructional strategy training". *Exceptional Children*, 56, 201-214.

Greenwood, C. R., Todd, N. M., Hops, H., & Walker, H. M. (1982). Behavior change targets in the assessment and treatment of socially withdrawn preschool children. *Behavioral Assessment*, 4, 273-297.

Greenwood, C. R., Walker, H. M., Todd, N. M., & Hops, H. (1979). Selecting a cost-effective screening device for the assessment of preschool social withdrawl. *Journal of Applied Behavior Analysis*, 12, 639-652.

Gresham, F. M. (1983). Conceptual issues in the assessment of social competence in children . In P. Straits, M. Guralnick, & H. Walker (Eds.), *Children's social behavior : Development, assessment, and modification*. 143-179, New York: Academic Press .

Guralnick, M. J. (1981). The social behavior of preschool children at different developmental levels: Effects of group composition. *Journal of Experimental Child Psychology*, 31, 115-130.

Hall, S. (1990). Observation of sensorimotor development. In T. W. Linder, *Transdisciplinary play-based assessment: A functional approach to working with young children* (pp. 201-246). Baltimore: Paul H. Brookes Publishing Co.

Hanna, G. S., Dyck, N. A., & Holen, M. C. (1979). Objective analysis of achievement-aptitude discrepancies in LD classification. *Learning Disability Quarterly*, 2, 32-38.

Harrington, R. (1996). Childhood bereavement: bereavement is painful but does not necessarily make children ill (Letter in response to Black(1996). *British Medical Journal*, 313, 822.

Harter, S. (1983). Developmental perspectives on the self-system. InP. H. Mussen (Ed.), *Handbook of Child Psychology*, (Volume IV, 4th edition, pp. 275-385). New York: Wiley.

Hartup, W. W. (1992). Heterogeneity among peer-rejected boys : Subtypes and stabilities. *Child Development*, 63, 893-905.

Hinshaw (1994). *Attention Deficits and Hyperactivity in Children.* Thousand Oaks, CA: Sage Publications.

Hops, H., & Greenwood, C. R. (1981) Social skills defects. in E. Mash and L. Terdal (Eds.), *Behavioural assessment of childhood.* New York: Guildford.

Illingworth RS.(1966). The diagnosis of cerebral palsly in the first year of life. *Dev. Med. Child. Neurol* 8, 178.

Jacques, S. and Zelazo, P. D. (2001). The Flexible Item Selection Task (FIST): A Measure of Executive Function in Preschoolers, *Developmental Neuropsychology*, 20, No. 3, 573-591.

Kagan, J., Reznick, J. S., & Snidman, N. (1988). Biological bases of childhood shyness. *Science*, 240, 167-171.

Kagan, Spencer (1989) *Cooperative learning resources for teachers.* San Juan Capistrano, CA: Resources for Teachers.

Kagan, Spencer (1999) *Building character through cooperative learning.* Port Chester, NY: National Professional Resources, Inc.

Kazdin, A. E. (1995). Child, parent and family dysfunction as predictors of outcome in cognitive-behavioral treatment of antisocial children. *Behaviour Research and Therapy*, 33, 271-281.

Kerr, M. M., & Nelson, C. M. (1989). *Strategies for managing problem behaviors in the classroom.* 2nd Ed.. New York: MacMillan Publishing Company.

Klaus, M. H. & Kennell, J .H. (1976). *Maternal-Infant Bonding.* St.Louis: Mosby.

Kristyn, B. M. (2002). The effects of positive peer reporting on children's social involvement. *The School Psychology Review*, 31(2), 235-45.

Ladd, G. W. (1999). Peer relationships and social competence during early and middle childhood. *Annual Review of Psychology*, www.findarticles.com.

Mahler, M., Pine, F., &Bergman, A. (1975). *The psychological birth of the human infant.* New York: Basic Books.

Malik, N. M., & Furman, W. (1993). Practitioner review: Problems in children's peer relations: What can the clinical do? *Journal of Child Psychology and Psychiatry*, 34, 1303-1326.

Martin, F. (1999). Withdrawn and sociable behavior of children with language impairment: Language, speech, and hearing services in schools, *Child Psychiatry and Human Development*, 30(2). 183-95.

Martin, G., Manfred, L., Christiane, T., Martin H., & Esser, G. (2002). Early mother-infant interaction as a precursor to childhood social withdrawal. *Child Psychiatry and Human Development*, 32(4), 277-293.

McConnell, S. R., & Odom, S. L. (1986). Sociometrics: Peer-referenced measures and the assessment of social competence. In PS Strain, MS Guralnick, & H. M Walker (Eds.), *Children's social behavior: Development, assessment, and modification*(pp. 215-284). New York : Academic Press.

McDowell., D. J. (2003). Differences between mothers and fathers advice-giving style and content: Relations with social competence and psychological functioning in middle childhood. *Merrill-Palmer Quarterly*, 49(1), 55-76.

Moffitt, T. E., & Caspi, A. (1998). Annotation: Implications of violence between intimate partners for child psychologists and psychiatrists. *Journal of Child Psychology and Psychiatry*, 39, No. 2, 137-144.

Odom, S. L. & Deklyen, M. (1989). Activity structure and social interaction with peers in developmentally integrated play groups, *Journal of Early Intervention*, 13. 342-351.

Perner, J., Kain, W., & Barchfeld, P. (2002). Executive control and higher-order theory of mind in children at risk of ADHD. *Infant & Child Development*, 11, 141-158.

Piaget, J. (1926). *The language and thought of the child* (M. Gabain, Trans.). New York: Harcourt, Brace(Original work published 1923).

Premack, D., & Woodruff, G. (1978). Does the chimpanzee have a theory of mind? *Behavioural and Brain Sciences*, 4, 515-526.

Roberts, T. B. (1975). *Four psychologies applied to education: Freudian-Behavioral-humanistic-transpersonal*. Cambridge, MA: Schenkman Publishing Co.

Roff, M., Sells, S. B., & Golden, M. M. (1972). *Social adjustment and personality development in children*. Minneapolis: University of Minnesota Press.

Rotter, S. (1996), Biophysical aspects of cortical networks. In: V Torre and F Conti (eds.) *Neurobiology: Ionic Channels, Neurons, and the Brain*, pp 355-369. New York: Plenum.

Rubin, K. (1972). Relationship between egocentric communication and popularity among peers. *Developmental Psychology*, 7, 364.

Rubin, K. H. & Mills, R. (1988). The many faces of social isolation in childhood. *Journal of Consulting and Clinical Psychology*, 56, 916-924.

Rubin, K. H. (1993). The Waterloo longitudinal project: Correlates and consequences of social withdrawal from childhood to adolescence. In K. H. Rubin & J. Asendorpf (Eds.), *Social withdrawal, inhibition, and shyness in childhood*(291-314). Hillsdale, NJ: Erlbaum Associates.

Rubin, K. H., Daniel-Beimess, T., & Bream, L. (1982). Social isolation and social problem-solving : A longitudinal study. *Journal of Consulting and Clinical Psychology*, 52, 17-25.

Rubin. K. H. & Stewart. S. L. (1996). Social withdrawal. In E. J. Mash & R. A. Barkley (Eds.). *Child psychopathology*(pp. 277-307). New York: Guilford.

Rutter, J. (1991). *Refugees We Left Because We Had To An Educational Book for 14-18 Year Olds*. Refugee Council, London.

Rutter, M. (1985). Resilience in the face of adversity: Protective factors and resistance to psychiatric disorder. *British Journal of Psychiatry*, 147, 598-611.

Rutter, M., & Casaer, P. (1991). *Biological risk factors for psychosocial disorders*. Cambridge, UK: Cambridge University Press.

Sennett, R., & Cobb, J. (1972). *The hidden injuries of class*. New York: Vintage Books.

Shea, T. M. &Bauer, A. M. (1987). *Teaching children and youth with behavior disorders*(2nd ed.), Massachusetts: Allyn and Bacon.

Shure, M. B. (1980). *Interpersonal problem solving in ten-year-olds. Final Report MH-27741.*

Washington, DC: National Institute of Mental Health.

Shure, M. B. (1985). *Problem solving and mental health of ten-to twelve-year-olds. Final Report MH-35989.* Washington, DC: National Institute of Mental Health.

Shure, M. B., & Spivack, G. (1974). T*he Hahnemann Preschool Behavior (HPSB) Rating Scale.* Philadelphia, PA: Department of Mental Health Sciences. Hahnemann University.

Shure, M. B., & Spivack, G. (1982). Interpersonal problem solving in young children: A cognitive approach to prevention. *American Journal of Community Psychology*, 10, 341-356.

Siegel, L. S. (1989). IQ is irrelevant to the definition of learning disabilities. *Journal of Learning Disabilities*, 22, 469-479.

Sluckin, A. (1981). *Growing up in the playground:The social development of children.* London: Routledge and Kegan Paul.

Smith, D. D. &Luckasson, R. (1995). *Special education: Teaching in an age of challenge.* Needham, MA: Allyn and Bacon.

Snow, J. H., & Hooper, S. R. (1994). *Pediatric Traumatic Brain Injury.* Sage Publications. London.

Stanovich, K. E (1989). Implicit philosophies of mind: The dualism scale and its relationships with religiosity and belief in extrasensory perception. *Journal of Psychology*, 123, 5 - 23.

Stern, D. P. (1985). *Parabolic harmonics in magnetospheric modelling:The main dipol and the ring current.* J. Geophys. Res., 90, 10851.

Sue, W. (2001). Temperament and peer acceptance in early childhood: sex and social status differences. *Child Study Journal*, 31(3), 177-92.

Teunisse, J .P. W. M., Cools, A. R., Van Spaendonck, K. P. M., Aerts, F. H. T. M., & Berger, H. J .C. (2001). Cognitive styles in high-functioning adolescents with autistic disorder. *Journal of Autism and Developmental Disorders*, 31 (1), 55-66.

Thorndike, E. L. (1920). A constant error in psychological ratings. *Journal of Applied Psychology*, 4, 469-477.

Vygotsky, L. S. (1962). *Thought and language.* Cambridge, MA: The MIT Press. Published originally in Russian in 1934.

Walker, H. M., & McConnell, S. R. (1988). *The Walker-McConnell scale of social competence and school adjustment: A social skills rating scale for teachers.* Austin, TX: Pro-Ed.

Williamson, G. G. (Ed.). (1987). *children with spina bifida: Early intervention and preschool programming.* Baltimore: Paul H. Brookes Publishing Co.

Wimmer, H., & Perner, J. (1983). *Beliefs about beliefs: Representation and constraining function of wrong beliefs in young children' s understanding of perception.* Cognition, 13, 103-128.

Younger, A. J. Schneider, B. H., Guirguis, M., & Bergeron, N. (2000). A behaviour-based peer-nomination measure of social withdrawal in children, *Social Development*, 9(4), 544-564.

Younger, A. J., & Daniels, T. M. (1992). Children's reasons for nominating their peers as withdrawn: Passive-withdrawal vs. active isolation. *Developmental Psychology*, 28, 955-960.

Zeider M, Endler N. S, eds. *Handbook of coping:. theory, research, applications.* New York:

John Wiley,. 1987:24 - 43.

Zeitlin, L., Rauch, F., Plotkin, H., & Glorieux, F. H.(2003). *Height and weight development during four years of therapy with cyclical intravenous pamidronate in children and adolescents with osteogenesis imperfecta types I, III, and IV. Pediatrics* 111: 1030-1036.

찾아보기

[ㅈ]

[저자 약력]

• **최기창**

건국대학교 경영학박사

대구대학교 특수교육학과(문학박사)

장애인을 생각하는 시민운동본부 회장

현 상지영서대학 사회복지과 부교수

〈저서〉

『정신건강론』(청목출판사, 2010)

『행동수정』(공저, 형지사, 2009)

『사회복지정책론』(공저, 청목출판사, 2008)

이상아동발달론

2010년 1월 5일 초판인쇄

2010년 1월 10일 초판발행

저 자 최 기 창

발행인 유 성 렬

발행처 **청목출판사**

서울특별시 영등포구 신길동 233-96

전화 (02) 849-6157(代) · 2820

FAX (02) 849-0817

등록 제318-1994-000090호

파본은 바꾸어 드립니다. 값 17,000원

http : //www.chongmok.co.kr

ISBN 978-89-5565-324-3